AF745045

LES ÉCHECS NORMATIFS

Droit comparé
Collection dirigée par Arnaud Martin

Parce que le droit ne peut plus être considéré dans sa seule dimension nationale et que son étude doit s'ouvrir aux droits étrangers, que l'analyse comparative permet de s'échapper des déterminismes qui faussent l'étude des systèmes juridiques et que l'étude des systèmes normatifs étrangers peut faciliter la recherche de réponses aux questions juridiques, la collection Droit comparé met à la disposition des chercheurs et des praticiens du droit un ensemble de travaux destinés à alimenter leur réflexion tout en donnant aux objectifs, aux méthodes et à l'utilité de l'analyse comparative une plus grande visibilité.
Elle publie des recherches en droit comparé ou accordant une place importante au comparatisme juridique, que ce soit en droit public ou en droit privé, en droit français ou en droit étranger, que celles-ci prennent la forme d'essais, d'actes de colloques ou de séminaires ou de thèses.
Elle est naturellement ouverte à toutes les écoles de pensée juridique, ainsi qu'aux recherches pluridisciplinaires dès lors qu'elles présentent une dominante juridique.

Déjà parus :

Julien GIUDICELLI, *Réflexions éparses sur l'Italie politique contemporaine*, 2024.
Arthur BRAUN (coord.), *Mélanges en l'honneur de Stéphane Pierré-Caps. Constitution, Etats et peuples*, 2023.
Daniel POLVERELLI, *Le rayonnement des institutions napoléoniennes à travers le monde*, 2022
Benjamin DABOSVILLE (dir.), *Comment juger en matière de rémunération ?*2022
Florian SAVONITTO (dir.), *« Dictatures » et consultations électorales en Europe et aux Amériques*, 2021.
Memduh Cemil SIRIN, *L'administration de la protection de l'enfance*, 2021.
Arnaud MARTIN (dir.), *L'enfance et le droit en Amérique latine*, 2020.

Sous la direction de
Sylvie Schmitt, Guillaume Payan
et Julien Giudicelli

LES ÉCHECS NORMATIFS

L'Harmattan

5-7, rue de l'École-Polytechnique - 75005 Paris
www.editions-harmattan.fr

ISBN : 978-2-336-51421-5
EAN : 9782336514215

SOMMAIRE

PARTICIPANTS

Ndraman Wilfried ADOU : doctorant en droit international et européen des droits de l'homme, attaché temporaire d'enseignement en droit international et européen, Centre d'études et recherches internationales et communautaires, UMR DICE – 7318, Aix-Marseille Université, Université de Toulon, Université de Pau et des pays de l'Adour.

Hubert ALCARAZ : professeur de droit public à l'Université de Pau et des Pays de l'Adour, Aix-Marseille Université, Université de Toulon, CNRS, DICE, IE2IA, Pau, France.

Shirine ARAB : doctorante, ILF-GERJC, DICE AMU.

Marie-Pierre BAUDIN-MAURIN : maître de conférences HDR en droit privé à l'Université de Toulon, CDPC Jean-Claude Escarras, Université de Toulon, Aix Marseille Université, Université de Pau et des Pays de l'Adour, CNRS, DICE, Toulon, France.

Alexandre BOUSCAVERT : doctorant à l'Université d'Aix-Marseille, Laboratoire de droit privé et sciences criminelles (UR 4690).

Kevin BOYER : docteur en droit privé, CDPC Jean-Claude Escarras, Université de Toulon, Aix-Marseille Université, Université de Pau et des Pays de l'Adour, CNRS, UMR 7318, DICE, Toulon France.

Rémy CABRILLAC : professeur à l'Université de Montpellier, Faculté de droit et de science politique.

Anna Maria LECIS COCCO ORTU, maîtresse de conférences en droit public, Sciences Po Bordeaux.

Véronique FUMAROLI : CDPC Jean-Claude Escarras, UMR CNRS 7318 DICE, Université de Toulon.

Roland GUIRAO : docteur en droit public, Université de Reims Champagne-Ardenne, CRDT (EA 3312), ATER en droit public, Université Paris-Est Créteil (UPEC).

Guillaume PAYAN : professeur à l'Université de Toulon, membre du CDPC-Jean-Claude Escarras, UMR CNRS DICE 7318.

Pascale RICARD : chargée de recherche au CNRS, CERIC, UMR DICE, AMU.

Sylvie SCHMITT : maître de conférences HDR, Université de Toulon, Aix Marseille Univ, CNRS, DICE, CDPC Jean-Claude Escarras, Toulon, France.

INTRODUCTION

Sylvie SCHMITT

Qu'est-ce donc que l'échec normatif ? Curieusement, la question ne s'est pas posée lorsque nous décidâmes d'organiser un colloque sur ce thème en 2022. Aucun des contributeurs ne demanda une définition préalable du concept. Ils avaient tous en tête un exemple d'échec normatif, quelle que fût leur spécialité en droit. Notre connaissance relevait de l'intuition. Nous savions ce qu'était un échec normatif sans être en mesure de le définir.

La difficulté du thème réside dans la façon que nous avons eue de l'appréhender. La démarche spontanément suivie, en l'occurrence, a été de le saisir à travers les expériences, celles que les contributeurs traitaient dans leur domaine respectif d'expertise. Nous pensions que le concept finirait par se dégager à la fin de la manifestation, à la manière d'une enquête policière. Il suffisait de tirer le fil conducteur, en s'appuyant sur les cas étudiés. Chacun d'entre eux devait contenir la quintessence de l'échec normatif. En écoutant attentivement le contributeur, nous pouvions, nous devions, nous aurions dû obtenir une définition.

La posture s'est révélée rapidement lacunaire. On n'extrait pas toujours un concept d'un ou même de plusieurs cas d'espèce. Pour y parvenir, la recherche doit être intégrée dans l'examen du cas. Or, l'objectif des contributeurs, assigné par les organisateurs, était de relater une situation d'échec normatif. On ne leur avait pas demandé de le conceptualiser. De plus, il faut prendre garde de ne pas tirer des conclusions hâtives, en conceptualisant à partir d'un cas jugé typique. Il n'y aurait pas de sens à affirmer, par exemple, que la non-adoption de la Constitution européenne en 2005 est un échec et que l'échec est la non-adoption de la Constitution européenne. Ce serait définir une catégorie en se fondant sur une de ses espèces. Raisonnement absurde, d'abord en ce qu'il est tautologique, ensuite parce qu'il transforme la catégorie en une espèce et l'espèce en une catégorie[1].

À l'issue du colloque, il n'y a pas eu cette lumière attendue qui aurait surgi pour nous éclairer sur le sens du concept. On s'est trouvé plutôt devant un

[1] Nous simplifions ici à l'excès l'arbre de Porphyre, en supprimant les intermédiaires. Rappelons que l'arbre est composé (en le prenant par le bas) d'individus, lesquels constituent des espèces qui entrent dans un genre, les genres entrant à leur tour dans une catégorie (le niveau le plus élevé). Dans cette étude, les termes « espèce » et « catégorie » sont employés suivant le sens du langage courant.

ensemble de cas plus différents les uns des autres, tant sur la conception de la norme que sur la conception de l'échec. Car, effectivement, nous n'avions pas non plus défini la norme, pensant qu'elle serait entendue de la même façon par tous les participants, soit une règle de droit de valeur prescriptive. Mais cette définition basique peut être comprise plus ou moins largement. Pour certains, elle inclut les propositions de normes, avant donc leur intégration dans le système juridique[2]. Pour d'autres, elle s'étend aux normes descriptives (qui ne modifient pas le droit existant[3]) ou à des vides juridiques[4]. Quant à l'échec, il peut s'avérer prévisionnel[5]. La richesse du thème nous est apparue ainsi, d'une diversité foisonnante, passionnante et terriblement complexe.

Le risque, dans un tel contexte, est d'en rester à l'énumération des différents cas. L'énumération est l'exact contraire de la conceptualisation laquelle suppose de déterminer l'invariant, c'est-à-dire l'élément identique au-delà des différences entre les cas[6]. L'identité ne saurait être extraite d'une énumération, sinon elle serait relative (la transgression des accords de Minsk est plus un échec que la taxe carbone et celle-ci est moins un échec que la dernière loi immigration…). Or, l'identité n'est jamais relative. A est A, A n'est pas B.

Bref, aucun concept d'échec normatif n'a surgi du brouillard, aucune vérité préétablie qui se serait imposée par son évidence, hormis la nécessité, déjà trop retardée, de définir soi-même le concept. Aussi sommaire soit-elle, cette définition demeure indispensable.

Notre proposition de définition (I) fait apparaître deux écueils que nous tenterons de supprimer tour à tour. Portant chacun sur la relativité de l'échec, ils poussent à déterminer s'il est objectif ou subjectif (II), certain ou incertain (III).

I. Une proposition de définition : l'échec normatif entendu comme la non-réalisation de la finalité assignée par l'auteur à la norme

L'exercice cumule les difficultés, la première d'entre elles consistant à expliquer pour quelle raison nous avons tous, y compris l'autrice de ces quelques lignes, identifié spontanément des situations comme étant

---

[2] Cf. L. Drouvot, « Un échec à l'étape de projet: le projet constitutionnel de protection de la nation du président François Hollande en France après novembre 2015 », *infra*.

[3] Cf. R. Cabrillac, « L'échec d'une codification », *infra.* L'étude porte sur la codification qui ne répond *stricto sensu* à la définition de la norme en ce que les codes sont descriptives, c'est-à-dire à droit constant (ils ne modifient pas le droit existant).

[4] Cf. A. M. Lecis Cocco Ortu, « L'omission législative comme échec normatif : quels remèdes ? Réflexion à partir de l'expérience italienne », *infra.*

[5] Cf. M. P. Baudin-Maurin, « Échec programmé d'une loi… trop mal écrite pour atteindre son objectif : l'article 225-4-12 du code pénal, issu de la loi n° 2022-92 du 31/01/2022 », *infra.* L'auteur envisage un échec futur et éventuel d'une réforme.

[6] Cf. J. Ortega y Gasset, *L'histoire comme système*, [1941], trad. A. Bardet, Paris, éd. Allia, 2016, p. 44.

constitutives d'un échec normatif. Nous le reconnaissions sans le connaître. Cela signifie que, dans l'ordre des choses, le concept est antérieur à ses manifestations, de sorte qu'il pourrait être défini de façon autonome.

Vient à l'esprit l'exemple du concept de licorne. Il existe indépendamment de l'expérience. Personne n'a eu besoin de la voir pour imaginer une licorne[7]. De la même manière, le concept d'orange existerait même dans un monde où il n'y aurait aucune de ses couleurs primaires, le jaune et le rouge[8]. Il est donc tout à fait possible de concevoir l'échec normatif sans recourir à ses manifestations. En même temps, elles sont indispensables pour illustrer le propos et valider le concept. L'idée n'est pas de s'en passer, il suffit d'analyser le concept avec ses éléments intrinsèques, mais en l'illustrant par des exemples afin de le confronter régulièrement à la réalité.

Il y a quelque chose de familier dans le concept d'échec normatif, sans doute parce qu'il est fondé lui-même sur le concept d'échec. Voici où se trouve l'élément déterminant, le bout du fil que l'on doit tirer pour dérouler la bobine. Quant à la seconde composante du concept, la norme, elle vient délimiter la portée du thème au seul domaine juridique. Elle a une valeur discriminatoire, essentielle, certes, mais subordonnée au concept principal qui est l'échec.

En un mot, emprunté au dictionnaire de l'Académie française, l'échec constitue un « insuccès[9] ». Si on étend la définition dans un sens plus orienté, celui de l'échec normatif, on arrive à ce résultat : à l'origine, il y a une intention ; elle se traduit par un acte auquel est affectée une finalité précise, mais cette finalité — là apparaît l'échec — n'est pas atteinte. Ce serait donc par la réunion de quatre critères que l'on reconnaîtrait l'échec normatif : une intention, une finalité, un acte et la non-réalisation de la finalité.

Dans l'ordre d'apparition, l'intention et la finalité sont premières. Plus précisément, la finalité *est* dans l'intention, les séparer relève d'un artifice. C'est néanmoins nécessaire pour dégager notre définition.

Notons que cette approche a pour conséquence de lier l'échec à l'intention et à la finalité, donc à un moment antérieur à l'adoption de la norme. Il est évidemment possible de faire une lecture normativiste du processus — en considérant que l'intention et la finalité sont intégrées à la norme — mais on peut aussi admettre que le moment antérieur à l'adoption de la norme fait corps avec celle-ci, formant un tout cohérent.

---

[7] Cf. E. Kant, *L'unique argument possible pour une démonstration de l'existence de Dieu* [1763], trad. R. Theis, Paris, éd. Vrin, 2001, p. 99.

[8] H. Bergson, *La pensée et le mouvant. Essais et conférences* [1903-1923], Paris, PUF, 1969, p. 15. Bergson utilise cette métaphore pour expliquer notre conception subjective du temps, constitué de ce qui serait un avant et un après.

[9] Cf. Dictionnaire de l'Académie française : « Insuccès, revers momentané, issue malheureuse d'une entreprise ». Le sens originel du mot « échec » est celui du jeu de société : « XIe siècle : altération d'*eschac*, emprunté de l'arabo-persan "shah", "roi", dans la locution *shah mat*, "Le roi est mort" », https://www.dictionnaire-academie.fr/article/A9E0177.

En récapitulant, nous avons une intention (par exemple celle d'adopter une loi instaurant une imposition environnementale), en vue d'une finalité (la réforme fiscale doit inciter les contribuables à moins polluer), un acte (la loi) et la non-réalisation de la finalité (la nouvelle imposition n'a pas permis de modifier les comportements). L'exemple utilisé est celui de la taxe carbone, instaurée en 2014 et interrompue dans sa trajectoire ascendante par le mouvement des Gilets jaunes en 2018. Cela ne remet pas en cause l'existence de la norme, il n'est pas indispensable qu'elle soit abrogée pour admettre l'échec, il suffit qu'elle n'ait pas atteint ses objectifs.

Grâce à ces différents éléments, nous pouvons proposer une définition provisoire du concept de l'échec normatif : il se manifeste dans la non-réalisation de la finalité assignée par l'auteur à la norme qu'il a adoptée.

Cependant, cette définition n'est toujours pas satisfaisante, car il lui manque une précision : le fait déclenchant l'échec. Dans l'exemple susmentionné, ce fait est le mouvement des Gilets jaunes. Dans l'exemple de la violation des accords de Minsk II (du 12 février 2015), le fait déclenchant est l'invasion de l'Ukraine sous l'ordre de Vladimir Poutine.

On doit par conséquent insérer un cinquième élément dans notre définition du concept d'échec normatif, ce qui conduit à ce résultat : l'intention et sa finalité, l'acte, le fait produisant la non-réalisation de la finalité. La définition qui s'en dégage est celle-ci : l'échec normatif est la non-réalisation de la finalité attribuée à la norme par son auteur, à la suite d'un fait qui a déjoué ses attentes.

La définition apparaît désormais plus complète et, pourtant, elle achoppe toujours sur un point. La complication provient de la nature du fait déclencheur. En premier lieu, ce n'est pas nécessairement un fait soudain. On peut imaginer un échec sur le long terme, provenant d'une inapplication continue de la norme par la société. Un des exemples les plus connus est celui de la non-application de la loi du 7 novembre 1800 (16 brumaire an IX) interdisant aux femmes de porter un pantalon. Le texte n'a été abrogé qu'en 2013, mais, en réalité, cela faisait bien longtemps qu'il n'était plus appliqué. Ceci dit, la non-application de la norme, qu'elle soit causée par un rejet express ou le passage du temps, ne change rien à sa nature de fait.

La cause de l'échec est donc un fait. À supposer que le droit le prenne en compte, en fasse une cause formelle justifiant la disparition de la norme, il demeurera un fait. Pourtant, il convient là encore de nuancer le propos. *Quid* des échecs normatifs dont les causes sont juridiques ? L'exemple tout trouvé est la censure de la loi immigration du 26 janvier 2024 par le Conseil constitutionnel[10]. Clairement, sa décision n'est pas un fait, c'est du droit.

Nous étions partis du postulat que la cause de l'échec était nécessairement extérieure au droit, d'où l'impasse de notre raisonnement. En réalité, il faut

[10] Cons. const., Décision n° 2023-863 DC du 25 janvier 2024, *Loi pour contrôler l'immigration*, https://www.conseil-constitutionnel.fr/decision/2024/2023863DC.htm.

revenir sur les thèmes employés : ce qui est déterminant, ce n'est pas le fait ou le droit ayant produit l'échec, mais le rôle qu'ils ont joué dans cet échec, autrement dit la cause. Ce raisonnement pourrait heurter les partisans de Kelsen, pour qui le droit se fonde sur l'imputation et non sur la causalité. N'oublions pas toutefois que Kelsen recourt au critère de l'imputation dans la relation de formation des normes entre elles, ce qui n'est pas le cas de figure étudié ici.

Tel que nous avons défini l'échec normatif, comme la non-réalisation de l'intention de l'auteur de la norme, il semble contenir une dimension subjective. Comment reconnaître dans ces conditions l'objectivité de l'échec ?

II. L'échec objectif et l'échec subjectif

Ce serait incongru de prétendre que l'échec normatif serait exclusivement objectif, alors que l'intention joue ici un rôle déterminant. Néanmoins, il comprend une part décisive d'objectivité, en raison de plusieurs facteurs. D'abord, l'intention est affichée, notamment dans la loi ou dans les travaux préparatoires. Ensuite, l'échec reste une réalité difficilement contestable : la transgression d'un accord de paix est objectivement une transgression, nul ne saurait affirmer le contraire. Enfin, et surtout, si l'échec est celui de l'auteur de la norme, c'est d'abord celui de la norme elle-même. Là réside son élément objectif essentiel.

Bien sûr, rien n'interdit à l'auteur d'une norme d'interpréter sa non-application, ou même sa censure, comme un succès ou un semi-échec. Normalement, les faits ne peuvent pas être contestés. Ils sont là, c'est tout. Dire que le ciel est bleu, alors qu'il est gris, relève d'un sophisme. En niant la réalité d'un fait, on arrive à une relativité des choses. Tout devient incertain puisque tout serait question d'interprétation. En même temps, si l'homme n'était pas capable de passer outre l'évidence d'un fait, il serait encore en train de manger du mammouth cru dans sa grotte.

N'y aurait-il pas un juste milieu entre le sophisme et la rationalité, bref, entre une pensée politique et une pensée juridique ? Les faits se prêtent à interprétation. Mais si l'auteur d'une loi prétend au succès, en dépit de la réalité, il adopte un raisonnement politique.

Ces observations semblent confirmer l'impression que ce thème ne relèverait pas *stricto sensu* du droit. Pourtant, ceux qui connaissent le mieux les échecs normatifs sont les juristes. Tous les auteurs de cet ouvrage, indéniablement des juristes, sont en mesure d'en citer un ou plusieurs dans leur spécialité. Ils peuvent mettre en évidence, dans le décalage entre la mise en œuvre de la norme et l'intention de son auteur, les indices révélateurs de l'échec. Les juristes ont la légitimité pour traiter le thème. Bien que l'échec normatif n'appartienne pas exclusivement au droit, il dépasse les frontières entre les différentes sciences sociales[11].

La politique en particulier n'est jamais loin de l'échec normatif, ce qui pose la question de la responsabilité. La réponse à cette question n'est pas utile pour conceptualiser l'échec et, cependant, si on l'écartait, il apparaîtrait un manque dans le raisonnement, la petite pièce du coin du puzzle dont l'absence gâche l'ensemble.

Quel est l'auteur de l'échec ? Prenons à nouveau l'exemple de la loi immigration. Pour certains, la censure du Conseil constitutionnel était prévisible, le législateur aurait dû s'en douter : l'auteur de l'échec ne serait, ni plus ni moins, que l'auteur de la norme.

Nous avons inclus, dans les critères constitutifs de l'échec normatif, l'intention. En sciences humaines et sociales, ce critère est associé à la volonté, c'est-à-dire la responsabilité. N'oublions pas, cependant, que le droit, comme tout produit de la société, est une œuvre diffuse dont l'auteur officiel — législateur, constituant ou autre — est l'arbre cachant la forêt[12]. Il apparaît réducteur de lui faire assumer à la fois la responsabilité de la norme et de son échec, alors que des facteurs extérieurs imprévisibles peuvent être la cause de la mauvaise réception d'une norme, telle qu'une crise internationale : guerre, épidémie, récession…

La question de la responsabilité confirme la complexité du sujet de notre étude. Rien n'est simple dans l'échec normatif, ni ses causes, ni ses manifestations. Inutile de vouloir en gommer les aspérités. Bien au contraire, il convient de restituer la complexité de l'échec en commençant par déterminer les différentes hypothèses dans lesquelles il apparaît. Si elles ne donnent pas une définition, elles n'en restent pas moins nécessaires pour valider notre proposition de concept. Rappelons sa définition : l'échec normatif est la non-réalisation de la finalité assignée à la norme par son auteur, causée par un fait ou une mesure de droit qui a déjoué ses attentes.

La dimension subjective de l'échec normatif marque sa relativité, exprimée également dans l'incertitude même de l'échec.

III. L'échec certain et l'échec incertain

Certains échecs normatifs semblent liés aux circonstances extérieures. D'autres seraient dus au contenu de la norme. Néanmoins, cette distinction causes externes/causes internes s'avère imprécise, car elles peuvent être confondues, comme il ressort de l'exemple de la Constitution européenne de 2005. Son échec provient sans doute de son contenu, établissant un processus progressif de perte de souveraineté nationale au profit d'une entité d'inspiration fédéraliste. Pour autant, il ne faut pas négliger les circonstances

---

[11] Cf. J. Commaille, *L'esprit politique des savoirs*, Paris, éd. Maison des sciences de l'homme, 2023, 384 p.

[12] *Ibid.*

extérieures au texte. La Constitution européenne a été proposée à un moment de l'évolution de l'Union européenne, l'entrée des États de l'Est, qui fragilisait la cohésion. Il serait par conséquent réducteur de vouloir simplifier à l'excès les échecs normatifs selon qu'ils aient été causés par les circonstances ou par le contenu des textes.

Le thème de notre étude consiste tout au contraire à ne partir d'aucun préjugé déterminé, de manière à pouvoir évaluer librement les échecs normatifs ainsi que leur portée.

Il ne faut pas non plus s'arrêter sur la forme pour déterminer s'il y a ou non échec. Un texte est un échec même lorsqu'il a été mis en application, si sa durée de vie s'avère courte. Il en va ainsi de la Constitution de la IVe République dans la mesure où une Constitution, en tant qu'acte fondateur, a vocation à durer sur le long terme. Pour la même raison, on ne peut pas conclure à l'échec d'un texte au motif qu'il n'a connu formellement aucune application. Le mot « application » est polysémique en droit : il peut s'exprimer à la fois dans l'adoption et dans l'absence d'adoption d'actes d'exécution, comme en témoigne l'article 47-1 alinéa 3 de la Constitution (les dispositions du projet de loi de finances pourront être mises en œuvre par ordonnance si le Parlement ne se prononce pas dans un délai de cinquante jours). Il n'a jamais donné lieu à application formelle, dans le sens où aucune ordonnance de l'article 47-1 alinéa 3 n'a été prise. C'est justement là que se situe sa réussite, ce texte ayant une finalité dissuasive.

Les hypothèses d'échecs ne sont évidemment pas exhaustives. Pour faciliter leur classification, il conviendrait sans doute de distinguer, à la manière italienne, les dispositions et les normes[13] ou, à la manière française, le contenant et le contenu. Cela nous permettrait de constater que si le texte (ou la jurisprudence) est abandonné, mais que son contenu est repris par ailleurs, ce qui semblait être un échec sur le court terme s'avérerait en partie un succès. L'élément déterminant serait constitué par le contenu du texte, de sorte que le critère de l'évaluation de l'échec serait le contenu et non le contenant.

On arriverait à cette conclusion : l'échec serait complet si le texte était totalement rejeté, sans que rien de son contenu n'ait été maintenu, comme l'illustre l'abandon en 2021 par l'Union européenne du projet de taxe numérique[14]. L'échec serait partiel lorsque des éléments du texte ou même son esprit sont réutilisés sous une forme ou une autre. C'est le cas de la Constitution européenne, dont certaines normes sont reprises par le traité de Lisbonne. Au final, il s'agirait moins de compter les échecs que de chercher, au-delà de l'apparence d'un échec, ce qui peut s'avérer être un succès.

---

[13] Cf. V. Crisafulli, « Disposizione (e norma) », *Enciclopedi del diritto*, 13e vol., Milan, 1964, sous « Dis-Dopp ».

[14] Cf. R. Chemain, « La relation juridique des GAFA avec l'Union européenne », *Revue de l'Union européenne*, 2023, p. 90.

L'évolution du droit ne saurait alors s'apprécier exclusivement en fonction de mutations expresses. Elle se traduirait également par l'insertion de normes qui ont su s'imposer indépendamment du sort réservé à leur contenant initial.

Une telle approche nous autoriserait à finir par une touche optimiste : il n'y aurait pas d'échec, uniquement des succès différés. C'est mieux de conclure ainsi. Personne n'aime les échecs, on préfère les *happy ends*. Posture éminemment morale, voire moraliste si en plus on a appris quelque chose de cet échec, devenu par la magie de la fiction une expérience constructive. Tout va pour le mieux dans le meilleur des mondes, jusqu'à ce que se manifeste une dernière difficulté : pourquoi des échecs normatifs ? D'où viennent-ils, quelle est leur cause première[15] ?

On pourra penser à la profusion des lois : « trop de lois tue la loi », en paraphrasant Arthur Laffer. Mais vient à l'esprit une autre image, celle de l'homme de la campagne se présentant devant le gardien pour entrer dans la loi[16]. L'homme veut connaître la loi, le gardien lui interdit l'entrée, et il obéit. Il ne s'oppose pas à cette interdiction, il ne sait peut-être même pas qu'il s'agit déjà là d'une loi.

L'homme de la campagne respecte l'autorité de la loi[17], ce qui l'empêche d'en connaître le contenu. On arguera que la loi à laquelle il obéit n'est pas celle qu'il aurait trouvée à l'intérieur, mais rien ne nous assure du contraire. Il ressort surtout de cette parabole que le contenant (symbolisé ici par l'autorité) est aussi important que le contenu. À vouloir tout faire reposer sur les normes, on oublie qu'elles sont normes par leur autorité. Que serait-il advenu si l'homme de la campagne s'était introduit dans la loi en dépit du refus du gardien ? Fort de cette autorité propre dont il se serait lui-même doté, il aurait fait le tri entre les normes qui lui conviennent et celles qu'il rejette, avec des choix commandés par diverses raisons, toutes susceptibles d'être modélisées en termes rationnels. Le mouvement des Gilets jaunes contre la taxe carbone ? Une forme de démocratie populaire. Poutine s'essuyant les bottes sur les accords de Minsk II ? Le droit international n'a jamais été un vrai droit, avec la même autorité qu'une loi interne. Le Conseil constitutionnel sanctionnant la loi immigration par le moyen des cavaliers législatifs, sans jamais se prononcer sur le fond ? C'est le principe de l'État de droit… Les raisons des choix sont effectivement diverses ; le résultat, lui, est identique : l'échec normatif exprime en premier lieu l'échec de l'autorité de la norme. Cette atteinte à l'autorité pourrait être conforme au droit, s'inscrire dans un système

---

[15] Je remercie le professeur Pierre Beltrame pour avoir contribué à éclairer ma réflexion en me posant cette question.

[16] F. Kafka, « Devant la loi », *in Un médecin de campagne et autres récits* [1915], trad. C. David, Paris, Folio, 1996, 256 p. Nous reprenons l'interprétation donnée à la nouvelle par Michaël Löwy dans « "Devant la loi" : le judaïsme subversif de Franz Kafka », *Raisons politiques*, 2002, n° 4, p. 117.

[17] Cf. M. Löwy : « l'homme de la campagne a échoué parce qu'il n'a pas voulu prendre le chemin vers la Loi en traversant cette porte *sans autorisation* », *op. cit.*

de contrôle juridictionnel, elle ne changerait rien au fait incontestable que l'homme de la campagne a franchi le seuil, s'estimant désormais en mesure de connaître et donc d'évaluer la loi.

La tentation est grande de reprendre la distinction, susmentionnée, entre les échecs complets et les échecs partiels, donc entre le texte et la norme ou le contenant et le contenu. L'époque cependant n'est guère à l'optimisme béat. Difficile en effet de voir de l'espoir dans la violation des accords de Minsk II ou dans l'inefficacité criante de l'accord de Paris du 12 décembre 2015 posant pour objectif la limitation du réchauffement climatique à 1,5 ° Celsius. Il paraît plus juste d'adopter, comme angle d'attaque, l'atteinte à l'autorité de la norme, ce qui nous conduit à établir une différence entre deux types de situations. D'un côté, nous avons des échecs certains, en ce qu'ils remettent en cause le contenant ou le contenu (partie I) ; d'un autre côté, nous trouvons des échecs incertains, car ils ne sont pas avérés ou ils ne portent pas sur une norme proprement dite (partie II).

PREMIERE PARTIE

LES ÉCHECS NORMATIFS CERTAINS

Il y a certitude de l'échec lorsqu'il se matérialise aux yeux de tous, en particulier pendant une phase formelle de réalisation de la norme, que ce soit celle de sa validation (titre I) ou celle de son application (titre II).

TITRE PREMIER

LES ECHECS PENDANT LA PHASE DE VALIDATION DU TEXTE

L'ABSENCE DE RATIFICATIONS SUFFISANTES POUR L'ENTREE EN VIGUEUR D'UN TRAITE INTERNATIONAL : LE CAS DU TRAITE DE 1986 SUR LES CONDITIONS D'IMMATRICULATION DES NAVIRES

Pascale RICARD

Les catastrophes environnementales causées à la suite des accidents du *Torrey Canyon*, du *Prestige*, de l'*Erika*, du *Probo Koala*, de l'*Exxon Valdez* ou encore très récemment et en partie seulement du *Felicity Ace* — de même que la terrible explosion de Beyrouth en 2020 —, ont toutes un point commun : elles concernaient un navire immatriculé par un État de « libre immatriculation », autrement dit un pavillon de complaisance, c'est-à-dire un État au sein duquel l'immatriculation s'obtient très facilement, avec une fiscalité avantageuse. Selon la Fédération internationale des ouvriers du transport (ITF), l'expression concerne un navire « pour lequel la propriété réelle et le contrôle se situent dans un pays autre que celui du pavillon (c'est-à-dire de l'État) sous lequel il est immatriculé[1] ». La pratique des pavillons de complaisance touche la majeure partie de la navigation mondiale et a accompagné la demande croissante de services de transports maritimes, dans un contexte de mondialisation des échanges. Le Panama, le Liberia et les îles Marshall détiennent par exemple à eux seuls 42 % de la flotte mondiale, alors qu'ils ne possèdent ni marins ni ports[2]. Les critères souples d'immatriculation engendrent d'importantes conséquences : *dumping* social, risques environnementaux… Ils n'exigent en effet pas des navires immatriculés le respect des normes internationales établies en matière de sûreté et de sécurité maritimes. Ces pavillons sont qualifiés par la doctrine de « variante maritime des paradis fiscaux[3] » ; les accidents impliquant des navires sous pavillon de complaisance sont loin d'être malencontreux[4].

---

[1] Voir le site de la Fédération internationale des ouvriers du transport.

[2] UNCTAD, *Review of Maritime Transports*, United Nations publication, 2015, p. 41.

[3] H. Slim, « Les pavillons de complaisance », pp. 81-104, *in Le pavillon*, p. 82. Voir dans cet article une définition détaillée de la notion : « retenons surtout, ici, que le pavillon de complaisance permet à l'armateur du navire, soucieux de faire baisser ses coûts d'exploitation, de s'affranchir des nombreuses réglementations sur la sécurité et l'environnement, ou de les déjouer » ; *Eod. Loc.*, p. 93.

[4] *Eod. Loc.*, p. 82.

En 1914, 93 % du tonnage mondial était possédé par douze États dont dix États européens, les États-Unis et le Japon ; 40 % des navires étaient sous pavillon britannique. Les conditions d'octroi du pavillon, bien que libres, étaient analogues pour tous les États et reposaient sur un lien très fort entre ces derniers et les navires : elles concernaient la nationalité du propriétaire, de l'équipage, ou encore l'emplacement du chantier de construction. En 1970, les pays de libre immatriculation détenaient déjà 30 % de la flotte mondiale. La Convention des Nations unies sur le droit de la mer (CNUDM) de 1982, véritable « constitution » des océans[5], n'a pas permis de mettre fin à cette pratique. Elle prévoit en effet que les États sont libres de fixer les conditions auxquelles ils soumettent l'attribution de leur nationalité aux navires et les conditions d'immatriculation sur leur territoire. Néanmoins, elle précise qu'« il doit exister un lien substantiel entre l'État et le navire » (article 91 [1]), et que l'État du pavillon doit exercer « effectivement sa juridiction et son contrôle dans les domaines administratif, technique et social sur les navires battant son pavillon » (article 94). Le « lien substantiel » mentionné par l'article 91, cependant, a été interprété par les États, mais aussi par la jurisprudence de manière très distendue, ce qui a eu pour effet de faciliter l'essor des pavillons de complaisance.

Face à l'accroissement continu des pavillons de complaisance et au manque de précision des dispositions de la CNUDM pour contrer ce phénomène, les États ont rapidement envisagé la confection d'une convention spécifiquement sur cette question[6]. La pratique des pavillons de complaisance a en effet d'importantes répercussions économiques, notamment en empêchant les pays en développement de créer et développer leur propre flotte maritime[7] du fait de la concurrence exacerbée des États de libre immatriculation[8]. C'est sous cet angle que la Commission des transports maritimes de la Conférence des Nations unies sur le Commerce et le Développement (CNUCED)[9] s'est emparée de la question dans les années 1980. La Convention des Nations unies sur les conditions d'immatriculation des navires fut ainsi adoptée par consensus à l'issue d'une conférence convoquée par l'Assemblée générale des Nations unies le 7 février

---

[5] Selon l'expression de Tommy Koh (Singapour) lors de son discours à la troisième conférence des Nations unies pour le droit de la mer en 1982 intitulé : « Une constitution pour les océans ».

[6] M. Voelckel, « Le lien substantiel : la Convention de 1986 », pp. 21-28, *in Le pavillon*, INDEMER, Paris, Pedone, 2007, pp. 21-22.

[7] M. Djamchid, « La Convention des Nations unies sur les conditions de l'immatriculation des navires », *Annuaire français de droit international*, vol. 32, 1986, pp. 715-735.

[8] La résolution 35/56 de l'Assemblée générale de l'ONU, adoptée le 5 décembre 1980 et rappelée dans le préambule de la Convention de 1986 sur les conditions d'immatriculation des navires, demandait d'ailleurs explicitement que la participation des pays en développement au transport international des marchandises soit accrue afin de favoriser le développement de ces derniers (§ 128).

[9] G. Assonitis, *Réglementation internationale des transports maritimes dans le cadre de la CNUCED*, Geneva, The Graduate Institute, 1991, pp. 163-200.

1986. Elle se fixait pour objectif d'« assurer ou, le cas échéant, renforcer le *lien authentique* entre l'État et les navires battant son pavillon », afin d'éliminer la possibilité de recourir à des régimes de libre immatriculation.

Le texte a finalement été ratifié par seulement quinze États, dont seul le Liberia parmi les États de libre immatriculation et aucune grande puissance maritime. Il est prévu qu'elle entre en vigueur douze mois après qu'un minimum de quarante États dont le tonnage combiné représente au moins 25 % du tonnage mondial l'aura ratifiée ou y aura adhéré. En 2007, 45 % du tonnage mondial appartenait aux flottes de navires de commerce sous pavillon de libre immatriculation, et cette proportion a atteint 71 % de la flotte mondiale en 2014, dans un contexte où près de 80 % des échanges commerciaux internationaux passent par la mer.

Il semble aujourd'hui improbable que la Convention entre en vigueur, plus de trente-cinq ans après son adoption. La principale raison de cet « échec normatif » serait l'hostilité de la majorité des pays développés de réglementer de manière trop stricte cette pratique, celle-ci s'avérant particulièrement bénéfique pour ces derniers ; mais on peut aussi constater que le compromis très souple résultant de cette Convention n'aurait peut-être pas suffi à la rendre efficace : elle fixe des conditions harmonisées minimales pour l'immatriculation, chaque État restant libre de les compléter selon sa politique nationale. Les insuffisances du texte en lui-même invitent alors à parler d'un double « échec normatif ». Il s'agira, après avoir analysé les raisons de ce double échec (I), de mesurer la portée juridique de cette Convention jamais entrée en vigueur ainsi que la manière dont le droit international tente de combler les lacunes en découlant (II).

I. Les raisons d'un double « échec normatif »

L'évolution du droit et de la pratique, au cours du XXe siècle, témoigne d'une série d'occasions manquées pour tenter de limiter la pratique des pavillons de complaisance (A). La difficulté, pour les États, de s'attaquer à cette problématique s'explique par l'ampleur des enjeux économiques en cause et les divergences d'intérêts en résultant nécessairement (B). Ainsi, l'adoption de la Convention des Nations unies sur les conditions d'immatriculations des navires en 1986 traduit un compromis trop fragile : cette fragilité transparaît non seulement de l'absence de ratifications suffisantes pour que la Convention n'entre en vigueur, mais aussi de l'équilibre même trouvé dans le texte de la Convention qui n'aurait probablement pas permis de mettre fin à la pratique contestée (C).

A. Un contexte peu propice à la réglementation des conditions d'immatriculation : les tentatives avortées de réglementer la pratique des pavillons de complaisance

Le principe de compétence exclusive et de liberté des États en matière d'attribution de leur nationalité aux navires peut être considéré comme un principe coutumier, au même titre que celui relatif à la liberté de navigation[10]. Une première tentative de codification des conditions d'attribution de la nationalité des navires a cependant été initiée à la fin du XIXe siècle dans le cadre de l'Institut de droit international[11]. Les recommandations adoptées par l'Institut prévoyaient que l'octroi de la nationalité aux navires devait dépendre de la participation nationale à la propriété de ces derniers, ce qui constituait une première restriction de la liberté jusqu'alors absolue des États en la matière. Néanmoins, cette tentative d'encadrement privée n'a pas engendré de changement dans l'interprétation du droit par les États, et la pratique de la liberté d'immatriculation a continué à se développer.

Quelques années plus tard, c'est la Commission du droit international qui, s'appuyant sur les travaux de l'Institut, reprenait l'idée d'un encadrement minimal, mais réel des conditions d'immatriculation des navires dans son projet de convention sur le droit de la mer. Le projet prévoyait ainsi une « clause de non-reconnaissance » du caractère national du navire si la condition de la participation nationale à la propriété des navires n'était pas remplie[12]. Néanmoins, comme le résume George Assonitis,

> face à l'opposition des États-Unis, État dont les ressortissants se servaient largement des pavillons d'États offrant des conditions souples en matière d'immatriculation des navires, et des États qui offraient de tels avantages, la CDI a décidé de remplacer la condition de la participation nationale à la propriété du navire par une autre, empruntée à la jurisprudence dans l'affaire Nottebohm : l'existence d'un « lien réel » entre le navire et le pavillon[13]

[10] Voir notamment l'affaire des *Boutres de Mascate.* La Cour permanente d'arbitrage a estimé qu'« il appartient à tout souverain de décider à qui il accordera le droit d'arborer son pavillon et de fixer les règles auxquelles l'octroi de ce droit sera soumis ». Voir la sentence rendue dans le cadre de l'affaire des *Boutres de Mascate* entre la France et la Grande-Bretagne, 8 août 1905, *RSA*, vol. XI, p. 94. Le Traité de droit international de la mer mentionne aussi une autre affaire, l'affaire du *Montijo* opposant la Colombie aux États-Unis, arbitrage du 25 juillet 1875 dans le cadre de laquelle le tribunal affirmait : « The government of the United States considers the Montijo as an americanship. On this point itis the sole judge ». J.-M. Thouvenin, « La navigation », pp. 655-701, *in* M. Forteau, J.-M. Thouvenin (dir.), *Traité de droit international de la mer*, Paris, Pedone, 2017, p. 670.

[11] G. Assonitis, *Réglementation internationale des transports maritimes*, *op. cit.* ; Annuaire de l'IDI, Session de 1896, Venise, « Règles relatives à l'usage du pavillon national pour les navires de commerce », p. 287.

[12] Voir les travaux préparatoires de la CDI, Documents officiels de l'Assemblée générale, y compris le rapport de la Commission du droit international, doc. A/CN.4/SER-A/1955/Add. 1, vol. II.

[13] G. Assonitis, *Réglementation internationale des transports maritimes*, *op. cit.*

— sans pour autant donner de définition de ce lien. Lors de la Conférence sur le droit de la mer qui a mené à l'adoption de la Convention de Genève sur la haute mer le 29 avril 1958, les États opposés à une restriction de leur liberté d'immatriculation ont contesté la notion de lien réel ainsi que la clause de non-reconnaissance, arguant que cette dernière portait atteinte à la souveraineté. Les États ont tout de même consacré la notion de « lien substantiel » et ont remplacé la « clause de non-reconnaissance » par l'obligation, pour l'État du pavillon, d'exercer une juridiction et un contrôle effectifs dans les domaines technique, social et administratif[14].

Dans son avis consultatif relatif à la composition du Comité de sécurité maritime de l'Organisation maritime consultative internationale (OMCI, aujourd'hui Organisation maritime internationale), rendu le 8 juin 1960, la Cour internationale de Justice (CIJ) a également manqué l'occasion de se prononcer sur la question et de faire évoluer le droit en rejetant implicitement la thèse selon laquelle l'Assemblée de l'OMCI avait l'obligation de prendre en considération, pour déterminer les États qui possèdent les flottes de commerce les plus importantes, la notion de lien substantiel. Elle a en effet considéré que le Liberia et le Panama, faisant partie des huit membres de l'organisation possédant le tonnage le plus important, auraient dû être élus parmi les membres du Conseil de la sécurité maritime, celui-ci devant se composer de quatorze membres élus par l'Assemblée parmi les pays qui ont un intérêt important dans les questions de sécurité maritime, dont huit au moins parmi ceux qui possèdent les flottes de commerce les plus importantes[15]. Or, cette composition du Conseil selon le tonnage de la flotte marchande des États attribue un pouvoir et une importance considérable aux mêmes États qui attribuent des pavillons de complaisance, comme le Panama, ce qui peut largement influencer les orientations de l'Organisation, ces États étant aussi ceux qui contribuent le plus au budget.

Les travaux pour la conférence de la CNUCED ont ensuite démarré dans le cadre de la Commission des transports maritimes de cette organisation en 1974, au moment où la troisième Conférence des Nations unies sur le droit de la mer entamait le processus de création et de négociation de la Convention des Nations unies sur le droit de la mer. L'idée ayant guidé ces travaux était de limiter le plus possible les pavillons de libre immatriculation, de « mettre un peu d'ordre sur le marché[16] » en imposant des conditions d'immatriculation

[14] Article 5 (1) de la Convention de Genève sur la haute mer, entrée en vigueur en 1962 : « Chaque État fixe les conditions auxquelles il accorde sa nationalité aux navires ainsi que les conditions d'immatriculation et du droit de battre son pavillon. Les navires possèdent la nationalité de l'État dont ils sont autorisés à battre pavillon. Il doit exister un lien substantiel entre l'État et le navire ; l'État doit notamment exercer effectivement sa juridiction et son contrôle, dans les domaines technique, administratif et social, sur les navires battant son pavillon. »

[15] Conformément à l'article 28A de la Convention du 6 mars 1948 portant création de l'organisation.

[16] M. Voelckel, « Le lien substantiel : la Convention de 1986 », *op. cit.*, p. 22.

suffisamment strictes pour que les États de libre immatriculation ne puissent s'y conformer, et qu'ils soient obligés de se « rapatrier » sous un « vrai » pavillon[17], en particulier au profit des pays en développement. Néanmoins, cet objectif très ambitieux a entraîné de très vives réactions et a vite conduit les négociations dans une impasse[18].

La Convention des Nations unies sur le droit de la mer (CNUDM), adoptée en 1982 à Montego Bay, reprend de son côté les mêmes critères que la Convention de Genève de 1958, et ne définit pas non plus le lien substantiel. Elle insiste néanmoins sur les obligations de l'État du pavillon dans l'exercice de sa juridiction et de son contrôle administratif, technique et social (article 94). L'article 94 de la CNUDM reconnaît, par ailleurs, à tout État qui a des motifs sérieux de penser que la juridiction et le contrôle appropriés sur un navire n'ont pas été exercés, un droit de regard sur la manière dont l'État du pavillon accomplit ses devoirs. L'État tiers peut signaler les faits à l'État du pavillon. Ce dernier doit procéder à une enquête et doit prendre, s'il y a lieu, les mesures nécessaires pour remédier à la situation (article 96 [6]). Comme le souligne George Assonitis, d'ailleurs, ces obligations sont désormais envisagées comme une conséquence et non pas une condition de l'immatriculation[19]. Les discussions prenant place au sein de la CNUCED n'avaient alors pas abouti. Les dispositions de la CNUDM, reprenant l'esprit de la Convention de Genève, n'ont ainsi pas empêché le développement de flottes marchandes de très grande taille dans les pays de libre immatriculation, sans que ces derniers ne se conforment à leurs obligations. Comme le note Michel Voelckel, ainsi, il demeure « difficile de parler » du « lien, assorti de diverses épithètes, qui doit exister entre le navire et l'État dont il porte le pavillon[20] ».

B. De fortes divergences d'intérêts économiques entre catégories d'États et la persistance d'un lien ténu et symbolique entre pavillon et souveraineté

Les discussions entamées dans le contexte de la CNUCED en matière d'harmonisation des politiques de transport avaient dès le départ une forte dimension économique : comme le rappelle Djamchid Momtaz, la Commission des transports maritimes de la CNUCED « demandait en 1974 au Secrétaire général de la CNUCED d'entreprendre l'étude de la question des répercussions économiques sur les transports maritimes internationaux de l'existence ou de l'absence d'un lien véritable entre le navire et le pavillon[21] ». Ces répercussions économiques, en l'occurrence, concernaient en premier lieu les pays en développement. Pour ces derniers, les régimes de libre

---

[17] *Ibid.*
[18] *Eod. Loc.*, p. 23.
[19] G. Assonitis, *Réglementation internationale des transports maritimes*, *op. cit.* § 11.
[20] M. Voelckel, « Le lien substantiel : la Convention de 1986 », *op. cit.*, p. 21.
[21] D. Momtaz, « La Convention des Nations unies sur les conditions... », *op. cit.*, p. 716.

immatriculation constituaient « des entraves au développement de leurs flottes qu'ils considéraient comme un moyen d'affirmer leur souveraineté en mer et comme un instrument de leur développement économique[22] ». Pour la majeure partie des États du Groupe des 77, les intérêts des armateurs étaient ainsi gravement lésés par l'existence de flottes de libre immatriculation. En effet, l'existence de ces flottes affecte fortement la compétitivité de leur propre flotte marchande ; sans ces pavillons, les autres pays se tourneraient vers eux puisqu'ils possèdent une main-d'œuvre abondante et bon marché[23]. Pour une catégorie des pays en développement, les effets économiques ne sont pas pour autant négatifs : il s'agit des pays fournisseurs de main-d'œuvre aux navires battant pavillon de libre immatriculation (en particulier, à l'époque des discussions, les Philippines et le Sri Lanka). Les effets néfastes des flottes de libre immatriculation sur ces pays sont compensés par le profit tiré de l'emploi de leurs ressortissants[24]. Les pays en voie de développement ont tout de même souhaité favoriser l'objectif de l'élimination « progressive » du régime de libre immatriculation et d'élaboration d'un instrument international à cet effet.

Les pays développés s'affirmaient quant à eux plutôt préoccupés par le non-respect des normes internationales en matière de sécurité du fait de l'absence de contrôle effectif de l'État d'immatriculation[25]. Ces pays ont globalement dénoncé le fonctionnement, sur une base déloyale, des pavillons de libre immatriculation et donc le fait que ces derniers limitent la compétitivité des autres flottes marchandes. Néanmoins, pour eux, la suppression du régime de libre immatriculation ne favorisait pas forcément de report ou de transfert des navires détenus par leurs ressortissants[26]. Ils appelaient principalement à un renforcement de la transparence du système et à la nécessité de respecter le droit existant. La France, qui avait subi en 1978 les conséquences de l'accident de l'Amoco Cadiz et souhaitait accroître la responsabilité des États de libre immatriculation ainsi que des entreprises de transport maritime et mettre l'accent sur la coopération entre l'État du port et l'État du pavillon, s'est démarquée, notamment en ne s'opposant pas à l'objectif d'élimination[27].

Quant aux États de libre immatriculation, les incidences de ce régime sur leur économie étaient évidemment très positives. Les recettes et taxes annuelles provenant de l'exploitation de ces marines atteignaient en moyenne 5 % de leur PNB. La propriété effective des flottes appartenait à des ressortissants, compagnies nationales et transnationales de pays développés dont les États-Unis, la Grèce, le Japon ou encore Hong-Kong. Les pays de

[22] M. Voelckel, « Le lien substantiel : la Convention de 1986 », *op. cit.*, p. 22.
[23] G. Assonitis, *Réglementation internationale des transports maritimes*, *op. cit.*, § 14 et suiv.
[24] *Ibid.*
[25] M. Voelckel, « Le lien substantiel : la Convention de 1986 », *op. cit.*, p. 22.
[26] Voir les détails donnés par G. Assonitis, *Réglementation internationale des transports…*, *op. cit.*, § 18.
[27] *Eod. Loc.*, § 26 et 30.

libre immatriculation mettaient l'accent sur leur rôle dans l'efficacité des transports maritimes et affirmaient respecter les conditions imposées par l'OMI ou l'OIT. Ils étaient, sans surprise, opposés à toute réglementation du régime d'immatriculation.

Face à ces intérêts très divergents, l'objectif initial d'élimination des pavillons de complaisance a évolué au cours des discussions. En 1982, finalement, l'AGNU intervint sur recommandation du Conseil du commerce et du développement de la CNUCED, pour décider « d'envisager l'adoption d'un accord international concernant les conditions dans lesquelles les navires devraient pouvoir être inscrits sur les registres maritimes nationaux[28] », témoignant de sa volonté d'apaiser la situation en ne proposant plus d'éliminer les pavillons de complaisance, mais d'harmoniser les conditions nationales d'immatriculation[29]. La suite des discussions devait se dérouler de manière à parvenir à un effort de conciliation substantiel : il « sera pleinement tenu compte des vues de toutes les parties intéressées ». Après quatre sessions de la Conférence des Nations unies sur les conditions d'immatriculation des navires, une Convention a finalement été signée le 7 février 1986. L'objectif consacré à l'article 1er est d'« assurer ou, le cas échéant, renforcer le lien authentique entre l'État et les navires battant son pavillon ».

C. Une Convention critiquée qui n'aurait probablement pas permis de limiter la pratique des pavillons de complaisance, même si elle était entrée en vigueur

La Convention énonce deux sortes d'obligations pour les États[30] : l'obligation de soumettre l'immatriculation des navires aux conditions minimales qu'elle énonce pour assurer l'existence d'un lien authentique entre le navire et le pavillon ; parmi ces conditions figurent la participation nationale à la propriété ou aux équipages des navires, le rôle à jouer par l'État dans la gestion des sociétés propriétaires des navires, ou encore l'identification des propriétaires et des exploitants des navires ; l'objectif de ces premières conditions réside dans la volonté de faire en sorte que les navires battant pavillon national soient exploités dans l'intérêt de l'État, au moyen de la participation des nationaux et des bénéfices et gains en devise (rapatriement de l'emploi et des salaires notamment) ; ensuite, les obligations consécutives à l'immatriculation, qui convergent toutes vers le même but : permettre à

---

[28] Résolution 37/209 du 20 décembre 1982.

[29] M. Voelckel, « Le lien substantiel : la Convention de 1986 », *op. cit.*, p. 23.

[30] G. Assonitis, *Réglementation internationale des transports…*, *op. cit.*, § 34 : voir les explications détaillées sur chacun de ces critères aux § 38 et suiv., ainsi que sur la manière dont chacun était abordé lors des différentes tentatives de réglementation des conditions d'immatriculation.

l'État du pavillon d'exercer un contrôle et une juridiction effectifs sur tout navire battant son pavillon[31].

Plus précisément, le lien substantiel ou « authentique » est défini à la fois par une participation des nationaux à la propriété des navires et aux équipages et par l'existence d'une « administration maritime nationale compétente et adéquate », soumise à la juridiction et au contrôle de l'État du pavillon (article 5). Cette administration serait compétente pour mettre en œuvre les accords internationaux relatifs aux transports maritimes et appliquer les règles relatives aux navires placés sous la juridiction de l'État dont elle relève[32]. Elle est dotée d'importants pouvoirs. Le niveau de participation nationale à la propriété doit être « suffisant » « pour permettre à l'État du pavillon d'exercer effectivement sa juridiction et son contrôle sur les navires qui battent son pavillon » (article 8). Concernant l'équipage, il est prévu qu'une partie suffisante de l'effectif des officiers et de l'équipage « doit être constituée par des nationaux ou des personnes domiciliées ou ayant légalement leur résidence permanente dans l'État d'immatriculation » (article 9). Des conditions précises quant à la tenue d'un registre du navire sont également listées (article 11). Le préambule met l'accent sur la responsabilité de l'État du pavillon, faisant mention des conventions de Genève et de Montego Bay et reprend ses principes généraux : liberté de navigation, nationalité de l'État dont les navires battent le pavillon, obligation de naviguer sous un seul pavillon et qu'aucun changement n'intervienne au cours d'un voyage ou lors d'une escale (article 4), ainsi que sur le lien entre cette responsabilité et l'immatriculation des navires, et cela sans préjudice de la liberté des États de fixer leurs conditions à cette immatriculation. La Convention prévoit également des mesures visant à protéger les intérêts des pays fournisseurs de main-d'œuvre et à réduire au maximum les effets économiques défavorables qui résulteraient de son application (articles 14 et 15).

Le texte ainsi rédigé a suscité d'importantes critiques qui expliquent en partie le fait qu'il ne soit jamais entré en vigueur : « timide » selon Laurent Lucchini, la Convention est même considérée comme « déroutante » pour Michel Voelckel[33] du fait du changement de coloration et de contenu entre le préambule, ferme, et le dispositif, « plus incitatif que prescriptif », caractérisé par une véritable souplesse de la définition donnée au lien authentique. En effet, le champ lexical est souvent conditionnel et fondé sur la volonté des Parties. Celles-ci « devrai[en]t faire en sorte », « devrai[en]t s'assurer », « sous réserve » ; l'accord prévoit qu'« il faudrait notamment appliquer », que « des accords bilatéraux peuvent être conclus »... L'article 7 est particulièrement révélateur de cette logique puisqu'il énonce que « l'État d'immatriculation est tenu d'observer soit les dispositions des paragraphes 1 et 2 de l'article 8, soit

---

[31] *Ibid.*

[32] *Eod. Loc.*, § 35.

[33] M. Voelckel, « Le lien substantiel : la Convention de 1986 », *op. cit.*, pp. 24-25.

celles des paragraphes 1 à 3 de l'article 9, mais peut aussi observer les unes et les autres » (l'article 8 paragraphes 1 et 2 portant sur la participation des nationaux à la propriété des navires et l'article 9 sur la participation de nationaux à l'équipage des navires), traduisant les différents intérêts en jeu. En fait, le rappel dans le préambule du fait que la Convention ne portera pas préjudice à la liberté de chaque État de fixer les conditions de l'octroi de sa nationalité aux navires, de l'immatriculation des navires sur son territoire et du droit de battre son pavillon, empêche toute limitation significative de celui-ci.

En outre, et surtout, l'annexe III définit les 25 % du tonnage mondial nécessaires pour que la convention entre en vigueur : le tonnage reconnu place ainsi les flottes du Liberia, du Panama et des autres pays réputés complaisants en position de force, ces derniers se retrouvant même surreprésentés. Le choix de ce critère témoigne de l'absence de volonté de contraindre réellement les États de libre immatriculation, contrairement à l'objectif initialement défini. Les propositions des pays en voie de développement ont d'ailleurs été très peu reprises dans le texte final, qui ne limite pas substantiellement le principe de liberté.

Le texte adopté, véritable document de compromis entre des intérêts irréconciliables, n'aurait donc probablement pas permis de lutter efficacement contre la pratique des pavillons de complaisance[34]. Pour Djamchid Momtaz, en effet, par souci de concilier la souveraineté économique des États et les nécessités de l'ordre international, la Conférence s'est limitée à harmoniser sur le plan international les conditions d'immatriculation des navires en fixant certaines dispositions minimales, chaque État restant libre de les compléter dans sa législation en fonction des nécessités de sa politique nationale. Finalement, « c'est par respect pour cette souveraineté qu'aucune disposition de la Convention ne fait obstacle à la pratique de la libre immatriculation[35] ».

II. Les conséquences de ce double « échec normatif »

« La Convention n'est pas entrée en vigueur faute des ratifications requises et il est peu probable qu'elle entre, un jour, en vigueur. […] En ce sens, on pourrait parler d'un échec de la Convention. Mais on sait qu'en matière de navigation, les naufrages sont toujours pleins d'enseignements[36]. » Un « échec normatif » ne précipite en effet pas forcément un traité dans l'oubli, le texte

[34] Voir la conclusion de G. Assonitis, *Réglementation internationale des transports…*, *op. cit.*, § 83 : « Le respect des dispositions de la Convention établira sans doute un lien entre le navire et le pavillon, mais cela n'aboutira nécessairement pas au résultat escompté, à savoir l'élimination du régime de la libre immatriculation, même si tous les États, y compris et surtout les États de libre immatriculation, ratifient la Convention. »

[35] D. Momtaz, « La Convention des Nations unies sur les conditions… », *op. cit.*, p. 735.

[36] M. Voelckel, « Le lien substantiel : la Convention de 1986 », *op. cit.*, p. 26.

pouvant s'avérer d'une certaine utilité, notamment en matière interprétative[37]. La Convention de 1986 possède ainsi une certaine portée juridique, limitée, mais utile (A). Pour autant, la pratique des pavillons de complaisance n'a pas faibli et les États, au travers de certaines institutions internationales, tentent d'influencer et de contraindre les pays de libre immatriculation afin de combler l'absence d'entrée en vigueur du traité (B).

A. La portée juridique limitée de la Convention

Le texte adopté en 1986 a le mérite de préciser, pour la première fois sur le plan international, la définition du lien authentique ou substantiel entre le navire et l'État du pavillon[38]. Un important travail terminologique a ainsi été réalisé, et certaines des définitions arrêtées ont été reprises dans d'autres textes internationaux. La Convention mettait ainsi en évidence des critères pouvant aussi être repris dans le droit interne, puisque chaque État demeure compétent pour établir ses propres lois et règlements sur l'immatriculation des navires.

En France, le code des douanes, à son article 217, prévoit par exemple qu'il est nécessaire que le navire obtienne un acte de « francisation » pour son immatriculation. L'article 219 fixe les conditions de cette francisation administrative : le navire doit par exemple avoir été construit dans le territoire d'un État de l'UE ou y avoir été régulièrement importé, appartenir majoritairement à des ressortissants européens ou d'un État de l'EEE ou encore majoritairement à des sociétés ayant leur siège social ou principal établissement dans un État de l'UE ou de l'EEE, sous réserve que le navire soit dirigé et contrôlé à partir d'un établissement stable situé en France (entre autres possibilités). L'article 220 interdit par ailleurs la francisation de navires jugés vétustes ou dangereux, comme les navires de pêche de plus de cent tonneaux de jauge brute et âgés de plus de cinq ans. Chaque année, le propriétaire du navire doit verser un droit de francisation et de navigation. La France consacre, en fait, six registres d'immatriculation différents : le premier, de droit commun, applicable en métropole et dans les départements d'outre-mer ; celui-ci contient les conditions les plus contraignantes socialement et fiscalement et est donc le moins attractif pour la marine marchande ; les registres des TAAF, de la Nouvelle-Calédonie, de Wallis et Futuna et de la Polynésie française, plus souples ; enfin, le registre international français (RIF) créé par la loi n° 2005-412 du 3 mai 2005 pour essayer de contrer ou de concurrencer les pavillons de complaisance[39]. Or, le RIF, qui remplace en fait

---

[37] D'autres conventions jamais entrées en vigueur se sont révélées d'une certaine utilité, comme la Convention sur la réglementation des activités relatives aux ressources minérales de l'Antarctique (CRAMRA, adoptée en 1988).

[38] D. Momtaz, « La Convention des Nations unies sur les conditions… », *op. cit.*, p. 735 ; M. Voelckel, « Le lien substantiel : la Convention de 1986 », *op. cit.*, p. 26.

[39] M. Forteau, J. M. Thouvenin, *Traité droit international de la mer*, Paris, Pedone, 2017, pp. 671-672. La loi « vise à lutter contre le dépavillonnement des navires français, pour rendre à la France son statut de grande puissance maritime, afin qu'elle puisse faire entendre sa voix

l'ancien registre des TAAF ou « pavillon Kerguelen » créé en 1986 pour lutter contre la fuite des immatriculations nationales, a lui aussi pour objectif de « rendre le pavillon français aussi compétitif et attractif que les pavillons des autres États européens[40] ». Il figure actuellement dans la liste des pavillons de complaisance établie par l'ITF : il s'agit en fait d'un pavillon « *bis* » particulièrement souple, qui permet de bénéficier des mêmes bénéfices qu'un pavillon de libre immatriculation, mais de manière quelque peu détournée[41]. L'influence de la Convention sur le droit français apparaît finalement très relative.

Des juridictions internes ou internationales ont tout de même eu l'occasion de se référer à la Convention de 1986, mais de manière laconique. C'est d'abord le cas du Tribunal international sur le droit de la mer (TIDM), qui a rappelé la nécessité d'un lien substantiel entre le navire et l'État d'immatriculation dès 1999, dans son arrêt relatif à l'affaire du navire « SAIGA » opposant Saint Vincent et les Grenadines à la Guinée[42]. Néanmoins, cette notion de lien substantiel a été interprétée de manière très distendue puisque le Tribunal a surtout rappelé que les États sont libres dans la détermination des conditions d'immatriculation de leurs navires, conformément à l'article 91[43]. L'immatriculation est donc considérée comme la condition nécessaire et suffisante du rattachement juridique du navire à l'État. En 2014, le TIDM rappelait ainsi dans l'affaire du « Virginia G », comme il l'avait déjà fait dans celle du « SAIGA », que

> le but des dispositions de la Convention relatives à l'exigence d'un lien substantiel entre un navire et l'État dont il bat le pavillon est d'assurer un respect plus efficace par les États du pavillon de leurs obligations, et non d'établir des critères susceptibles d'être invoqués par d'autres États pour contester la validité de l'immatriculation de navires dans un État du pavillon[44].

C'est à ce propos que le TIDM a mentionné la Convention de 1986 — celle-ci ayant été invoquée par la Guinée — pour préciser qu'elle ne remettait

dans les négociations internationales. Il vise également à développer l'emploi maritime français et à permettre à la France, en qualité d'"Etat du pavillon", de jouer pleinement son rôle en matière de contrôle du respect des normes internationales relatives à la sécurité maritime et aux droits sociaux fondamentaux des marins. » Voir le dossier relatif à la Loi relative à la création du registre international français sur le site du Sénat.

[40] *Ibid.*

[41] D. Bauer, « Pavillons de complaisance : comment la France contribue au dumping social sur les océans », *Observatoire des multinationales*, 5 juillet 2017.

[42] *Affaire du navire « SAIGA », Saint Vincent et les Grenadines c. Guinée*, arrêt du 1er juillet 1999, TIDM, rôle des affaires n° 2, § 63.

[43] « La détermination des critères et des formalités concernant l'attribution et le retrait de la nationalité aux navires constituent des matières qui relèvent de la compétence exclusive de l'État du pavillon. » *Eod. Loc.*, § 65.

[44] *Affaire du navire « Virginia G » (Panama / Guinée Bissau)*, arrêt du 14 avril 2014, TIDM, rôle des affaires n° 19.

pas en cause l'interprétation souple de la CNUDM opérée[45]. La Guinée avait mobilisé dans son contre-mémoire le principe de propriété effective de l'article 8 (2) de la Convention de 1986, pour mettre en lumière le fait que l'absence de contrôle effectif de Saint-Vincent-et-les-Grenadines sur le navire immatriculé par lui était contraire au droit international : « la Convention de 1986 n'est pas encore entrée en vigueur. Cette circonstance n'enlève rien à sa valeur en tant qu'exemple illustrant l'opinion générale selon laquelle l'État du pavillon doit exercer effectivement sa juridiction et son contrôle non seulement sur le navire, mais également sur son propriétaire ou exploitant[46]. » La Guinée soutenait que

> l'immatriculation du « SAIGA » sous pavillon de Saint-Vincent-et-les Grenadines ne satisfait pas au critère de juridiction effective de l'État du pavillon sur l'armateur, qui est une condition essentielle de l'existence du lien substantiel visé à l'article 91, paragraphe 1, de la Convention. Le « SAIGA » était au moment des faits propriété de la *Tabona Shipping Co. Ltd* de Nicosie (Chypre) et était affrété par une société domiciliée à Genève (Suisse) [...] L'État du pavillon ne saurait s'acquitter effectivement de ses obligations au titre des articles 94 et 217 de la Convention si, au lieu d'une juridiction sur l'armateur, il n'a de juridiction que sur un « agent agréé », lequel ne pourrait assumer aucune responsabilité administrative ou pénale pour le navire[47].

Ces arguments n'ont cependant pas été repris par le Tribunal. Comme le rappelle Tullio Treves, pourtant, la plupart des affaires soumises au TIDM au début des années 2000 concernaient des questions de pavillons de complaisance, ou de navires battant un nouveau pavillon[48].

En France, c'est dans le cadre d'un arrêt de la chambre criminelle de la Cour de cassation rendu le 17 février 2016 à propos du voilier « Hygea of halsa », arrêté par les douanes françaises pour trafic de stupéfiants alors qu'il naviguait sans pavillon — les autorités britanniques n'ayant pas autorisé ce dernier à battre pavillon britannique — que les articles 7, 8 et 9 de la Convention relatifs aux conditions de propriété et d'équipage ont été mentionnés dans le visa de l'arrêt[49].

Face à cette influence finalement très limitée de la Convention de 1986 sur les droits nationaux et les juridictions internationales, en 2014, le Sénat rappelait dans son rapport sur le dumping social dans les transports européens que

> dans sa communication *Objectifs stratégiques et recommandations concernant la politique du transport maritime de l'Union européenne jusqu'en 2018*, publiée en 2009, la

[45] *Affaire du navire « SAIGA », Saint Vincent et les Grenadines c. Guinée*, arrêt du 1er juillet 1999, § 84 et suiv.

[46] Contre-mémoire déposé par la République de Guinée le 16 octobre 1998, Affaire du navire « Saiga » n° 2, § 66.

[47] *Eod. Loc.*, § 69.

[48] T. Treves, « Flags of Convenience Before the Law of the Sea Tribunal », *San Diego International Law Journal*, vol. 6, 2004, p. 179.

[49] Cour de cassation, criminelle, Chambre criminelle, *Hygea of halsa*, 17 février 2016, 15-82.057, inédit.

Commission européenne avait insisté sur la nécessité de faire du principe du « lien substantiel », qu'exposé dans la Convention des Nations unies sur le droit de la mer de 1986 un instrument clé des efforts internationaux pour soutenir les objectifs de développement durable. La valorisation du lien substantiel constitue le fondement même de toute concurrence loyale dans ce domaine en évitant le recours aux pavillons de complaisance. L'Union européenne s'est fortement mobilisée pour mettre en œuvre la Convention maritime internationale. Il serait désormais utile qu'elle œuvre en faveur de l'entrée en vigueur du texte de 1986.

De même, le CESE estime, dans son avis sur *La politique européenne de transport maritime au regard des enjeux de développement durable et des engagements climat*, qu'« il est indispensable que l'UE et ses États membres portent le débat de la lutte contre le dumping social et les pavillons de complaisance au niveau mondial[50] » et « demande que les États membres et la Commission se penchent sur la question des pavillons de complaisance, souvent en lien avec des dispositifs fiscaux très agressifs[51] ». L'absence de définition ou d'indication relatives à la nature du lien « substantiel », de même que l'absence de sanction quant au contrôle effectif de l'État sur les navires qui arborent son pavillon, demeure ainsi, pour certains auteurs, l'une des plus importantes lacunes du droit international de la mer contemporain[52].

B. Le droit international a-t-il comblé les lacunes de ce double échec normatif ?

Comme le résume Jean-Pierre Beurier,

la lutte contre les pavillons de complaisance semble être devenue un véritable marché de dupes, car les États qui les dénoncent sont ceux-là même dont les armateurs y recourent allègrement. Il n'y a aucun doute, cette pratique constitue à l'égard des armateurs

[50] J. Beall, au nom de la section des affaires européennes et internationales du CESE, *La politique européenne de transport maritime au regard des enjeux de développement durable et des engagements climat*, Avis du Conseil économique, social et environnemental (CESE), Rapport n° 11, avril 2017, p. 8.

[51] *Eod. Loc.*, p. 75.

[52] « *In short, the genuine link requirement, as currently interpreted, provides no incentive for vessels to comply with internationally agreed rules and standards, no incentive for flag States to ensure their vessels comply with those international obligations, no guidance as to how this compliance can be effected or enforced, and no guidance as to the consequences for vessels and/or flag States in situations where a flag State is unwilling or unable to exercise its jurisdiction in respect of its vessels* » : R. Rayfuse, « The anthropocene, autopoiesis and the disingenuousness of the genuine link: adressing enforcement gaps in the legal regime for areas beyond national jurisdiction », pp. 165-190, *in* A. O. Oude Elferink, E. J. Molenaar (eds.), *The International Legal Regime of Areas beyond National Jurisdiction: Current and Future Developments*, Martinus Nijhoff Publishers, 2010, p. 171. Voir également C. Blanchard, *The Elusive Search for Sustainable High Seas Fisheries. What Role for an Oceans Governance Approach?* Thèse sous la direction de A.G. Oude Elferink et S. Trevisanut, Université d'Utrecht, Pays-Bas, 2020, p. 250, ou encore A. Leroy, *La transformation du droit des pêches face à l'émergence d'un problème juridique : la pêche illicite, non rapportée, non réglementée : Aspects de droit international, européen et national*, thèse de droit public sous la direction de F. Galletti, Université de Perpignan, 2019, pp. 61, 87, ou encore 102 et suiv.

« réguliers » un acte grave de concurrence déloyale, et à l'égard des États côtiers un risque permanent d'insécurité[53].

Le cas de la CMA-CGM est particulièrement patent : établie sur le territoire français, la société qui fait partie des trois plus grands transporteurs mondiaux dispose d'environ 430 navires, mais seuls 22 navires battent sous pavillon français (450 personnels navigants)[54].

Du fait de l'influence limitée d'une convention jamais entrée en vigueur, les organisations internationales existantes ont tout de même œuvré au renforcement progressif du lien substantiel, par l'adoption de normes techniques visant à garantir la sûreté et la sécurité maritimes. En effet, les préoccupations actuelles relatives à la conservation de la biodiversité et aux problématiques de pêche illicite conduisent de plus en plus à redéfinir et à comprendre différemment le rôle de l'État du pavillon en haute mer, en lien avec l'article 217 de la CNUDM relatif aux pouvoirs de l'État du pavillon en matière de protection et de préservation du milieu marin. L'Organisation des Nations unies pour l'alimentation et l'agriculture (FAO) a notamment adopté, en 1995, le Code de conduite pour une pêche responsable[55], puis, en 2013, des « Directives volontaires pour la conduite de l'État du pavillon » afin de prévenir, contrecarrer et éliminer la pêche illicite, non déclarée et non réglementée grâce à l'exercice effectif de ses responsabilités par l'État du pavillon[56]. En outre, le TIDM, dans son avis consultatif relatif à la Commission sous-régionale des pêches (CSRP) de 2015[57] a précisé quelles étaient les obligations positives de l'État du pavillon tout en rappelant la liberté de déterminer les conditions d'immatriculation, s'inscrivant ainsi dans la lignée de sa jurisprudence traditionnelle tout en insistant sur l'obligation de

---

[53] J.-P. Beurier, *Droits maritimes*, Paris, LGDJ, 2015-2016, p. 350.

[54] Rapport d'information n° 450 (2013-2014) fait par M. Éric Bocquet, au nom de la commission des affaires européennes sur le dumping social dans les transports européens, « Le droit en soute : le dumping social dans les transports européens », Sénat, 10 avril 2014, p. 66.

[55] Sur la portée juridique de ce code de conduite, voir T. Treves, « The FAO Code of Conduct for Responsible Fisheries, between Soft and Hard Law», pp. 301-307, *in* M. Lodge, M. H. Nordquist (eds.), *Peaceful order in the world's oceans, Essays in Honor of Satya N. Nandan*, Brill / Nijhoff, 2014, p. 305.

[56] Ces directives visent à renforcer les dispositions de la CNUDM. Elles précisent notamment à l'article 2 que « [d]ans l'exercice des responsabilités effectives qui sont les siennes, l'État du pavillon s'emploie à : a) agir conformément aux dispositions du droit international relatif aux obligations de l'État du pavillon ; b) respecter la souveraineté nationale et les droits des États côtiers ; c) prévenir, contrecarrer et éliminer la pêche INDNR ou les activités favorisant celle-ci ; d) exercer efficacement sa juridiction et son contrôle sur les navires battant son pavillon ; e) prendre des mesures afin de s'assurer que les personnes relevant de sa juridiction, y compris les propriétaires et exploitants des navires battant son pavillon, ne pratiquent ni ne facilitent la pêche INDNR ni une autre activité favorisant celle-ci ; f) veiller à la préservation et à l'exploitation durable des ressources biologiques marines [...] ». Document COFI/2014/4.2 Rev.1.

[57] Demande d'avis consultatif soumise par la Commission sous-régionale des pêches (CSRP) (Demande d'avis consultatif soumise au Tribunal), Avis consultatif rendu le 2 avril 2015, rôle des affaires 21.

due diligence pesant sur celui-ci. Cette évolution vers un renforcement de la mise en œuvre de ses obligations par l'État du pavillon s'opère également dans d'autres domaines, comme en témoigne l'adoption par l'Organisation internationale du travail des « Directives pour l'inspection par l'État du pavillon des conditions de vie et de travail à bord des navires de pêche » en 2017[58], à l'occasion de l'entrée en vigueur de la Convention n° 188 de 2007 sur le travail dans la pêche, visant également à inciter les États du pavillon à mettre en œuvre leurs obligations en vertu de la CNUDM et en particulier de son article 94 et détaillant ses pouvoirs d'inspection en la matière.

L'Organisation maritime internationale a elle aussi particulièrement œuvré au renforcement des normes techniques visant à limiter les risques causés par les pavillons de complaisance. Elle est la preuve d'une approche très pragmatique en affirmant sur son site internet que « certains pays acceptent d'immatriculer uniquement les navires ayant un lien avec le pays par leur propriété ou leur équipage ("registres fermés"). D'autres pays autorisent les navires appartenant à des étrangers ou contrôlés par des étrangers à utiliser leur pavillon par le biais d'un "registre de libre immatriculation". D'autres choisissent simplement de ne pas autoriser du tout l'utilisation de leur pavillon pour le commerce international. Puisque les registres libres sont largement utilisés dans le monde, l'OMI a mis l'accent sur une approche stratégique visant à s'assurer que les États du pavillon exercent de façon adéquate la juridiction et le contrôle des propriétaires de navires et des navires qui battent leur pavillon, conformément à l'article 94 de la Convention des Nations unies sur le droit de la mer[59]. L'OMI a adopté un certain nombre de mesures visant à soutenir et à renforcer la juridiction non seulement de l'État du pavillon, mais aussi de l'État du port, de même que leur mise en œuvre. Ces mesures comprennent notamment un programme d'audit des membres de l'Organisation et un système de numéros d'identification des navires et d'attribution d'un numéro d'identification unique aux compagnies et aux propriétaires inscrits (obligatoires en vertu des règles XI-1/3 et XI-1/3-1 de la Convention SOLAS), une "fiche synoptique continue" contenant des exigences liées à la sûreté, une résolution visant à empêcher l'immatriculation de "navires fantômes", une procédure recommandée pour renforcer la transparence concernant l'état du navire lors du transfert de navires entre États du pavillon, l'Accord du Cap de 2012 et la Convention STCW-F relatifs à la responsabilité de l'État du pavillon à l'égard des navires de pêche et des pêcheurs ou encore, sur la collecte de données, le module du GISIS sur le contrôle par l'État du port qui vise à améliorer la transparence et la

[58] Directives pour l'inspection par l'État du pavillon des conditions de vie et de travail à bord des navires de pêche, Genève, Bureau international du Travail, Département des politiques sectorielles et Département des normes internationales du travail, Genève, BIT, 2017.

[59] Site internet de l'OMI, « Immatriculation des navires et questions liées à l'immatriculation frauduleuse », Our Work, Affaires juridiques.

responsabilité en ce qui concerne les normes sur les navires et les navires de pêche.

Le renforcement des pouvoirs de contrôle par l'État du port, conformément à l'article 218 de la CNUDM, constitue ainsi également un moyen de compenser l'absence de convention globale sur la question de l'immatriculation[60]. Le Mémorandum de Paris sur le contrôle par l'État du port[61] a par exemple permis aux États européens de reprendre les standards internationaux élaborés dans le cadre de l'Organisation internationale du travail (OIT) et de l'OMI à travers les différentes conventions relatives à la navigation : Convention sur la sauvegarde de la vie humaine en mer (SOLAS, 1974), sur la prévention de la pollution par les navires (MARPOL, 1973-1978), sur la prévention des abordages en mer (COLREG, 1972), ou encore plus récemment la Convention sur la gestion des eaux de ballast (BWM, 2004). Il assure ainsi "l'uniformisation des méthodes et modalités des inspections[62]". La portée d'un Mémorandum est non contraignante, mais les navires ne respectant pas ces standards pourront tout de même se voir refuser l'accès aux ports de la région en cas de non-respect, parfois répété, de ces dispositions. Depuis 2011[63], d'ailleurs, le contrôle des navires faisant escale dans les ports européens est devenu systématique, alors qu'il concernait auparavant seulement un quart des navires, pour les risques relatifs à la sécurité des navires, de leurs équipages et de l'environnement. Un système de priorité des contrôles a été instauré en fonction du risque présenté par le navire, afin de mieux cibler les inspections. Ces dispositions ont été intégrées au Mémorandum de Paris, témoignant d'un équilibrage permanent entre les différents instruments internationaux et régionaux, quelle que soit leur portée juridique. Cette évolution d'une conception restrictive du simple contrôle par l'État du port à une conception plus large de pouvoirs généraux et obligatoires et non plus optionnels comme ils apparaissent dans la CNUDM correspond

---

[60] H. Slim, « Les pavillons de complaisance », *Le pavillon*, p. 97.

[61] Adopté en 1982 et comprenant vingt-sept États : les États côtiers membres de l'Union européenne, la Russie, la Norvège, l'Islande et le Canada. La portée géographique dépasse ainsi les frontières européennes. Il comprend un Comité exécutif et un Secrétariat. Un rapport annuel publie la « liste noire » des navires ayant fait l'objet d'immobilisations, ainsi que des États dont les navires ont été sanctionnés plus que la moyenne.

[62] H. Dipla, « Les pouvoirs de contrôle par l'État du port dans la Convention des Nations unies sur le droit de la mer et la réglementation élaborée au sein de l'Union européenne », pp. 229-249, *in Droit international de la mer et droit de l'Union européenne. Cohabitation, Confrontation, Coopération ?*, Paris, Pedone, 2014, p. 233. Selon l'auteur, l'objectif est de supprimer toute concurrence ou redondance entre les ports d'une même région. Cependant, il en résulte tout de même un système « à plusieurs vitesses » entre les différentes régions. L'OMI joue un rôle important en matière de coordination et d'harmonisation entre les différents MoU.

[63] Directive 2009/16/CE du Parlement européen et du Conseil du 23 avril 2009 relative au contrôle par l'État du port, p. 235.

bien à une extension des pouvoirs de l'État dans le cadre de sa compétence[64]. Le mémorandum dresse, en outre, des listes blanche, grise et noire des pavillons, en rapport avec les inspections effectuées dans les eaux européennes. Son champ de compétences est limité au contrôle des navires étrangers faisant escale dans les ports des pays signataires[65].

En conclusion, la Convention de 1986 semble bien constituer un exemple d'« échec normatif » dans le sens où son absence d'entrée en vigueur ne lui a pas permis de déployer des effets ni d'influencer la pratique des États par la suite. Le principe de libre immatriculation est désormais tellement répandu qu'il semble à première vue difficile d'envisager la manière par laquelle il sera possible, dans le futur, de développer une pratique systématiquement dénoncée par la doctrine, les médias, voire les États eux-mêmes. L'on peut malgré tout souhaiter que l'urgence écologique actuelle et l'identification plus fréquente des abus en matière sociale accélèrent la prise de mesures réellement effectives.

---

[64] Voir notamment E. Molenaar, « Port State Jurisdiction: Toward Comprehensive, Mandatory and Global Coverage», pp. 225-257, *Ocean Development and International Law*, vol. 38, 2007, p. 227.

[65] Jacques Beall, au nom de la section des affaires européennes et internationales du CESE, *La politique européenne de transport maritime au regard des enjeux de développement durable et des engagements climat*, Avis du Conseil économique, social et environnemental (CESE), Rapport n° 11, avril 2017, pp. 31-32.

La Constitution du 27 octobre 1946 ou la Constitution de la IVe République. Des espoirs préservés et des espoirs manqués en France et en Italie

Shirine Arab

> [...] Elle aurait pu être la République de l'enthousiasme, et cependant elle est la « mal aimée » ! [...] sitôt créées, ses institutions ont été sources de conflits résultant de l'affrontement des idéologies. Son président est contesté dans ses pouvoirs. Sa deuxième Chambre dans son existence. [...] Les partis politiques luttent pour l'adoption de systèmes électoraux qui leur permettraient d'affirmer leur puissance plus que l'idée qu'ils se font de la France et des Français. [...] Tableau sombre en vérité !
> La quatrième République est-elle la République de la grisaille ou celle de l'échec ?

Ainsi s'interroge Paul Pastour[1].

Fruit de négociations laborieuses et de compromis multiples et difficiles[2], la Constitution de la IVe République[3] a laissé dès sa genèse une impression d'échec. Sitôt créée, alors que les nouveaux régimes éveillent généralement

---

[1] P. Pastou, « Allocution inaugurale de M. Le Recteur Paul Pastour », *in La IVe République, bilan, trente ans après la promulgation de la Constitution du 27 octobre 1946*, (Actes du Colloque de Nice, 20-21-22 janvier1977), LGDJ, 1978, p. 9-10.

[2] Le 21 octobre 1945 se déroulent, simultanément, le référendum et l'élection d'une Assemblée constituante. Une majorité écrasante rejette le retour aux institutions de la IIIe République. L'Assemblée constituante entame ses travaux le 6 novembre 1945 et doit élaborer un projet de Constitution. Ce premier projet est précédé d'une Déclaration des droits de l'Homme associant aux libertés, des droits économiques et sociaux. Ce premier projet du 19 avril 1946 est centré autour de la souveraineté de l'Assemblée nationale. Les électeurs sont appelés à répondre par « oui » ou par « non » au projet, par référendum, le 5 mai 1946. Le « non » l'a emporté. Conformément aux prescriptions de la loi constitutionnelle du 2 novembre 1945, une nouvelle constituante doit être élue, afin d'élaborer un nouveau projet de Constitution à soumettre à la ratification populaire. La deuxième Assemblée constituante adopte le nouveau projet de Constitution le 28 septembre 1946 à une large majorité composée des trois grands partis, à savoir le Mouvement Républicain Populaire (MRP), les socialistes (la Section française de l'Internationale ouvrière, ou ci-après, la SFIO) et les communistes (le Parti communiste). Voir dans ce sens, L. Favoreu, P. Gaïa, R. Ghevontian, J.-L. Mestre, O. Pfersmann, A. Roux et G. Scoffoni, *Droit constitutionnel*, Paris, Dalloz, 25e éd, 2023, p. 671.

[3] La Constitution de la République française, promulguée le 27 octobre 1946 par Léon Blum, président du Gouvernement Provisoire de la République Française, représente la Constitution de la IVe République française qui a constitué le régime républicain en vigueur en France du 27 octobre 1946 au 4 octobre 1958. Elle représente la Constitution de la République Française, État unitaire comprenant les départements d'Outre-Mer et les territoires d'Outre-Mer.

l'espoir et l'élan enthousiaste, la IVe République ne suscita qu'une acceptation perplexe et résignée. En effet, élue le 2 juin 1946, la seconde Assemblée constituante reflétait, d'une part, un rapport de force politique semblable à celui d'octobre 1945 au motif que le tripartisme a été maintenu[4], d'autre part, un rapport de force différent parce que le parti du Mouvement Républicain Populaire en sortit gagnant. L'Assemblée constituante devait prendre en considération, d'un côté, le rejet du projet d'avril 1946 et, d'un autre côté, le rejet de la IIIe République. Le résultat du référendum du 13 octobre 1946 [5]a été médiocre. Il a traduit un décalage entre l'Assemblée et la France réelle. Nombre d'électeurs ont préféré suivre les recommandations et la voie du général de Gaulle que celles des partis politiques[6]. De nombreux Français ont exprimé la même opinion au mois de mai 1946. Il est apparu également que la position du général de Gaulle a déterminé un grand nombre d'abstentions[7]. La IVe République a ainsi pris un mauvais départ. La pratique ne contribua guère à améliorer la situation originelle. Au contraire, elle l'aggrava. La crise institutionnelle provoquée par la prédominance du Parlement et la crise politique provoquée par la décolonisation y avaient leur part. En effet, les constituants de 1946 ont pensé à un tripartisme au sein de l'Assemblée nationale pour permettre une garantie de stabilité dans la Constitution[8]. Toutefois, choisi pour l'élection des députés, le mode de scrutin, à la représentation proportionnelle, a favorisé l'existence de plusieurs blocs de partis dont les incessants revirements d'alliance ont entraîné des chutes de gouvernement comme les membres du Gouvernement demeuraient parlementaires. Ainsi, « c'est […] le régime des partis, […]. Le tripartisme (socialistes, communistes, MRP) reçu en héritage de la période de la Libération assurait à ce régime une large assise politique. Mais, dès 1947, le Premier président du Conseil, Paul Ramadier, se sépare des communistes […][9]. » L'équilibre politique tripartite a été ainsi mis à mal dès le début de la Guerre froide. Ceci a obligé le Mouvement Républicain Populaire et les socialistes à s'appuyer sur un troisième parti, à savoir les radicaux. Cette

---

[4] Le Parti communiste perd la première place au profit du Mouvement Républicain Populaire (républicain gaulliste) qui remporte 169 sièges. Voir sur ce point, J.-J. Chevallier, *Histoire des institutions et des régimes politiques de la France de 1789 à 1958*, Paris, Armand Colin, 9e éd., 2001, p. 621.

[5] 53 % de « oui » contre 47 % de « non ».

[6] Le général de Gaulle, qui n'est pas intervenu dans les travaux de la première constituante, prononce son très célèbre discours de Bayeux le 16 juin 1946 où il expose son point de vue politique et ses idées constitutionnelles, demande un exécutif fort et un pouvoir parlementaire limité. Il s'oppose aussi au régime des partis à l'Assemblée. Sans doute, son intervention dans le débat pousse les partis à trouver un compromis entre les forces politiques.

[7] Le général de Gaulle déclare qu'« *un tiers des Français s'y étaient résignés, un tiers l'avait repoussée, un tiers l'avait ignorée* ». Voir dans ce sens, P. Facon, *La IVe République, 1944-1958*, Paris, Pygmalion, 1997, p. 80.

[8] L'opposition parlementaire a acquis un pouvoir de blocage considérable à travers les outils du régime parlementaire.

[9] R. Debbasch, *Droit constitutionnel*, Paris, Lexis Nexis, 13e éd., 2021, p. 129.

diversité des partis politiques a imposé des gouvernements de coalition où le consensus était impossible. L'instabilité ministérielle était aussi fréquente que pendant la seconde période de la IIIe République, c'est-à-dire entre 1918 et 1940. Vingt et un cabinets se sont succédé à un rythme rapide[10]. Le caricaturiste Pinatel considérait que la IVe République représentait une « Troisième en pire[11] ». Ainsi, le mode de scrutin et la prédominance de l'Assemblée nationale au sein des institutions de la IVe République ont provoqué une dérive progressive du régime parlementaire vers un régime d'assemblée. Néanmoins, au fil des douze années de vie de la Constitution de la IVe République, les propositions de révision constitutionnelle d'origine parlementaire ont été nombreuses. Ces tentatives de réforme profonde des institutions ont cependant toutes échoué, à l'exception de la dernière qui a confirmé la disparition de la Constitution du 27 octobre 1946[12]. En outre, toute expression directe de la volonté nationale était impossible, car le référendum était réservé à l'hypothèse d'une révision constitutionnelle[13] qui n'obtiendrait pas une majorité qualifiée devant le Parlement. Enfin, née des cendres de la Seconde Guerre mondiale, la IVe République s'est avérée totalement impuissante face aux circonstances des guerres coloniales en Indochine entre 1946 et 1954, puis en Algérie à partir de 1954[14].

Sitôt née, le fonctionnement de ses institutions a été discrédité. Sitôt disparue, le sentiment négatif qu'elle engendra n'a pas changé. Cela a pu être utile pour justifier le passage à une nouvelle Constitution, celle de 1958. Certes, les pères fondateurs de la Ve République ont critiqué la Constitution du 27 octobre 1946, sans cacher leur mépris pour le régime d'assemblée, mais ceux qui ont contribué activement à son élaboration ne l'ont pas non plus défendue. L'ancien président du Conseil, Guy Mollet, a souligné : « Reconnaissons-le franchement : la IVe République ne donnait pas à nos gouvernements des moyens d'action assez forts. Elle était minée de l'intérieur par ses propres contradictions [...][15]. » Elle était devenue cette Constitution

---

[10] Sur l'instabilité gouvernementale, voir sur ce point, J. Gicquel et J.-É. Gicquel, *Droit constitutionnel et institutions politiques*, Paris, Montchrestien, Lextenso, 25e éd., 2011, p. 480-481.

[11] Pinatel, *La IIIe en pire*, Paris, G. Burnier, 1957.

[12] Une loi de révision est adoptée le 7 décembre 1954. Elle vise à supprimer le principe de la double investiture du Gouvernement, pratique établie en 1947 par Paul Ramadier, le premier président du Conseil socialiste. Elle tente aussi de rétablir une navette entre l'Assemblée nationale et le Conseil de la République. Sur les propositions de réforme des institutions de la IVe République, voir également dans ce sens, J. Georgel, « La réforme constitutionnelle sous la IVe République », *in La IVe République, bilan, trente ans après la promulgation de la Constitution du 27 octobre 1946*, Actes du Colloque de Nice, 20-21-22 janvier 1977, Paris, LGDJ, 1978, p. 95-109.

[13] Voir l'article 90 de la Constitution du 27 octobre 1946.

[14] La succession d'une vingtaine de cabinets amis à mal sa crédibilité. Le pouvoir exécutif est impuissant sous la IVe République et le président de la République dispose de peu de pouvoirs et d'autonomie pour diriger le pays. De plus, les fractures parlementaires autour du conflit algérien sont importantes.

[15] G. Mollet, *Tribune libre, 13 mai 1958 - 13 mai 1962*, Paris, Plon, 1962, p. 2.

« mal-aimée », cette République « mal-aimée » aux échecs multiples[16]. Décriée et dévalorisée, la mémoire collective n'a conservé que ses échecs, passant sous silence ses innovations constitutionnelles et les avancées politiques, économiques et sociales qu'elle a apportées. De plus, elle était surtout située immédiatement avant la Ve République et n'était perçue qu'à travers cette dernière considérée comme une sorte de « renaissance constitutionnelle » en raison de sa stabilité et de sa dimension performative[17]. D'ailleurs, dès l'adoption de la nouvelle Constitution, la IVe République n'a plus vraiment intéressé les juristes qui lui ont adressé des commentaires assez fermes[18]. Dans sa thèse consacrée aux « Origines de la Constitution de la IVe République », Jeannette Bougraba expliqué qu'« une telle situation n'est pas inédite dans l'histoire française, d'autres Constitutions ont été injustement considérées par l'opinion publique. Ainsi M. Jean-Jacques Becker compare la condition de la IVe République à la manière dont a été traité le Second Empire par la IIIe République triomphante [...][19]. » Néanmoins, certains historiens ont continué à réévaluer son rôle en lui consacrant diverses études[20].

Or, contrairement aux idées reçues, la Constitution de la IVe République, par rapport aux institutions antérieures, contenait de nombreuses innovations constitutionnelles qui ont été gardées et améliorées par la Ve République. De plus, elle cherchait très largement à mieux organiser le régime parlementaire et elle renouvelait la démocratie politique. Elle se parait également de nombreux avantages, notamment sur le plan économique. Ce régime a été aussi celui de la reconstruction économique de la France, de la mise en place d'un dispositif industriel efficace, de la construction européenne, de la première phase des trente glorieuses et des débuts de la période de la décolonisation. Et au-delà de la France, la Constitution française de 1946 a été proche de celle de l'Italie de 1948 ou de celle de la République fédérale d'Allemagne de 1949, deux Constitutions qui sont toujours en vigueur et qui continuent de s'appliquer sans modification majeure au niveau de leur rédaction[21].

Ainsi, si le texte constitutionnel de 1946 a été abandonné, mais que son contenu a été repris par ailleurs, ce qui semblait être un échec sur le court terme s'avérait, en réalité, un succès, parce que des dispositions, l'esprit et les ambitions du texte constitutionnel s'imposèrent indépendamment du sort

---

[16] J. Barsalou, *La mal-aimée : histoire de la IVe République*, Paris, Plon, 1964.

[17] J. Bougrab, *Aux origines de la Constitution de la IVe République*, Préface de N. Belloubet-Frier, Paris, Dalloz, 2002 ; voir l'introduction générale.

[18] La IVe République est qualifiée par le juriste français Maurice Duverger « de démocratie sans le peuple ».

[19] J. Bougrab, *op. cit.*, p. 3.

[20] J. Julliard, *La République*, Paris, Calmann-Lévy, 1968 ; G. Elgey, *Histoire de la IVe République*, Fayard, t. 1, 1956, t. 2, 1968, t.3, 1992, t. 4, 1997.

[21] La Constitution de la IVe République s'articule comme les Constitutions italienne de 1948 et allemande de 1949 autour du mouvement de l'l'État de droit et de la démocratie au sortir de la Seconde Guerre mondiale.

réservé à leur contenant initial. Il conviendrait ainsi, à la manière française, de distinguer le contenant et le contenu afin de mesurer l'échec normatif de la Constitution de la IVe République. Dès lors, une analyse objective de cette dernière paraît envisageable. Même si les juristes, plus particulièrement les constitutionnalistes, affichent leur volonté de redécouvrir la richesse de cette période constitutionnelle de 1946[22], l'analyse de la question nécessite, en raison de sa nature, d'entrecroiser les disciplines en mêlant au droit, la science politique et l'histoire, le tout étant donné que les circonstances politiques ont particulièrement empêché la Constitution de 1946 de durer dans le temps. Par ailleurs, la IVe République a été, pour une part, le régime politique le plus proche de la nouvelle République italienne avec la fin de la Seconde Guerre mondiale. Les expériences constituantes qui eurent lieu après la Libération paraissent, pour une part, similaires. Les constituants italiens cherchaient à construire un régime rompant avec le passé fasciste du pays en établissant un catalogue élaboré de droits accordés aux citoyens et en choisissant un régime parlementaire où de nombreux mécanismes de contre-pouvoirs dans le but d'éviter le pouvoir excessif de la majorité sont conçus[23], à la différence du choix français de 1946.

La Constitution de la IVe République eut pendant longtemps une mauvaise réputation. Toutefois, de riches choix constitutionnels effectués en 1946 résonnent toujours dans la Constitution de la Ve République. Elle fut la première Constitution française à contribuer très largement à la rationalisation du régime parlementaire et à enrichir l'État de droit faisant preuve d'une réelle aspiration démocratique et sociale, se traduisant ainsi dans son texte, son esprit, ses intentions et ses espoirs avec la Constitution de la Ve République française toujours en vigueur (I). Au-delà de l'hexagone, la Constitution de 1946 a inspiré notamment la péninsule italienne qui se préparait à adopter un changement crucial de la Constitution devenue la Constitution italienne de 1948 toujours en vigueur depuis plus de soixante-dix ans (II).

I. L'échec normatif relatif de la Constitution de la IVe République dans l'ordre interne français

L'application douteuse de la Constitution de 1946 n'aura duré que douze ans, rappelant le début de l'histoire constitutionnelle de la France qui gardait ses Constitutions peu longtemps. Dès l'origine, les dispositions constitutionnelles visant à renforcer la stabilité gouvernementale n'ont pas été

[22] J. Bougrab, *Aux origines de la Constitution de la IVe République*, *op. cit.* ; G. Conac, X. Prétot, G. Teboul (dir.), *Le préambule de la Constitution de 1946, Histoire, analyse et commentaires*, Paris, Dalloz, 2001.

[23] Sénat, régions, référendum d'initiative populaire, Cour constitutionnelle, la place du président de la République, entre autres.

respectées[24]. Ce régime a impliqué un échec et il n'est pas déchargé de reproches qui tenaient moins au texte constitutionnel de 1946 qu'à la pratique institutionnelle qui en avait été reproduite. Cependant, la Constitution du 27 octobre 1946 comportait des nouveautés. Elle est traversée par deux influences sur le plan constitutionnel et dans le domaine des libertés publiques. En premier lieu, les constituants de 1946 avaient témoigné d'une forte aspiration démocratique et sociale affirmée expressément par l'article premier de la Constitution. Son Préambule se ressentait de la même influence, réaffirmant les droits et libertés de l'homme consacrés par la Déclaration des droits de l'homme et du citoyen de 1789 et les différents principes fondamentaux reconnus par les lois de la République[25], enrichissant ainsi l'État de droit (A). En deuxième lieu, la Constitution de 1946 fut la première à tenter d'organiser un régime parlementaire rationalisé afin de rendre rationnel le fonctionnement du gouvernement parlementaire. D'ailleurs, la Constitution de la Ve République reprend ces mécanismes constitutionnels du parlementarisme rationalisé, inclut en son sein le Préambule de 1946 et adopte un contrôle de constitutionnalité des lois comme il peut exister, d'ailleurs, en Italie avec la Cour constitutionnelle ou en Allemagne avec la Cour de Karlsruhe (B).

A. Une inspiration démocratique et sociale renouvelée

La IVe République n'a pas été la réplique du régime qui l'a précédée. Le constituant de 1946, s'inspirant des courants constitutionnels développés au lendemain de la Seconde Guerre mondiale qui ont modernisé et enrichi la notion classique de démocratie, a témoigné d'une aspiration forte en faveur de la démocratie politique. De plus, le constituant de 1946 est encore allé plus loin parce qu'il a voulu transposer les principes démocratiques au domaine de l'économie et du social comme les domaines de la production et de la répartition des richesses. Selon le rapporteur général du deuxième projet de Constitution de 1946, Paul Coste-Floret, « il s'agit de prolonger l'œuvre des grands républicains de la Révolution française. […] Il s'agit de réaliser la

---

[24] En effet, « Paul Ramadier n'a pas donné son plein effet à l'article 45 qui ne prévoyait que l'investiture du président du Conseil par la majorité absolue des députés, afin de renforcer la position de celui-ci. Ramadier a tenu à solliciter un second vote de confiance de l'Assemblée nationale après avoir composé son ministère, comme si le premier n'avait pas été suffisant. Bien que critiquée par Vincent Auriol, cette pratique de la double investiture va s'imposer ». Voir sur ce point, L. Favoreu, P. Gaïa, R. Ghevontian, J.-L. Mestre, O. Pfersmann, A. Roux et G. Scoffoni, *Droit constitutionnel*, *op. cit.*, p. 675. Les auteurs ajoutent que la modification de l'article 45 de la Constitution de 1946 par la révision du 7 décembre 1954 « place le vote de l'investiture après l'élaboration de la liste des membres du ministère. Mais ce faisant, se trouve entériné l'échec d'une mesure de parlementarisme rationalisé sur laquelle avaient été fondés, en 1946, des espoirs ».

[25] J. Rivero, « Les principes fondamentaux reconnus par les lois de la République : une nouvelle catégorie constitutionnelle ? », *Dalloz*, Chron., 1970, p. 265.

démocratie politique, économique et sociale [...][26]. » Cette Déclaration est traduite dans l'article premier de la Constitution finalement promulguée selon lequel « La France est une République indivisible, laïque, démocratique et sociale ». L'écriture du texte constitutionnel se rattachait à la tradition constitutionnelle française[27]. Député de la première Assemblée nationale constituante, René Capitant a illustré cet attachement aux principes de 1789 en proposant de substituer au projet de Déclaration des droits qui prévoit que « la loi est l'expression de la volonté nationale », l'article 6 de la Déclaration de 1789[28]. Toutefois, même si le constituant de la première Assemblée nationale constituante a choisi le principe d'une Déclaration des droits dans la nouvelle Constitution[29] — après les années du régime de Vichy, les Français ressentaient la nécessité de réaffirmer les droits et libertés bafoués pendant plus de quatre ans — les difficultés liées à l'adoption d'une nouvelle Déclaration lors des débats constitutionnels et le rejet par le peuple du premier projet de Constitution du 19 avril 1946 ont emmené les députés de la deuxième Assemblée nationale constituante à activer une solution de compromis en adoptant un Préambule[30]. Plus consensuel, ce dernier a commencé par affirmer son attachement aux droits et libertés consacrés par la Déclaration des droits de 1789. Puis, il a consacré les différents principes fondamentaux reconnus par les lois de la République défendus par le Mouvement Républicain Populaire, rendant ainsi hommage aux grandes réformes législatives républicaines de la IIIe République[31]. Ces principes sont aujourd'hui repris par le Conseil constitutionnel qui a consacré notamment depuis 1971 des principes fondamentaux reconnus par les lois de la République tels la liberté d'association[32], le droit de la défense[33], la liberté individuelle[34], la liberté d'enseignement et de conscience[35], l'indépendance de

[26] Assemblée nationale constituante, *Journal officiel*, *Débats*, 20 août 1946, p. 3184.

[27] J. Bougrab, *Aux origines de la Constitution de la IVe République*, *op. cit.*, v. spéc. partie 2.

[28] Il explique que l'article 6 « donne la célèbre définition de la loi sur laquelle on a pu dire que tout le droit public était fondé », *Journal officiel*, n° 23 de 1946, p. 686 (séance du 12 mars 1946).

[29] Voir sur ce point, J. Rivero, « Incertitudes de la Constitution d'avril », *Études*, 1949, p. 359. Par ailleurs, la Déclaration des droits, choisie lors de la première Assemblée nationale constituante, ne pouvait pas se contenter de proclamer des droits politiques, elle devait comporter des droits sociaux et économiques.

[30] Voir également dans ce sens, sur le rejet de la Déclaration des droits de l'Homme et du citoyen du 26 août 1789, J. Bougrab, *Aux origines de la Constitution de la IVe République*, *op. cit.*, v. spéc. Partie 2.

[31] De nombreuses réformes législatives ont été entreprises, comme la loi du 13 juillet 1900 sur le repos hebdomadaire, la loi du 23 avril 1919 sur la journée de huit heures ou la loi du 21 mars 1884 sur l'action syndicale.

[32] Conseil constitutionnel, décision n° 71-44 DC, 16 juillet 1971, *Recueil*, p. 29.

[33] Conseil constitutionnel, décision n° 76-70 DC, 2 décembre 1976, *Recueil*, p. 39.

[34] Conseil constitutionnel, décision n° 76-75 DC, 12 janvier 1977, *Recueil*, p. 33.

[35] Conseil constitutionnel, décision n° 77-87 DC, 23 novembre 1977, *Recueil*, p. 42.

la juridiction administrative[36], l'indépendance des professeurs d'université[37], entre autres. Le premier d'entre eux, celui de la liberté d'association, a été dégagé dans la décision du 16 juillet 1971 du Conseil constitutionnel intégrant le Préambule de 1946 dans le bloc de constitutionnalité[38] et inaugurant ainsi sa fonction de gardien des droits et libertés sous la Ve République[39]. D'ailleurs, le texte de la Constitution de 1946 a exclu le Préambule des normes servant de référence au contrôle du Comité constitutionnel de la IVe République[40], « au demeurant difficile à qualifier de contrôle de constitutionnalité. Ce que le constituant de 1958 s'est bien gardé de procéder à une telle exclusion[41] ». En 1996, le Conseil d'État a également dégagé dans l'arrêt *Koné* du 3 juillet 1996 un principe fondamental reconnu par les lois de la République[42]. Ces principes constituent aujourd'hui un élément crucial de l'État de droit en France[43]. Enfin, le Préambule de 1946 a présenté un ensemble de droits économiques et sociaux, complétant ainsi les droits reconnus par la Déclaration des droits du moment révolutionnaire de 1789[44]. Ainsi, les dispositions des principes économiques et sociaux étaient les plus développées dans le Préambule. Les réformes du constituant de 1946 s'inscrivent, comme la Constitution de Weimar et les Constitutions européennes adoptées au sortir de la Première Guerre mondiale, dans la réforme des structures économiques, de la législation sociale et de l'aide aux indigents[45]. De même, l'avènement de la nouvelle formule démocratique en 1946 s'est traduit par l'institutionnalisation du pouvoir économique à travers le Conseil économique qui a été inscrit dans la Constitution afin de donner

[36] Conseil constitutionnel, décision n° 80-119 DC, 22 juillet 1980, *Recueil*, p. 46.

[37] Conseil constitutionnel, décision n° 83-165 DC, 20 janvier 1984, *Recueil*, p. 30.

[38] Il s'agit de l'ensemble des normes de référence du juge constitutionnel. L'expression « bloc de constitutionnalité » est pensée par le Doyen Louis Favoreu et apparue à la fin des années 1970. Elle signifie que la Constitution ne se limite pas aux articles numérotés qui la composent dans ses différents titres mais des textes auxquels fait référence son Préambule. Ce bloc rassemble ainsi l'ensemble des normes à valeur constitutionnelle. Voir également dans ce sens L. Favoreu, P. Gaïa, R. Ghevontian, J.-L. Mestre, O. Pfersmann, A. Roux et G. Scoffoni, *Droit constitutionnel*, *op. cit.*, p. 154-162.

[39] Le Conseil constitutionnel a tranché sur le point de savoir si le Préambule de la Constitution de 1946, et partant de la Déclaration des droits de l'Homme et du citoyen reprise par ce dernier, avaient une valeur de droit positif, donc comportaient des normes juridiques susceptibles d'être appliquées notamment par le juge.

[40] Le Comité constitutionnel de la IVe République est chargé d'« examiner si les lois votées par l'Assemblée nationale supposent une révision de la Constitution », à l'exclusion de son Préambule. Ses conditions de saisine sont restrictives.

[41] R. Debbasch, *Droit constitutionnel*, *op. cit.*, p. 140.

[42] Conseil d'État, Assemblée, du 3 juillet 1996, *Koné*, *Recueil*, p. 255 concl. Delarue, *RFDA*, 1996, p. 882.

[43] B. Mathieu et M. Verpeaux, « La reconnaissance de l'utilisation des principes fondamentaux reconnus par les lois de la République par le juge », *Dalloz*, Chron., 1997, p. 219.

[44] La Déclaration des droits a été ainsi réduite au statut de Préambule. Elle n'a pas été intégrée dans le corps de la Constitution de 1946.

[45] J. Bougrab, *Aux origines de la Constitution de la IVe République*, *op. cit.*, v. spéc. Partie 2.

une représentation aux forces socioprofessionnelles. De plus, les avancées constitutionnelles ont été nombreuses, tel que l'élargissement du droit de vote aux femmes. La Constitution de 1946 a consacré également le principe de libre administration des collectivités territoriales[46]. Elle a aussi octroyé la qualité de citoyens à tous les nationaux français, à « tous les ressortissants des territoires d'Outre-Mer » et à « tous les ressortissants de l'Union française[47] ».

Au fond, ces avancées étaient limitées. Ces limites ont résulté, d'une part, des difficultés soulevées lors des discussions constitutionnelles reproduites dans un processus à deux temps et, d'autre part, des difficultés liées, d'un côté, à l'activation d'un compromis entre les forces politiques et, d'un autre côté, à l'approbation référendaire[48]. En effet, la Constitution de 1946 a été une synthèse des deux notions bouleversant les concepts traditionnels opposant la souveraineté nationale à la souveraineté populaire. L'article 3 de la Constitution de 1946 disposait finalement que « La souveraineté nationale appartient au peuple français ». Or, l'appel au peuple traduisant le mieux la démocratie était pratiquement inexistant. Le peuple n'a joué ainsi qu'un rôle limité dans le fonctionnement des institutions, le référendum étant exclu[49], comme le rappelle Jean Rivero. D'autres auteurs estiment toutefois que la Constitution de 1946 est l'une des plus démocratiques. En ce sens, Georges Burdeau précise que le régime mis en place par l'Assemblée constituante avait le caractère démocratique, tout en demeurant attaché au principe représentatif et en excluant la démocratie directe[50]. Douze ans plus tard, le constituant de 1946 a suivi l'architecture classique de la Révolution française, restant ainsi fidèle à un système représentatif. Sous la Ve République, une nouvelle dynamique est apparue pour renforcer le caractère démocratique du régime en appelant plus souvent les électeurs aux urnes, comme aux États-Unis d'Amérique, et en restreignant le cumul des mandats afin de tenter de renouveler le personnel politique au pouvoir[51]. Chaque année, de nombreuses révisions constitutionnelles sont proposées pour améliorer les institutions de la Ve République. Certaines ont été adoptées comme l'élargissement du domaine du référendum alors que d'autres sont restées en inertie comme les

---

46 Voir l'article 87 de la Constitution de 1946.

47 Voir les articles 80, 81, 82 de la Constitution du 27 octobre 1946.

48 P. Türk, « Quelle conception de la représentation nationale sous la IVe République ? », *in* E. Cartier, M. Verpeaux (dir.), *La Constitution du 27 octobre 1946. Nouveaux regards sur les mythes d'une Constitution « mal aimée »*, Actes du Colloque du 9 novembre 2016, Paris, Mare et Martin, p. 55-57.

49 J. Rivero, « Incertitudes de la Constitution d'avril », *Études*,1946, p. 366.

50 G. Burdeau, *Manuel de droit constitutionnel*, Paris, LGDJ, 1947, p. 243. L'auteur, par ailleurs, admet que le citoyen ne peut plus se contenter d'élire ses représentants, les représentants de la Nation. Le citoyen cherche également à participer au fonctionnement du gouvernement, en dehors des périodes électorales. Voir dans ce sens, G. Burdeau, *Traité de Science politique*, t. 5 et 6, Paris, LGDJ, 1956.

51 Loi n° 2000-295 du 5 avril 2000, *Journal officiel*, n° 82, 6 avril 2000, p. 5239.

propositions de mettre en place l'initiative populaire ou la participation des étrangers non-ressortissants communautaires aux élections municipales.

Même si la Constitution de la IVe République a été incapable de créer une forme de « patriotisme constitutionnel », cette incapacité a été rattrapée par un « patriotisme républicain », affirmant l'attachement du constituant de 1946 aux principes de 1789, ce qui a permis, dès 1958, au général de Gaulle de s'inscrire dans cette dimension républicaine[52]. Le constituant de 1946 a également souhaité et espéré rechercher la stabilité gouvernementale[53]. Il a ainsi proposé et adopté des mécanismes constitutionnels visant à rationaliser l'activité des pouvoirs publics et de la volonté générale dans le régime parlementaire afin de rompre avec la IIIe République. Cette dynamique serait la manifestation de « l'évolution progressive de l'État de droit, de la démocratie[54] ». Le constituant de 1958 n'a pas pour autant abandonné cette voie. Il reprend même d'une façon générale ces mécanismes en les revisitant, les revalorisant et les perfectionnant, comme le renforcement de la fonction présidentielle effacée sous la IVe République.

B. La rationalisation du régime parlementaire français

Au lendemain de la Première Guerre mondiale, le régime parlementaire a gagné du terrain un peu partout sur le continent européen. Les nouveaux États d'Europe centrale et orientale ont souhaité adopter un type de gouvernement où la place du chef de l'État n'est pas prédominante, afin de rompre avec le passé notamment les institutions monarchiques. S'inspirant de cette tendance démocratique européenne, le constituant français de 1946 s'est inspiré des mécanismes utilisés par les États européens après la Première Guerre mondiale pour mieux organiser les pouvoirs publics dans le régime parlementaire[55]. De plus, après les années du régime de Vichy, le constituant de 1946 a affiché une méfiance à l'égard du pouvoir exécutif. En France, la tâche a été difficile puisque les députés des Assemblées nationales constituantes sont encore imprégnés des pratiques du régime de la IIIe République. En 1946, deux courants contradictoires ont été amorcés par les constituants. D'une part, ces derniers ont voulu renforcer le caractère démocratique du régime en confiant l'ensemble des pouvoirs à l'Assemblée nationale et, d'autre part, ils ont souhaité stabiliser le pouvoir exécutif. L'étude

---

[52] S. Guerrieri, « La Quatrième République : un miroir pour la République italienne ? », *Revue historique*, vol. 677, n° 1, 2016, p. 167.

[53] Le maintien de la représentation proportionnelle a créé les conditions d'une puissance des partis.

[54] B. Mirkine-Guetzévitch, *Les nouvelles tendances du droit constitutionnel*, Paris, Marcel Giard, 1931, p. 8.

[55] Après la chute des empires au lendemain de la Première Guerre mondiale, les États européens sont préoccupés par la démocratie et commencent à confier l'ensemble des pouvoirs à l'Assemblée nationale élue directement par le peuple.

se concentrera sur le Parlement puisqu'il a occupé la place centrale de la construction constitutionnelle en 1946.

Afin de conforter le caractère démocratique du régime, le constituant de 1946 a souhaité faire de l'Assemblée nationale la seule représentante du peuple[56] parce qu'elle devait assurer un contrôle démocratique sur le fonctionnement des pouvoirs publics. D'ailleurs, le premier projet de Constitution[57] s'est distingué par la concentration des pouvoirs au sein d'une seule assemblée, la source de tout pouvoir étant le peuple[58], marquant la victoire des communistes sur le Mouvement Républicain Populaire[59]. Dans ce premier projet, l'Assemblée nationale constituait le pouvoir central. Il n'était pas besoin de mécanismes de freins et de contrepoids empruntés au fonctionnement des Constitutions libérales, comme la séparation des pouvoirs, le bicaméralisme ou encore le contrôle de constitutionnalité. Le général de Gaulle n'a pas accepté, quant à lui, que la politique du gouvernement procède du Parlement. Malgré le désaccord d'une bonne partie de l'Assemblée nationale constituante, le premier projet de Constitution a

---

56 Voir, dans ce sens, E. Duhamel, *Histoire politique de la IVe République*, Paris, La découverte, 2000, p. 34. L'auteur souligne la volonté des constituants de confier à l'Assemblée nationale « *l'expression unique de la souveraineté nationale* ».

57 Élue le 21 octobre 1945, l'Assemblée constituante comprend 148 communistes (la première force politique de la constituante), 135 socialistes (Section française de l'Internationale ouvrière ou SFIO), 135 du Mouvement Républicain Populaire (républicain gaulliste), de tendance démocrate-chrétienne, 31 radicaux et 65 modérés. La formation du nouveau Gouvernement se déroule dans des conditions difficiles. Le général de Gaulle qui le préside résiste aux principales revendications des communistes. Il s'oppose au régime exclusif des partis qui a mis à mal la Troisième République et démissionne le 20 janvier 1946 de la présidence du Gouvernement Provisoire de la République Française.

58 Le premier projet de Constitution du 19 avril 1946 qui consacre pleinement la souveraineté populaire (voir dans ce sens, l'article 2 de la Déclaration des droits annexée au premier projet de 1946 selon lequel « Le principe de toute souveraineté réside essentiellement dans le peuple (...) Cette volonté s'exprime par les représentants élus du peuple » ; l'article 43 du premier projet de Constitution du 19 avril 1946 selon lequel « La souveraineté appartient au peuple ») encadre son exercice au profit des députés, strictement, en précisant que « La souveraineté du peuple s'exprime par les députés élus à l'Assemblée nationale » (voir dans ce sens, l'article 47 du premier projet de Constitution de 1946 selon lequel « Le peuple français exerce sa souveraineté par ses députés à l'Assemblée nationale, élus au suffrage universel, égal, direct et secret »). Une assemblée unique s'installe, prenant le nom d'Assemblée nationale. Voir également sur ce point, M. Morabito, *Histoire constitutionnelle de la France de 1789 à nos jours*, Paris, LGDJ, 14e éd., 2016, p. 395. De plus, cette Assemblée nationale est unique, le président de la République et le président du Conseil, distincts, procèdent directement d'elle.

59 Selon le Doyen Georges Vedel, « le modèle incontestable des communistes et aussi en partie des socialistes, dans la première Assemblée constituante, (...), c'est plutôt une remise à jour de la Constitution de 1793, des idées robespierristes, de tout le courant de démocratie avancée, issu de Jean-Jacques Rousseau ». Voir G. Vedel, « Les Institutions de la quatrième République, Rapport Général », *in La IVe République, bilan, trente ans après la promulgation de la Constitution du 27 octobre 1946* (Actes du Colloque de Nice, 20-21-22 janvier 1977), Paris, LGDJ, 1978, p. 15.

consacré un Parlement monocaméral[60]. Cette première Constitution a été votée par la gauche seule. Toutefois, après le rejet par les Français du projet du 19 avril 1946 lors du référendum du 5 mai 1946, la nouvelle Assemblée constituante, dans laquelle l'équilibre politique a été quelque peu modifié (le MRP devient le premier parti au sein de cette nouvelle assemblée)[61], a cherché à trouver un équilibre. Paul Coste-Floret estimait que si les Français ont rejeté le projet du 19 avril c'est parce qu'ils étaient convaincus que ce texte mettait en place un gouvernement d'assemblée[62]. Entre-temps, le général de Gaulle a prononcé son discours de Bayeux et a affiché sa volonté d'un Parlement bicaméral. Ayant à choisir entre la souveraineté nationale et la souveraineté du peuple, les constituants ont déclaré que la souveraineté appartenait au peuple français. Finalement, la Constitution de 1946 a instauré un régime parlementaire reléguant au second plan la séparation des pouvoirs, comme en Grande-Bretagne. Elle a accordé ainsi la première place à l'Assemblée nationale élue au suffrage universel[63] mais encadrée par les procédures de la responsabilité politique. Dès lors, la Constitution de 1946 a tenté de rationaliser le régime parlementaire. Elle a posé le principe selon lequel seul le président du Conseil pouvait poser la question de confiance après y avoir été autorisé par le Conseil des ministres[64] en réaction à la pratique du régime de 1875 où la question de confiance pouvait être posée par n'importe quel ministre devant chaque assemblée, à n'importe quel moment. Elle a tenté d'encadrer la responsabilité du Gouvernement par l'encadrement de la motion de censure. Elle a supprimé enfin la responsabilité ministérielle devant la seconde Chambre, à savoir le Conseil de la République[65]. En outre, à la façon britannique, la Constitution de 1946 entendait renforcer la capacité d'agir du président du Conseil, souhaitant qu'il soit cet homme fort dans l'architecture institutionnelle, comme en témoignent les Constitutions allemande de 1949 ou italienne de 1948. Celui-ci était chargé d'assurer l'exécution des lois.

---

[60] L'idée qui a dominé dans la pensée des constituants a été de réagir contre le bicaméralisme. Ils gardent en souvenir le Sénat de la IIIe République, auquel les forces de la gauche reproche d'avoir renversé le gouvernement de Léon Blum, sous le Front populaire, et de ne pas avoir assez pris en considération les problèmes sociaux. Par ailleurs, le Conseil de l'Union française pourrait apparaître comme une deuxième Chambre qui peut rendre un avis législatif sur les lois (voir l'article 73 du projet du 19 avril 1946). Sur l'Assemblée nationale comme une assemblée unique, voir l'article 66 du projet du 19 avril 1946.

[61] Selon le Doyen Georges Vedel, si « la première constituante avait été lieu de grands débats d'idées, autant la seconde constituante fut essentiellement un lieu de marchandage électoral (…). L'entreprise réussit sans gloire ». G. Vedel, « Les Institutions de la quatrième République. Rapport général », *op. cit.*, p. 16.

[62] P. Coste-Floret, « Rapport sur le projet de Constitution du 5 mai 1946 », *Pouvoirs*, n° 76, 1996, p. 10.

[63] L'Assemblée nationale occupe la première place dans la Constitution de 1946. Elle représente le premier organe étatique nommé dans le texte de la Constitution de 1946, au Titre II.

[64] Voir dans ce sens, l'article 49 alinéa 1 de la Constitution du 27 octobre 1946.

[65] Voir dans ce sens, l'article 48 alinéa 2 de la Constitution du 27 octobre 1946 : « Ils (les ministres) ne sont pas responsables devant le Conseil de la République. »

Désigné par le président de la République, le président du Conseil devait être investi au scrutin public et à la majorité absolue pour entrer en fonction. Il devait soumettre à l'Assemblée nationale la composition de son gouvernement sur laquelle elle se prononçait à la majorité simple. Toutefois, la réforme de 1954 exigeait que le président du Conseil compose son gouvernement avant un vote d'investiture intervenant à la majorité simple. Quant à la dissolution, elle est décrétée par le président de la République, mais la décision est prise par le Conseil des ministres lorsque certaines conditions sont remplies[66]. Le président de la République, affaibli, n'exécute plus les lois, tous ses actes devant être contresignés par le président du Conseil ou par un ministre. Il est élu pour sept ans par le Parlement et rééligible une fois. En ce sens, la Constitution de 1946 traduit l'évolution du régime parlementaire consistant en l'affaiblissement du président de la République et le renforcement du président du Conseil. Le Doyen Georges Vedel constate néanmoins qu'

> En débarrassant le président de la République d'attributions qu'il n'exerçait plus, en le dépouillant de la qualité de chef du pouvoir exécutif, en lui donnant un rôle plus réduit, mais plus précis, on a renforcé son influence. Finalement, Vincent Auriol, René Coty [...] ont exercé une magistrature mieux définie, plus solide, que celle de leurs prédécesseurs de la troisième République[67].

En outre, la Constitution de 1946 prévoit un Parlement bicaméral. Le texte constitutionnel évoque régulièrement « les deux Chambres[68] ». Ce bicamérisme traduit le compromis activé pour faire adopter la Constitution de 1946[69], entre le rejet de la IIIe République et le refus du gouvernement d'assemblée, entre la volonté d'un Parlement bicaméral pour le Parti du Mouvement républicain et la volonté d'instituer une seule Chambre souveraine pour les communistes en faveur de l'unité de la volonté nationale. Dans cette architecture constitutionnelle, l'Assemblée nationale[70] vote seule la loi et ne peut déléguer ce droit[71] et le Conseil de la République n'a qu'un pouvoir consultatif. Si ce dernier paraissait effacé, son rôle allait évoluer, dans la pratique. La révision constitutionnelle du 7 décembre 1954 a revalorisé le Conseil de la République en lui apportant une grande partie des pouvoirs législatifs qu'il n'a cessé de réclamer. Celui-ci prend part à la procédure législative bien que le principe de l'article 13 de la Constitution, selon lequel « L'Assemblée nationale vote seule la loi », restât le même. Il examine le

---

[66] Deux crises ministérielles, engendrées chacune par un vote hostile de la majorité absolue des députés, doivent être produites dans le délai de dix-huit mois.

[67] G. Vedel, « Les Institutions de la quatrième République, Rapport Général », *op. cit.*, p. 18.

[68] Voir l'article 5 de la Constitution de 1946. L'Assemblée nationale dispose de prérogatives essentielles et le Conseil de la République est une « Chambre de réflexion, non de décision », possédant qu'un pouvoir d'avis.

[69] Les forces de gauche ont légèrement reculé lors des élections.

[70] Le nom « Assemblée nationale » est repris de la Révolution de 1789 et de celle de 1848, à la place de celui de « Chambre des députés » sous la IIIe République.

[71] Voir l'article 13 de la Constitution de 1946.

projet de loi dans le but d'obtenir un texte commun, même si aucune procédure de conciliation n'est formellement prévue dans l'article 20 de la Constitution de 1946. D'ailleurs, « plus de 90 % des lois adoptées le seront par accord complet entre les assemblées[72] », parce que l'existence d'un délai de cent jours à compter de la transmission du texte au Conseil de la République pour deuxième lecture se révèle favorable à la recherche d'une conciliation. En tout état de cause, le Conseil de la République demeure distinct de la toute-puissance du Sénat de la IIIe République qui pouvait mettre en cause la responsabilité du gouvernement et devait donner un avis conforme pour toute dissolution de la « Chambre des députés ». Le Conseil de la République n'y a renoncé qu'en 1958, lorsque le Sénat a été mis en place, à pouvoir législatif égal, la navette législative préservée, la Commission mixte paritaire instituée. La Constitution de 1958 reprend une autre modification. Elle reconnaît non seulement aux membres du Conseil de la République le droit de déposer des propositions de loi sur le bureau de l'Assemblée nationale, mais permet la discussion et le vote de ces propositions de loi, en première lecture, par le Conseil de la République, sa décision étant transmise ensuite à l'Assemblée nationale pour sa première lecture. Gaston Monnerville précise que les réformes présentes dans la loi de 1954 sont très bénéfiques et la mise en place de la navette est l'une des meilleures réformes de la IVe République[73]. Inspirée par le souci du respect des institutions démocratiques, la IVe République a ainsi pu sauvegarder le Parlement bicaméral français malgré tous les obstacles. En effet, la forme de l'assemblée unique n'a jamais été voulue dans l'histoire constitutionnelle de la France. Le régime de la monarchie de 1791 illustre ce constat. Il n'a duré qu'un an. De plus, le bicaméralisme a toujours été souhaité et a persisté tout simplement parce que la force d'un Parlement est avivée lorsque ce dernier est composé de deux Chambres, même si l'inégalité entre les deux assemblées est préservée, ce qui a été le cas notamment en 1946[74], en 1954 et en 1958[75]. Cela ne remet pas en question le bicamérisme. Dans tous les cas, sous la IVe République, l'Assemblée nationale occupe la première place, représente le peuple et peut renverser le gouvernement[76] et, le Conseil de la République occupe la deuxième place, représente le territoire et exerce les fonctions législatives et de contrôle des

[72] J.-P. Derosier et L. Gonot, « Le mythe d'un bicamérisme renouvelé », *in* E. Cartier, M. Verpeaux (dir.), *La Constitution du 27 octobre 1946, Nouveaux regards sur les mythes d'une Constitution « mal aimée »*, Actes du Colloque du 9 novembre 2016, Paris, Mare et Martin, p. 40.

[73] G. Monnerville, « Rapport : Le Conseil de la République », *in La IVe République, bilan, trente ans après la promulgation de la Constitution du 27 octobre 1946*, (Actes du Colloque de Nice, 20-21-22 janvier 1977), Paris, LGDJ, 1978, p. 45.

[74] D'ailleurs, les députés s'entendent pour ne pas placer la seconde Chambre sur un pied d'égalité avec la première.

[75] Voir dans ce sens, J.-P. Derosier et L. Gonot, « Le mythe d'un bicamérisme renouvelé », *op. cit.*, p. 41-43.

[76] Étant la seule à exprimer la souveraineté nationale, les députés lui confient l'ensemble des pouvoirs en matière législative, budgétaire et de contrôle du Gouvernement.

activités gouvernementales[77]. Ainsi, dès 1946, la seconde Chambre est bien présente. Pour autant, la Constitution de 1958 prévoit un Parlement bicaméral et rétablit un bicamérisme égalitaire. Il se compose de l'Assemblée nationale (dont les membres sont élus au suffrage universel direct) et du Sénat (dont les leurs sont élus au suffrage universel indirect). D'ailleurs, ce sont des élus de la Nation. Le Conseil constitutionnel a rappelé que « si députés et sénateurs sont élus au suffrage universel, direct pour les premiers, indirect pour les seconds, chacun d'eux représente au Parlement la Nation tout entière et non la population de sa circonscription d'élection[78] ». Les deux Chambres, l'Assemblée nationale et le Sénat, sont chargées de voter la loi, de contrôler l'action du gouvernement et d'évaluer les politiques publiques. Le Sénat, sous la Ve République, est redevenu une assemblée législative à part entière, notamment en matière constituante. Les pouvoirs du Sénat ont été restaurés en partie afin de contrebalancer le pouvoir de l'Assemblée nationale.

Au fond, sur de nombreux points, la Constitution de 1946 s'est inscrite dans les dynamiques constitutionnelles observées au lendemain de la Première Guerre mondiale. Elle a affaibli la Chambre haute au profit de la Chambre basse exprimant la souveraineté nationale et a donné les moyens techniques à l'Assemblée nationale pour qu'elle puisse remplir ses fonctions. Tout en donnant la première place à l'Assemblée nationale, le constituant de 1946 a tenté de prévenir l'instabilité gouvernementale en mettant en place des procédures contraignantes pour la nomination et la mise en jeu de la responsabilité du Gouvernement. Toutefois, ces mécanismes n'ont pas eu les effets souhaités. À de nombreuses reprises, l'Assemblée nationale a délégué ses pouvoirs au Gouvernement en violation de la Constitution, rappelant la pratique des décrets-lois de la IIIe République.

Pour autant, le constituant de 1958 a accentué la voie de la rationalisation du régime parlementaire. Il a restreint les conditions de mise en cause de la responsabilité du Gouvernement, en distinguant les domaines législatif et réglementaire, en lui donnant les moyens d'imposer à l'Assemblée nationale ses projets de loi. D'ailleurs, lors des travaux constitutionnels de 1946, certains députés avaient déjà proposé des mécanismes originaux comme le partage des domaines de la loi et du règlement. Le député Jean-Pierre Giraudoux avait proposé une telle solution afin d'alléger la tâche du Parlement[79]. Le constituant de 1958 a repris ces mécanismes proposés de manière générale. Il a continué également à confier le pouvoir réglementaire au Premier ministre, comme sous la IVe République. Cependant, le constituant de 1958 a tiré les leçons de l'échec. Il a renversé ainsi le rapport entre

---

[77] Malgré le texte constitutionnel de 1946, le Conseil de la République, par son règlement, s'octroie le pouvoir de contrôle. Le Conseil de la République est élu au suffrage indirect par les représentants des collectivités locales.

[78] Conseil constitutionnel, décision n° 99-410 DC, 15 mars 1999, *Nouvelle-Calédonie*, *Recueil*, p. 51.

[79] Assemblée nationale constituante, *Journal officiel*, *Débats*, 15 avril 1946, p. 1850.

l'Assemblée nationale et le Gouvernement, en renforçant la position du gouvernement vis-à-vis du Parlement. Il a mis en place le Conseil constitutionnel comme une « arme contre la déviation du régime parlementaire »[80]. Il a corrigé l'impuissance du pouvoir exécutif, liée à l'instabilité ministérielle, en restaurant la fonction du président de la République qui revient au cœur des institutions. Le constituant de 1958 a œuvré pour mettre en place des institutions plus pérennes.

Si la Ve République s'avère plus efficace que sa précédente, prétendre rejeter ou nier l'héritage constitutionnel de la France est impossible. La Ve République s'inspire largement des institutions et des principes sur lesquels l'État s'est construit depuis plusieurs siècles dont l'idéal démocratique et républicain. Elle porte donc l'héritage de la IVe République. La Constitution de 1946 est également réceptionnée à l'étranger. En Europe, l'Italie adopte une Constitution inspirée de celle de 1946, après la chute de Mussolini. Les intentions, les ambitions et les dispositions de la Constitution de 1946 serviront, pour une part, de référence aux constituants italiens. Ces derniers élaborent une Constitution qui est en vigueur depuis plus de soixante-dix ans.

II. L'influence relative de la Constitution de la IVe République dans l'ordre interne italien

Pour une part, la IVe République française a été le régime politique le plus proche de la première période de la République italienne[81]. Les Constitutions italienne et française témoignent de l'atmosphère politique très agitée dans laquelle elles ont été rédigées. De plus, aucune Constitution ne peut échapper à l'influence du climat politique de son temps surtout si elle est élaborée par une Assemblée constituante qui met en relief les différences politiques qui divisent le pays. Au lendemain de la Seconde Guerre mondiale, les constituants français et italien ont recherché la protection solide de l'ordre juridique et politique[82]. Dès lors, les rapprochements entre les expériences constituantes qui ont eu lieu après la Libération ont été nombreuses. La France et l'Italie sortaient d'un conflit dévastateur et d'un régime autoritaire. Les deux pays vivaient une période d'affrontements politiques intenses. En Italie, comme en France, le constituant italien de 1947 a proposé de ne pas se contenter de réintroduire des droits et libertés bafoués après les années du fascisme italien, mais d'établir un catalogue complet de droits économiques

---

80 Voir dans ce sens, le discours de Michel Debré prononcé devant le Conseil d'État en 1958. M. Debré, *Discours devant le Conseil d'État*, prononcé le 27 août 1958, *in* D. Maus, *Les grands textes de la pratique institutionnelle de la Ve République*, Paris, La documentation française, 1998, p. 5.

81 S. Guerrieri, « La Quatrième République : un miroir pour la République italienne ? », *op. cit.*, p. 159-168.

82 E. Crosa, « La nouvelle Constitution, ses caractères », *in* E. Crosa (dir.), *La Constitution italienne de 1948*, Paris, Armand Colin, 1950, p. 44.

et sociaux. Il nourrit également une méfiance à l'égard du pouvoir exécutif et affiche sa volonté de rationaliser les modalités du fonctionnement du régime parlementaire, en accordant la première place au Parlement dans l'architecture des institutions. En ce sens, l'expérience constitutionnelle française n'est pas du tout insignifiante pour l'Italie qui s'apprête à adopter une Constitution directement inspirée du modèle français[83] (A). Simultanément, l'Italie a observé avec curiosité la formation puis le fonctionnement de la IVe République française qui était devenue l'exemple de l'instabilité gouvernementale et politique. Cette dernière serait ainsi perçue, dans la Péninsule, comme une sorte d'avertissement de ce qui pourrait s'y produire également. De plus, à partir de la deuxième moitié des années soixante-dix, le débat italien ne fait plus vraiment référence à la Constitution de la IVe République comme modèle d'inspiration, mais plutôt à la Ve République française qui corrige les imperfections de sa précédente et affirme la prééminence du pouvoir exécutif (B).

A. L'intérêt italien à l'égard de la Constitution de la IVe République française

Élue le 2 juin 1946, le jour où le peuple italien a opté, par la technique du référendum, pour l'abandon de la monarchie et l'instauration de la forme républicaine de l'État[84], l'Assemblée constituante italienne [85]a entamé ses travaux, le 25 juin 1946, afin d'élaborer une nouvelle Constitution. Cette dernière est approuvée le 22 décembre 1947 par la même Assemblée et promulguée le 27 décembre 1947 par le Chef provisoire de l'État. La constituante s'est séparée le 31 décembre 1947. La Constitution entra en vigueur le 1er janvier 1948[86]. Le constituant italien est alors appelé à rompre avec la dictature fasciste et aspire à une rénovation sociale, afin de prévenir toute évolution autoritaire ou la suprématie du pouvoir exécutif[87]. Il recherche la protection de la démocratie et souhaite formuler des principes fondamentaux des droits de l'Homme bafoués après les années du régime

---

[83] E. Cartier, « Propos introductifs du rôle ou de la fonction des mythes en droit constitutionnel », *in* E. Cartier, M. Verpeaux (dir.), *La Constitution du 27 octobre 1946, Nouveaux regards sur les mythes d'une Constitution « mal aimée »*, Actes du Colloque du 9 novembre 2016, Paris, Mare et Martin, p. 25. Sur la naissance de la Constitution italienne, voir également, F. Attal, « Chapitre II - L'Italie à l'époque du centrisme (1947-1953) », *in* F. Attal (dir.), *Histoire de l'Italie depuis 1943 à nos jours*, Paris, Armand Colin, 2004, p. 46-78.

[84] La naissance de la République italienne trouve son origine dans l'article premier du Décret-loi du 25 juin 1944 qui établit qu'« Après la libération du territoire national, les formes institutionnelles seront choisies par le Peuple italien qui, à cet effet, élira au suffrage universel, direct et secret, une Assemblée constituante pour délibérer une nouvelle Constitution de l'État ». Ce décret marque la fin du Statut Albertin. Par référendum du 2 juin 1946, les Italiens décident de l'instauration de la République par 12,7 millions de voix contre 10,7 millions.

[85] Élue selon un système de représentation proportionnelle.

[86] Une commission de soixante-quinze députés est chargée de l'élaborer.

[87] M. Luciani, « Antifascismo e nascita della Costituzione », *Politica del diritto*, 1991, p. 183.

fasciste. Il veut également que la Constitution joue un rôle d'unification dans un système marqué par une forte opposition entre les forces politiques. Comme en France, l'élaboration de la nouvelle Constitution italienne de 1948 est surtout marquée par l'influence des trois forces politiques qui se sont affirmées largement aux élections législatives : le Parti de la Démocratie Chrétienne (piloté par Alcide de Gasperi)[88], le Parti socialiste (dirigé par Pietro Nenni) et le Parti communiste (conduit par Palmiro Togliatti), même si les rapports entre les partis politiques diffèrent d'un contexte à l'autre[89].

Sur le plan scientifique, dans la Péninsule, la naissance de la IVe République française a fait l'objet d'un intérêt intellectuel et d'études doctrinales. Ces dernières s'intéressent en particulier à la naissance de la nouvelle Italie et fournissent des connaissances historiques significatives. À la fin des années 1970, dans le cadre d'un projet de recherche développé par la Région de la Toscane sur la naissance de la nouvelle Constitution italienne de 1948, des constitutionnalistes ont mené des études juridiques portant sur la création de la Constitution de la IVe République et ses influences sur le débat italien, à l'instar de l'étude d'Ugo de Siervo[90]. Le rappel des expériences constitutionnelles étrangères, dans les discussions à l'Assemblée constituante italienne, est fréquent. En effet, lors des travaux de la constituante italienne, ce rappel s'inscrit dans une stratégie argumentative très fréquente, l'exercice du pouvoir constituant « correspond souvent à une navigation vers

---

[88] Le Parti de la Démocratie Chrétienne (les catholiques) apparaît comme la principale force politique du pays. Sur ce point, d'ailleurs, pendant les années de la primauté de la Démocratie chrétienne, les Exécutifs ne durent pas longtemps. Certains auteurs expliquent que pendant la période allant de 1948 à 1953, le président du Conseil Alcide De Gasperi a mis en place un « certain leadership qui a entraîné un fonctionnement du système très proche du parlementarisme à l'anglaise. Les années successives ont été, en revanche, marquées par un fonctionnement proche de celui de la IVe République française avec une forte instabilité ministérielle et une faible efficacité gouvernementale. Cette phase de la République italienne est caractérisée par l'hégémonie de la Démocratie chrétienne malgré la présence du multipartisme et deux partis antisystème, le Parti communiste italien (le PCI refuse d'entrer dans la majorité parlementaire) et le Mouvement social italien. (…) On a alors qualifié cette période de centralité du Parlement, permise par le compromis historique. » Sur ce point, voir dans ce sens, M. Polidori, « La Constitution italienne de 1947 à l'épreuve de l'expérience constitutionnelle concrète », *Civitas Europa*, vol. 30, n° 1, 2013, pp. 31-40. Toutefois, la formule politique est stable. Elle est centrée sur le parti de la majorité relative, la Démocratie chrétienne.

[89] En Italie, aux élections du 2 juin 1946, le Parti de la Démocratie Chrétienne a obtenu 35,2 % des voix, le Parti socialiste 20,7 % et le Parti communiste 18,9 %. Paolo Passaglia explique que même si le Parti de la Démocratie Chrétienne a obtenu la majorité, cette dernière est relative, cédant ainsi face à la totalité des voix obtenues par les deux partis de la gauche. Voir dans ce sens, P. Passaglia, « La Constitution italienne : le sommet de l'État de droit exposé aux vents de la politique », *Conseil constitutionnel, Titre VII*, vol. 1, n° 1, 2018, p. 44-52.

[90] Voir dans ce sens, U. de Siervo, « Le idee e le vicende costituzionali in Francia nel 1945 e 1946 e la loro influenza sul dibattito in Italia », *in* U. de Siervo (dir.), *Scelte della Costituente e cultura giuridica*, vol.1, *Costituzione italiana e modelli stranieri*, Bologne, Il Mulino, 1980, p. 293-360.

l'inconnu[91] ». Dès lors, au cours du travail constitutionnel, le constituant italien de 1947 cite le premier projet de Constitution française et la Constitution française de 1946, en combinant à ces références d'autres Constitutions considérées comme aussi intéressantes à ses yeux[92]. D'ailleurs, parmi les études développées par le ministère pour la constituante qui devaient servir à orienter le travail des députés de l'Assemblée constituante italienne, se trouvait déjà une étude publiée en 1947, portant sur les travaux de la première expérience de l'Assemblée constituante française élue le 21 octobre 1945[93]. La constituante italienne a été informée de l'actualité constituante française à travers le Bulletin du ministère pour la constituante[94].

Simultanément, Massimo Luciani explique qu'« il est compliqué de dire si la considération particulière portée à l'expérience française était due au fait qu'elle était justement française (et donc très proche géographiquement) ou au fait qu'elle était en cours (et donc très proche dans le temps)[95] ». En tout cas, même si le constituant italien se réfère, de moins en moins, au deuxième projet de l'Assemblée constituante française et à la Constitution française de 1946, au fur et à mesure que les travaux de l'Assemblée constituante italienne avançaient et que les particularités des problèmes italiens apparaissaient, les constituants italiens n'ont pas ignoré les débats des assemblées constituantes françaises. Ils s'en sont même inspirés dans certains cas qui méritent d'être présentés. Certaines dispositions constitutionnelles françaises et italiennes paraissent presque semblables au niveau de leur écriture comme celles qui déterminent le drapeau et la soustraction de la forme républicaine à la procédure d'une révision constitutionnelle[96]. De plus, les constituants italiens ont expressément repris au Préambule français de 1946, la formule par lui

---

[91] M. Luciani, « La transplantation du mythe : regard constitutionnel italien d'hier et d'aujourd'hui », *in* E. Cartier, M. Verpeaux (dir.), *La Constitution du 27 octobre 1946, Nouveaux regards sur les mythes d'une Constitution « mal aimée », op. cit.*, p. 124.

[92] Le Rapport de Giorgio La Pira montre que ce dernier a compulsé, dans le domaine des droits de l'Homme, non seulement les Déclarations françaises de 1789, 1793 et 1848, la Déclaration d'indépendance des États-Unis de 1776, mais également la Constitution turque de 1928, la Constitution de Weimar, celle de l'Union soviétique de 1936, entre autres. Voir dans ce sens, le Rapport La Pira, *Actes de l'Assemblée constituante. Actes de la Commission pour la Constitution, Rapport et propositions*, vol. 2, 1er éd., p. 19.

[93] A. Saitta, *La Quarta Repubblica francese e la sua prima Costituente*, Florence, Sansoni, 1947.

[94] Selon l'étude d'Ugo de Siervo (*op. cit.*), la Commission de la Constitution, chargée de l'écriture du projet de Constitution, a demandé au ministère pour la Constituante la livraison de soixante-quinze copies du deuxième projet de l'Assemblée constituante française.

[95] M. Luciani, « La transplantation du mythe : regard constitutionnel italien d'hier et d'aujourd'hui », *op. cit.*, p. 131.

[96] Massimo Luciani précise qu'il « ait été explicitement rappelé l'article 95 de la Constitution française » lors des travaux de la première sous-commission pour la Constitution qui ont eu lieu respectivement les 28 et 29 novembre 1946 : M. Luciani, « La transplantation du mythe : regard constitutionnel italien d'hier et d'aujourd'hui », *op. cit.*, p. 132.

réservée au droit de grève[97] (la Constitution française de 1946 consacrait le droit de la grève, toutefois, dans son Préambule et non dans le corps de la Constitution). En outre, les dispositions du Préambule français de 1946 sur les limitations de souveraineté nécessaires à l'organisation et à la défense de la paix et les dispositions de l'article 11 de la Constitution italienne sur les limitations de souveraineté nécessaires à un ordre qui assure la paix et la justice entre les Nations se concordent largement. Un aspect est, néanmoins, intéressant à exposer ici. L'Italie a refusé de confiner des droits dans un Préambule contrairement au choix français en faveur du Préambule consensuel de 1946 énonçant, d'une manière synthétique, des droits économiques et sociaux. La Constitution italienne traduit une inflexion sociale plus forte que la Constitution française. Le Parti de la Démocratie Chrétienne a choisi l'affirmation des droits sociaux par laquelle le constituant italien, plus encore que par le rappel des droits de l'homme, a voulu positionner l'Italie sur la voie d'une démocratie moderne. L'Italie a mieux su exprimer l'esprit d'un consensus dont les modalités ont été recherchées en France comme en Italie après 1945[98]. Le constituant italien a ainsi choisi d'établir un vaste catalogue constitutionnel de droits sociaux[99] à la place d'un simple Préambule synthétique. Les communistes français n'ont pas manifesté un intérêt pour la reconnaissance constitutionnelle des droits sociaux et ont accepté leur présentation dans le Préambule, sur proposition de la SFIO.

Le constituant italien a également consacré une première sous-commission de l'Assemblée constituante à la rédaction des « Principes fondamentaux des droits de l'Homme[100] ». Elle se composait des députés Giorgio La Pira, Palmiro Togliatti, Giuseppe Dossetti, Aldo Moro, Piero Calamandrei, entre autres. Giorgio La Pira[101], représentant essentiel du Parti de la Démocratie

---

[97] Voir l'article 40 de la Constitution italienne de 1948. Sur la reconnaissance du droit de grève dans les deux pays, voir dans ce sens, l'analyse de P. Ciarlo, « LoSciopero tra fatto e diritto nella fase costituente : Italia e Francia », *in* U. de Siervo (dir.), *Scelte della Costituente e cultura giuridica*, vol. 2, *Protagonisti e momenti del dibattito costituzionale*, Bologne, Il Mulino, 1980, p. 341-439.

[98] P. Levillain, « Relectures », *in* G. Andreotti, E. Burin des Roziers, J.-M. Jeanneney, G. Palewsky, A. Predieri, S. Romano, A. Sandulli, *Deux Constitutions : la Ve République et la République italienne, Parallèles et commentaires*, Rome, École Française de Rome, 1988, X-XI.

[99] Massimo Luciani met en avant « la richesse et le caractère analytique du catalogue italien des droits par rapport aux choix français en faveur d'un Préambule synthétique, refusé en Italie », expliquant aussi que la question du Préambule démontre que, dans le domaine des droits constitutionnels, les points de différence entre la Constitution italienne de 1948 et la Constitution française de 1946 sont significatifs : M. Luciani, « La transplantation du mythe : regard constitutionnel italien d'hier et d'aujourd'hui », *op. cit.*, p. 134.

[100] La Constitution italienne met l'accent sur les droits économiques et sociaux. La Constitution italienne est le fruit d'un compromis entre les tenants d'une démocratie socialiste et les défenseurs d'un parlementarisme libéral.

[101] Après la chute de Mussolini, Giorgio La Pira dénonce le régime fasciste et considère qu'il est nécessaire de reconstruire l'Italie sur des bases démocratiques grâce à une Constitution qui respecte les droits de l'Homme. Élu à l'Assemblée constituante italienne, il défend ainsi ses

Chrétienne et Professeur de droit romain, a présenté à la première sous-commission pour la Constitution réservée aux principes des rapports civils (se référant aux libertés constitutionnelles), le Rapport La Pira. Dans ses interventions aux débats de l'Assemblée constituante italienne en septembre 1946, Giorgio La Pira estimé que la nouvelle Constitution devait commencer par énoncer et affirmer les droits de l'Homme après les années des régimes nazi et fasciste[102]. Au cours du long débat qui suivit son intervention, Giorgio La Pira a fait référence notamment à la Déclaration française de 1789, 1793 et 1848. Il a été aussi influencé par le personnalisme d'Emmanuel Mounier, de Jacques Maritain et de François de Menthon[103] (MRP). Dans son rapport, Giorgio La Pira précisé qu'« aussi le projet français de Constitution ne manque pas d'offrir, à sa manière quelques traits d'une Charte des droits des communautés [...][104] ». En tout état de cause, la Constitution de la IVe République française constitue ainsi une référence significative pour le constituant italien de 1946, sans occulter l'existence des liens de pensée entre les différents juristes, politiques et intellectuels français et italiens qui défendent des idées communes au lendemain de conflits sévères.

Jean Rivero souligne qu'« entre (la Constitution italienne de 1948) et la Constitution française du 27 octobre 1946, la parenté est indéniable, et le parallèle, dès lors, devient singulièrement instructif ». Il ajoute que « ce n'est nullement d'une filiation qu'il s'agit, mais plutôt, pour rester dans le vocabulaire de la famille, d'un rapport de fraternité. [...] Les deux Constitutions sont nées de deux opinions publiques travaillées par des courants de pensée analogues, au sein desquelles la répartition des forces s'opérait à peu près sur les mêmes bases[105] ». Si l'intérêt italien à l'égard de la Constitution française de 1946 est remarquable, le constituant italien de 1947 était conscient du contexte historique de la Charte constitutionnelle qu'il élaborait. Cette conscience a conduit les députés de l'Assemblée constituante italienne à refuser la simple réception de modèles ou d'institutions étrangères. Au lendemain de la Seconde Guerre mondiale, l'Italie s'est inspiré des

---

idées, concrétise ses réflexions et y joue un rôle crucial au sein de la sous-commission chargée, avec Palmiro Togliatti, Giuseppe Dossetti, Aldo Moro, Piero Calamandrei, entre autres, de la rédaction des principes fondamentaux des droits de l'Homme sur lesquels doit reposer la nouvelle Constitution italienne. Il estime que toute Constitution doit comporter ou être précédée d'une déclaration solennelle des droits de l'Homme ou « *solenne Dichiarazione dei diritti dell'uomo* ».

102 Voir dans ce sens, G. La Pira, *La casa comune : una Costituzione per l'uomo. A cura di Ugo De Siervo*, 1979, Florence, Cultura Nuova Editrice, 2e éd., 1996.

103 François de Menthon est membre dirigeant du Mouvement Républicain Populaire français et délégué français comme procureur au procès de Nuremberg.

104 Voir dans ce sens, *Actes de l'Assemblée constituante, Actes de la Commission pour la Constitution, Rapport et propositions*, vol. 2, 1e éd., p. 17-19.

105 J. Rivero, « Constitution italienne et Constitution française », *in* E. Crosa (dir.), *La Constitution italienne de 1948*, Paris, Armand Colin, 1950, IX.

régimes parlementaires rationalisés en Europe, mais a introduit de nombreuses limites au pouvoir de la majorité[106].

B. La distance italienne à l'égard de la Constitution de la IVe République française

Les constituants italiens étaient conscients du relief historique de la Constitution qu'ils élaboraient, refusant la simple importation de modèles étrangers. Cela aurait blessé la dignité de leur action[107]. De plus, l'Italie n'aurait pas pu se permettre les tensions qui eurent lieu lors de la naissance de la IVe République française. En Italie, il n'existait pas de modèle républicain façonné par l'histoire comme cela a été le cas en France à partir de la IIIe République[108]. De plus, du point de vue politique, si le Parti communiste français, première force politique en France aux élections de 1945 a choisi d'affronter le Parti du Mouvement républicain populaire, le Parti communiste italien dirigé par Palmiro Togliatti n'a pas renoncé au dialogue, même après la fin de la coopération gouvernementale en mai 1947[109]. Les communistes italiens se sont mis ainsi à la recherche d'un compromis sur les valeurs de base de la communauté politique, cherchant à enrichir le catalogue constitutionnel des droits sociaux.

Dès lors, le constituant italien a dû assumer une responsabilité importante dans l'écriture de la nouvelle Constitution. Il a dû consacrer un système de valeurs qui pourrait donner une base identitaire à la République après les années de crise du nationalisme fasciste et créer un modèle de longue durée. La Constitution devait être ainsi le produit d'une volonté unitaire entre les forces constituantes. La volonté du constituant italien de rendre son œuvre originale et innovante a rendu plus difficile la référence automatique aux expériences constituantes d'autres pays[110], d'autant plus qu'une Constitution ne peut pas devenir un objet d'importation ou d'exportation. Elle est liée à la nature du pays qui l'a produite[111].

---

[106] M. Luciani, « La transplantation du mythe : regard constitutionnel italien d'hier et d'aujourd'hui », *op. cit.*, p. 134.

[107] *Ibid.*, p. 126-127.

[108] S. Guerrieri, « La Quatrième République : un miroir pour la République italienne ? », *op. cit.*, p. 162.

[109] En France, Sandro Guerrieri souligne que « le pacte constitutionnel est affaibli par les fractures qui se manifestent bientôt parmi les forces qui auparavant avait animé la Résistance », *in* « La Quatrième République : un miroir pour la République italienne ? », *op. cit.*, p. 159-168. Sur les rapports de force politique dans les deux pays et le rôle des partis communistes, voir dans ce sens, M. Lazar, *Maisons rouges. Les Partis communistes français et italien de la Libération à nos jours*, Paris, Aubier, 1992.

[110] Sandro Guerrieri précise qu'en Italie, l'absence ou la faiblesse de le tradition républicaine (comme celle axée sur les valeurs ancrées dans l'histoire constitutionnelle de la France) a conduit à valoriser le pacte constitutionnel italien de l'après-guerre.

[111] G. Andreotti, « Intervention », *in Deux Constitutions : la Ve République et la République italienne, Parallèles et commentaires*, *op. cit.*, p. 72.

D'ailleurs, cette volonté est parfois affichée lors des discussions constitutionnelles. À la séance de la première sous-commission le 3 décembre 1946, le député Aldo Moro de la Démocratie chrétienne a mis en avant l'inadéquation de copier, sur le droit de résistance, l'article de la Constitution française de 1946[112].

Sur le plan de l'organisation des pouvoirs publics, la Constitution italienne de 1948 est d'inspiration parlementaire. Le Parlement est composé de deux Chambres (la Chambre des députés et le Sénat) placées sur un plan d'égalité absolue, exerçant collectivement la fonction législative à la différence de l'Assemblée nationale française qui détenait la réalité du pouvoir législatif. Le statut du président de la République a été inspiré par la IIIe et la IVe République françaises. Il est élu pour sept ans par un collège électoral élargi. Toutefois, quant à ses compétences, il bénéficie d'une situation privilégiée par rapport à celle du président de la IVe République. En effet, il dispose d'une liberté plus grande que ce dernier pour nommer le président du Conseil qui est à la tête d'un gouvernement responsable devant les deux Chambres. Le président de la République convoque les Chambres et dispose du pouvoir discrétionnaire de les dissoudre ensemble ou séparément. De plus, il dispose, avec le contreseing des ministres, du pouvoir réglementaire.

De plus, le constituant italien, afin de faire contrepoids à l'éventuelle prééminence du Parlement, a introduit, dans le système parlementaire, une série de mécanismes d'équilibre, contrairement au système parlementaire français de la IVe République. La tendance au régime d'assemblée, qui subsiste en France de la IVe République, n'existe pas en Italie où les équilibres sont mieux institués[113]. Le constituant italien a posé ainsi les bases d'une démocratie associative qui présumait la multiplication des voies favorisant le consensus, fondé sur le régime représentatif mêlé à des éléments de la démocratie directe[114]. Ainsi, le constituant italien de 1947 a retenu tout à la fois le droit de pétition populaire, l'initiative législative populaire ouverte à 50 000 électeurs et le référendum abrogatif ouvert à 500 000 électeurs[115]. Le référendum abrogatif d'initiative populaire peut être qualifié d'instrument de démocratie directe, puisqu'il revient à

---

[112] Sur l'intervention du député Aldo Moro, voir *Actes de l'Assemblée constituante, Actes de la Commission pour la Constitution, Discussions*, séance du 3 décembre 1946, 1er éd., p. 451.

[113] J. Rivero, « Constitution italienne et Constitution française », *op. cit.*, XV.

[114] M. Baudrez, « La fondation de la République », *in* J.-J. Pardini, M. Léonard, Ph. Gilles (dir.), *Le soixantième anniversaire de la République italienne*, Colloque international, Faculté de droit de Toulon, 19-20 octobre 2006, Centre de Droit et de Politique Comparés Jean-Claude Escarras, Laboratoire Babel, Laboratoire d'Économie Appliquée au Développement, Université du Sud Toulon-Var, Bruxelles, Bruylant, 2010, p. 35.

[115] Voir les articles 71 et 75 de la Constitution italienne de 1948. L'abrogation suppose que la loi soit entrée en vigueur.

soumettre à la sanction des électeurs une loi adoptée par les Chambres[116]. De plus, « si la demande est recevable, le processus ne peut être interrompu que si les promoteurs de l'initiative la retirent ou si le Parlement procède lui-même à l'abrogation de la disposition[117] ». En effet, la constituante italienne a voulu rompre avec le passé fasciste[118] en revenant aux sources même de la démocratie. Le recours aux techniques de la démocratie directe traduit cet état d'esprit et cette volonté[119] que le constituant français de 1946 ne possédait pas au même niveau[120]. En France, le mécanisme du référendum, opérant le passage de la IIIe à la IVe République lors de la consultation du 21 avril 1946, était absent du texte constitutionnel de 1946. Cette technique n'était prévue qu'en « matière constitutionnelle[121] » et il fallait qu'elle cohabite avec le mode représentatif, selon une formule issue d'une proposition du Parti socialiste français, la SFIO. En France, d'autres mécanismes de participation politique des citoyens ont été repoussés comme le référendum d'initiative populaire qui a été rejeté, à l'unanimité[122]. Les forces de la gauche française craignaient les résultats souvent conservateurs de ces techniques de participation directe. La Constitution de 1958 est allée au-delà du référendum de révision constitutionnelle et a adopté le principe du référendum législatif. Toutefois, la pratique reste limitée. Même si la réforme constitutionnelle du 4 octobre 1995 a élargi le domaine du référendum, son utilisation demeure rare. Les présidents de la République française craignent à ce jour son exercice, surtout après le souvenir de 1969. Si la Ve République, qui

---

[116] Cet instrument de démocratie directe, puisque ce procédé permet aux citoyens de disposer à la fois de l'initiative du processus normatif et du pouvoir de décision, est toutefois soumis à certaines conditions d'utilisation. En effet, « il ne peut notamment intervenir dans les six premiers mois ou les douze derniers d'une législature et son résultat n'est effectif qu'en cas de participation au vote d'une majorité des électeurs inscrits, la Cour constitutionnelle contrôlant de surcroît la conformité de la question posée par rapport à la Constitution ». Voir dans ce sens, L. Favoreu, P. Gaïa, R. Ghevontian, J.-L. Mestre, O. Pfersmann, A. Roux et G. Scoffoni, *Droit constitutionnel*, *op. cit.*, p. 521.

[117] Voir dans ce sens, M. Fatin-Rouge Stéfanini, « En busca de la democracia semidirecta en Francia », *in* L. Baamonde Gómez, A. Espinosa Díaz et D. López Rubio (dir.), *Reflexiones constitucionales sobre la participación política directa. Foros y Debates* (26), Madrid, Centro de Estudios Políticos y Constitucionales. M° de la Presidencia, 2021, p. 183-222.

[118] M. Luciani, « Antifascismo e nascita della Costituzione », *Politica del diritto*, 1991, p. 183.

[119] L'article premier de la Constitution italienne de 1948 qualifie non seulement la République de démocratique, mais encore affirme solennellement l'appartenance à la souveraineté du peuple.

[120] J. Rivero, « Constitution italienne et Constitution française », *op. cit.*, XV.

[121] Les alinéas 3 et 4 de l'article 3 de la Constitution de 1946 précisent que le peuple exerce la souveraineté « en matière constitutionnelle par le vote de ses représentants et par le référendum », mais qu'« en toutes autres matières, il l'exerce par ses députés à l'Assemblée nationale » ; sur l'exclusivité du pouvoir de la Représentation nationale, voir dans ce sens, P. Türk, « Quelle conception de la représentation nationale sous la IVe République ? », *op. cit.*, p. 57-61.

[122] Séance de la commission de la Constitution, tome I, p. 24.

semblait attribuer une place plus importante aux citoyens en introduisant, en particulier, la procédure de référendum prévue à l'article 11 de la Constitution de 1958 et qui pouvait être considérée comme la plus participative, la place accordée aux citoyens n'a été une réalité qu'au début de la genèse de la Ve République. Au fond, en France, des procédures référendaires existent, mais elles ne peuvent pas être déclenchées par les citoyens. Le régime italien instauré, même s'il s'est inspiré du schéma classique du système parlementaire, s'en est trouvé ainsi séparé par les éléments de démocratie directe qui y ont été institués afin de donner satisfaction au peuple et d'éviter l'omnipotence du Parlement.

Enfin, le débat politique interne italien a commencé à se désintéresser de la IVe République, devenue un exemple d'instabilité gouvernementale, au cours des années qui ont suivi le référendum de 1962 établissant l'élection du président de la République française au suffrage universel. Au cours des années 1970, l'Italie a observé les institutions de la Ve République et a pris comme point de référence cette dernière. La Commission « bicamérale », composée de parlementaires des deux Chambres et instituée en 1997 pour préparer une révision constitutionnelle, a d'ailleurs proposé l'élection du président de la République au suffrage universel direct, afin de limiter l'instabilité ministérielle et l'influence des petits partis. Une telle modification aurait rapproché le régime italien de la Ve République française. Toutefois, cette réforme institutionnelle, comme d'autres auparavant, a échoué au printemps 1998. Au fond, l'expérience italienne souligne l'importance des éléments d'équilibre dans le système de séparation des pouvoirs.

Conclusion générale

Au cours d'une journée d'études célébrant le soixante-dixième anniversaire de la Constitution du 27 octobre 1946, Jean-Éric Gicquel s'est demandé si la IVe République avait existé. Michel Verpeaux a répondu :

> Curieuse interrogation […]. Pourquoi, en effet, se poser une telle question ? Bien sûr, ce régime a existé, pendant douze ans, ce qui est une durée acceptable pour une Constitution française […]. (Elle) n'est pas née dans la violence et elle n'est pas morte d'un coup d'État […]. Elle mérite alors une certaine forme de respect et, au moins, un intérêt scientifique entouré d'un minimum d'objectivité[123].

Si la IVe République française est entourée de deux guerres, elle est encadrée de deux mécanismes de transition constitutionnelle. Le premier mécanisme, dans les années 1945 et 1946, représente un modèle de transition démocratique, avec le recours à trois référendums, deux Assemblées constituantes et deux projets constitutionnels pour doter la France de nouvelles institutions après la Libération. Le second mécanisme

---

[123] M. Verpeaux, « Rapport de synthèse », *in La Constitution du 27 octobre 1946. Nouveaux regards sur les mythes d'une Constitution « mal aimée »*, *op. cit.*, p. 177-178.

représente la transition constitutionnelle de 1958 qui a été assurée par le général de Gaulle et son gouvernement, investis par une large coalition, le Parlement français adoptant, le 3 juin 1958, une loi constitutionnelle modifiant la procédure de révision constitutionnelle pour rédiger une nouvelle Constitution.

Œuvre de compromis, la Constitution de 1946 est marquée par une modernité certaine par rapport au régime qui l'a précédée. Elle a consacré le principe de libre administration des collectivités territoriales. Elle a octroyé la qualité de citoyens à tous les nationaux français, à « tous les ressortissants des territoires d'Outre-Mer » et à tous « les ressortissants de l'Union française ». La comparaison avec l'Italie est intéressante parce que la IVe République n'a pas voulu consacrer une autonomie régionale par crainte de l'atteinte à l'unité de la République, à la différence de l'audace italienne nouvelle en matière d'autonomie territoriale. Elle a également tenté de prendre la voie de l'innovation en proposant des solutions juridiques pour prévenir l'instabilité ministérielle. Dans la pratique, le climat politique a déterminé s'il existe ou non une stabilité dans ce régime parlementaire institué, sans omettre l'émiettement des partis ; la présence de douze groupes parlementaires dans l'Assemblée nationale au début de l'année 1956 ; le jeu politique ; l'adoption d'un scrutin de liste à la représentation proportionnelle (ce qui a permis à un nombre élevé de petits partis de siéger à l'Assemblée et empêché la formation de majorités stables) ; la pratique non prévue par la Constitution de 1946 et établie par le président du Conseil Paul Ramadier qui soumet à l'investiture de l'Assemblée la composition de son gouvernement, instaurant une double investiture qui limite la marge de manœuvre du pouvoir exécutif ; l'insuffisance des moyens juridiques de l'exécutif, c'est-à-dire les conditions auxquelles est subordonnée la dissolution de l'Assemblée nationale et le fait qu'un gouvernement peut se voir à la fois accorder la confiance de la Chambre basse et refuser le texte sur lequel il a engagé sa responsabilité ; les circonstances difficiles auxquelles elle a été confrontée à l'instar de la crise algérienne.

Toutefois, la France a toujours connu le même type de rénovation. Une Constitution s'inscrit en réaction à sa précédente. La Constitution de 1958 a ainsi remplacé celle de 1946 qui a rejeté celle de 1875. Les qualités, les efforts et les succès de la Constitution de 1946 sont souvent oubliés. Elle a entamé la construction européenne par la création de la Communauté européenne du charbon et de l'acier (CECA) et la signature du Traité de Rome en 1957 instituant le Marché commun. Elle s'est terminée tout en laissant quelques traces comme les Principes particulièrement nécessaires à notre temps (l'égalité des droits des femmes et des hommes, le droit d'asile, le devoir de travailler et le droit d'obtenir un emploi sans discrimination aucune, le droit syndical, le droit de grève, le droit du travail, le droit à la santé et à la protection sociale, entre autres) et certaines dispositions reprises dans la Constitution de la Ve République. En définitive, de tout échec ressort une expérience. La Constitution française de 1958 a tiré les leçons de l'échec et des expériences des Républiques précédentes et, en particulier, des dérives liées à l'ineffectivité et partant à l'inefficacité des mécanismes constitutionnels institués[124]. D'ailleurs, la Constitution de 1958 a pu être appliquée tant en période de fait majoritaire que de cohabitation.

[124] M. Fatin-Rouge Stéfanini, « La Constitution doit-elle être efficace ? », *in* M. Fatin-Rouge Stéfanini, L. Gay, A. Vidal-Naquet (dir.), *L'efficacité des normes juridiques*, Bruxelles, Bruylant, 2012, p. 214.

LA CENSURE JUSTIFIEE DE L'ARTICLE 3 DE LA LOI DU 10 AVRIL 2019 DITE LOI « ANTICASSEURS » PAR LE CONSEIL CONSTITUTIONNEL

Roland GUIRAO

Parfois considérée comme une loi d'opposition au mouvement des gilets jaunes, la loi dite « anticasseurs » a fait l'objet d'une proposition à l'issue des événements du mois de mai 2018. L'objectif de cette loi promulguée le 10 avril 2019 est de renforcer et de garantir le maintien de l'ordre public lors des manifestations. Cette loi se présente comme la solution aux violences qui subsistent lors des manifestations, en l'occurrence les manifestations contre l'aéroport de Notre-Dame-des-Landes de 2014, les manifestations contre la loi dite El Kohmri de 2016, ainsi que celles de mai 2018 et des gilets jaunes sus-évoquées. Pour cela, la loi va étendre les missions de police administrative et de police judiciaire.

Le renforcement de la police administrative va permettre, au-delà de ses prérogatives bien connues, d'autoriser la fouille des effets et des véhicules des personnes aux abords des lieux de manifestations. C'est l'apport de l'article 2 de ladite loi. Par ailleurs, l'article 3 de cette même loi va autoriser l'autorité administrative, sous certaines conditions, à prononcer par arrêté, à l'encontre de toute personne constituant une menace d'une particulière gravité pour l'ordre public, une interdiction de participer à une manifestation sur la voie publique et, dans certains cas, de prendre part à toute manifestation sur l'ensemble du territoire national pour une durée d'un mois.

Au niveau du renforcement de la police judiciaire, il est désormais possible, à la faveur de cette loi, de punir d'un an d'emprisonnement et de 15 000 euros d'amende le fait pour une personne, au sein ou aux abords immédiats d'une manifestation sur la voie publique, au cours ou à l'issue de laquelle des troubles à l'ordre public sont commis ou risquent d'être commis, de dissimuler volontairement tout ou partie du visage sans motif légitime.

Plusieurs dispositions de cette loi ont fait l'objet de vives contestations. Ces contestations ont entraîné la saisine du Conseil constitutionnel par des députés, des sénateurs[1] et, de façon surprenante, par le président de la République. Cette saisine avait pour objet de demander au Conseil constitutionnel de se prononcer sur la conformité d'un certain nombre

[1] Soixante députés et soixante sénateurs plus précisément.

d'articles de ladite loi, notamment les articles 2, 3 et 6 avec la liberté de manifester, la liberté d'expression, ainsi que la liberté d'aller et de venir.

Si la quasi-totalité des dispositions de la loi a été approuvée, l'article 3, en revanche, a fait l'objet d'un rejet de la part de la haute juridiction. L'article 3 donnait à l'autorité administrative la possibilité d'interdire de manifestations toute personne présentant une « menace d'une particulière gravité pour l'ordre public » qui était alors inscrite au fichier des personnes recherchées (FPR).

Ainsi, au regard de cette largesse que l'article 3 accordait à l'autorité administrative, tant les députés que les sénateurs requérants ont, de façon pertinente, motivé leur volonté de ne pas voir cette disposition promulguée. C'est la pertinence de ces motivations qui a amené le Conseil constitutionnel à déclarer, à juste titre, l'article 3 inconstitutionnel et à le censurer par le biais de la décision n° 2019-780 DC du 4 avril 2019.

C'est la démonstration du caractère juridique fondé et justifié de la décision du Conseil constitutionnel qui nourrit cette contribution sur cet échec normatif en l'occurrence.

I. Une censure justifiée au regard du pouvoir étendu accordé à l'autorité administrative

L'article 3 de la loi du 10 avril 2019 accordait des pouvoirs à l'autorité administrative qu'elle pouvait exercer sans vraiment se conformer aux limites de temps et d'espace (A) et sans prendre en compte les risques avérés de violences (B).

A. Le pouvoir d'interdiction de l'autorité administrative non conforme aux limites de temps et de l'espace

Selon un auteur[2], la liberté de manifester peut être désignée comme une liberté surveillée dans la mesure où elle est placée sous le signe de la sécurité, et le régime qui l'organise se localise dans le code de la sécurité intérieure[3]. Le principe est que les manifestations représentent un risque qu'il convient d'anticiper et de prévenir. Pour ce faire, la liberté de manifestation a été soumise à une obligation qu'il convient de respecter.

L'obligation la plus marquante à laquelle est confrontée la liberté de manifester est celle de la déclaration préalable. La déclaration préalable vise à informer les autorités administratives du déroulement de la manifestation. Elle ne constitue, en aucune manière, une sorte d'autorisation auprès des autorités administratives. D'ailleurs, la jurisprudence a levé toute ambiguïté à ce sujet en précisant qu'« un arrêté soumettant les manifestations à la délivrance d'une autorisation préalable est illégal[4] ». Par ailleurs, selon une

[2] O. Le Blot, « La liberté de manifestation en France : un droit fondamental sur la sellette ? », HAL Id : hal-01465854, https://hal.archives-ouvertes.fr/hal-01465854, 13 février 2017, p. 3.

[3] Article L 211-1 et s du Code de la sécurité intérieure.

[4] CE, 4 février 1938, *Nicolet*.

conception largement répandue, la jurisprudence de la Cour européenne des droits de l'homme[5] reconnaît la conformité de la déclaration préalable à l'article 11 de la Convention européenne des droits de l'homme[6]. Selon cette jurisprudence, l'objectif recherché dans l'obligation de la déclaration préalable est de « permettre aux autorités de prendre des mesures raisonnables et adaptées permettant de garantir le bon déroulement des événements de ce type[7] ».

Aux termes du deuxième alinéa de l'article 1er du décret du 23 octobre 1935 portant réglementation des mesures relatives au renforcement du maintien de l'ordre, pris sur le fondement de la loi du 8 juin 1935, « Sont soumis à l'obligation d'une déclaration préalable, tous cortèges, défilés et rassemblements de personnes, et d'une façon générale toutes manifestations sur la voie publique. »

Cependant, la déclaration préalable n'empêche pas les autorités administratives, plus particulièrement le préfet, de restreindre dans un espace et une période bien déterminée par le biais d'arrêtés, la liberté de manifester, si cette manifestation est susceptible de créer un trouble à l'ordre public. C'est sur la base de cette loi que, durant l'année 2019, de nombreux arrêtés[8] ont été adoptés dans l'optique d'interdire des manifestations dans des périmètres et à des horaires précis[9]. S'il est vrai qu'un certain nombre de ces arrêtés ont fait l'objet de contestations à travers des recours, il n'empêche que le juge administratif a toujours pris en compte la délimitation de l'arrêté d'interdiction de manifester pour le déclarer conforme et rejeté les demandes relatives à la suspension de leur exécution.

Ainsi, comme le démontre parfaitement Lauren Bakir dans l'une de ces études[10], le juge administratif a couramment pris en compte la délimitation des

---

[5] CEDH, 5 décembre 2006, *Oya Ataman c/ Turquie*, § 37, CEDH, 18 juin 2013 *Gün a. c/Turquie*, § 73.

[6] Cet article dispose que « 1. Toute personne a droit à la liberté de réunion pacifique et à la liberté d'association, y compris le droit de fonder avec d'autres des syndicats et de s'affilier à des syndicats pour la défense de ses intérêts. 2. L'exercice de ces droits ne peut faire l'objet d'autres restrictions que celles qui, prévues par la loi, constituent des mesures nécessaires, dans une société démocratique, à la sécurité nationale, à la sûreté publique, à la défense de l'ordre et à la prévention du crime, à la protection de la santé ou de la morale, ou à la protection des droits et libertés d'autrui. Le présent article n'interdit pas que des restrictions légitimes soient imposées à l'exercice de ces droits par les membres des forces armées, de la police ou de l'administration de l'État. »

[7] CEDH, gde ch, *Kudrevicius et a c/ Lituanie*, § 147.

[8] Voir les 22 arrêtés adoptés par le préfet de l'Eure.

[9] Arrêté du 18 juillet 2019 du préfet de la Gironde portant interdiction de manifester le samedi 20 juillet 2019 sur certaines voies et espaces publics de la ville de Bordeaux à l'occasion d'appels à rassemblement ; arrêté du 7 août 2019 du préfet de la Haute-Garonne portant interdiction de manifestation et de rassemblement revendicatif place du Capitole à Toulouse le samedi 10 août 2019.

[10] L. Bakir, « Les mutations récentes de la liberté de manifester en France », *RFDA*, 2020, p. 319.

restrictions à la liberté de manifester pour rejeter les demandes qui tendent à suspendre l'exécution des arrêtés restrictifs. C'est dans ce sens que le tribunal administratif de Nantes a, par une ordonnance en date du 2 août 2019[11], reconnu la légalité d'un arrêté du 1er août 2019 qui portait interdiction d'une manifestation dans le centre-ville de Nantes le samedi 3 août 2019. Dans cette décision, le juge administratif a considéré que l'arrêté contesté ne portait aucune atteinte à la liberté de manifester dans la mesure où il limitait l'interdiction de manifester dans le temps à savoir de 10 heures à 20 heures le jour de la manifestation et aussi dans l'espace à savoir dans le centre-ville de Nantes.

Dans l'éventualité où un arrêté de l'autorité administrative interdit l'itinéraire de la manifestation et en propose un autre en échange, la jurisprudence reconnaît la délimitation de l'espace d'interdiction de la manifestation et donc la légalité de l'arrêté. Le tribunal administratif de Paris a eu à statuer sur deux requêtes en ce sens[12]. La première de ces requêtes tendait à suspendre l'exécution de l'arrêté du préfet de police de Paris en date du 14 mai 2019 qui prescrivait des mesures de police applicables à Paris à l'occasion d'appels à manifester dans le cadre du mouvement des « gilets jaunes » le samedi 18 mai 2019. La deuxième requête, quant à elle, tendait à suspendre l'exécution de l'arrêté du préfet de police de Paris en date du 16 mai 2019 qui interdisait le déroulement de la manifestation du samedi 18 mai 2019 sur une partie de l'itinéraire. En réponse à ces deux requêtes, le juge administratif a reconnu que le Préfet de police n'a commis aucune illégalité, car il « n'a pas entendu interdire toute manifestation au groupe de gilets jaunes représenté par Mme X, mais seulement de manifester sur le parcours envisagé qui emprunte l'avenue des Champs-Élysées ainsi que des artères situées à proximité du Palais de l'Élysée », et qu'il a même proposé « un parcours alternatif » à Mme X[13]. En réponse au deuxième arrêté, le juge administratif a reconnu que l'interdiction « ne présente pas un caractère général en ce qu'elle ne vise que certains quartiers de la capitale[14] ».

Cette position du Tribunal administratif de Paris a été adoptée par le tribunal administratif de Bordeaux qui a soutenu que l'arrêté qui interdisait à un syndicat de manifester était conforme, car il « circonscrit à un périmètre précisément délimité du centre-ville de Bordeaux [...] » l'interdiction de manifester parce qu'il se trouve dans ce lieu certaines institutions comme la mairie et des bâtiments publics soumis à des mesures de sécurité renforcée, notamment en raison du contexte de terrorisme[15].

---

[11] TA Nantes, ord. 2 août 2019, n° 1908563.

[12] TA Paris, ord. 17 mai 2019, n° 1910449-1910452.

[13] Dans sa décision en date du 30 mai 2018, le TA Lyon, 7e ch., n° 1705981, pts 6 et 11 avait déjà soulevé les mêmes arguments pour déterminer qu'un arrêté était légal.

[14] Les décisions du TA Paris, ord. 31 mai 2019, n° 1911552/9 et du TA Paris, ord. 8 juin 2019, n° 1912143/9-1 se sont illustrées de la même façon.

[15] TA Bordeaux, ord. 7 juin 2019, n° 1902804.

Il ressort de tous ces éléments sus-évoqués, que les restrictions à la liberté de manifester ne tiennent que si elles ne sont limitées pas dans le temps et dans l'espace. La jurisprudence administrative[16] a été constante à ce sujet et conforme à la jurisprudence européenne[17]. Cependant, l'article 3 de la loi dite anticasseurs prévoyait dans ses termes la possibilité pour l'autorité administrative d'interdire le droit de manifester sur l'ensemble du territoire national et pour une durée d'un mois.

Il est donc évident qu'au regard de la jurisprudence et des précédents, le Conseil constitutionnel censure cet article avant la promulgation de la loi. Cette censure tient également à la non-conformité de l'article 3 aux risques avérés de violences.

B. Le pouvoir d'interdiction de l'autorité administrative non conforme aux risques avérés de violences

Il est de mise que l'interdiction de manifester dont a la compétence l'autorité administrative, doit obligatoirement être prononcée conformément à un certain nombre de critères bien déterminés.

Ces critères ont été posés par le juge administratif et retenus par plusieurs ordonnances rendues en première instance[18]. Ils doivent servir à déterminer que la manifestation présente des risques avérés de violences pouvant troubler l'ordre public.

Ainsi, avant de prononcer l'interdiction de manifester, l'autorité administrative doit premièrement vérifier et constater s'il existe des appels à la violence émanant des organisateurs de cette manifestation[19]. Cette vérification et ce constat peuvent se faire de nos jours, sur les réseaux sociaux par exemple. Ce premier critère est confirmé par une décision du Tribunal administratif de Nantes[20]. Dans cette décision du TA de Nantes, le juge a confirmé l'interdiction de manifester prononcée par l'autorité administrative sur la base d'enquêtes menées sur les réseaux sociaux qui ont révélé « l'existence d'appels à la haine et à la violence contre les forces de l'ordre ».

Deuxièmement, l'autorité administrative doit prendre en compte ce qui est communément appelé les précédents. Il s'agit pour elle de vérifier les conditions dans lesquelles les manifestations précédemment organisées par les mêmes personnes physiques ou morales se sont déroulées notamment si elles ont de manière avérée, troublé l'ordre public. Ce critère a été invoqué pour interdire une manifestation des militants anti-IVG de l'association « SOS tout-

---

[16] CE, 9 juill. 2003, n° 229618, *Lecomte et Association AC Confluent* ; CE, ord., 17 avr. 2012, n° 358495, *Commune de Saint-Cyr-l'Ecole*.

[17] CEDH, 30 avril 2019, n° 48310/16 et 59663/17, *Kablis c/Russie* ; CEDH, 30 avril 2019, n° 60921/17 et 7202/18, *Elvira Dmitriyeva c/ Russie*.

[18] CE, ord., 31 octobre 2013, *Association Droit au logement Paris et environs* ; CE, 19 février 1954, *Union des syndicats ouvriers de la région parisienne*.

[19] CE, 12 octobre 1983, *Commune de Vertou*, n° 41410, publié dans *Le Recueil Lebon*.

[20] TA Nantes, ord., 2 août 2019, n° 1908563.

petit ». Cette association était reconnue pour avoir organisé plusieurs mouvements d'envahissement d'hôpitaux au cours desquels des menaces et des intimidations ont été proférées à l'endroit des médecins et des patients. Sur la base du passif de cette association, l'autorité administrative a prononcé à son encontre une interdiction de manifester aux alentours d'une clinique ou d'un hôpital[21]. Par ailleurs, dans le cadre des manifestations des « gilets jaunes » qui avaient lieu tous les samedis et donnaient lieu à des affrontements violents entre les manifestants et les forces de l'ordre dans le centre-ville de Bordeaux, le Tribunal administratif de Bordeaux a relevé « le contexte répété et notoire de troubles graves à l'ordre public dans le centre-ville[22] » pour confirmer l'interdiction de manifester prononcée par l'autorité administrative.

Quant au troisième critère qui peut être invoqué dans le but de prononcer une interdiction de manifester, il est relatif à la faiblesse de l'effectif des forces de l'ordre. Cette faiblesse peut s'expliquer selon Lauren Bakir[23], par deux éléments qui sont relatifs d'une part au contexte terroriste qui implique une mobilisation importante des forces de l'ordre « qui ne sauraient de ce fait se trouver en nombre suffisant pour surmonter les difficultés spécifiques générées » par le parcours projeté pour manifester. D'autre part, le déroulement simultané de la manifestation avec la tenue d'autres événements peut justifier cette faiblesse des effectifs des forces de l'ordre pour encadrer la manifestation.

Pour finir, le critère retenu par les tribunaux et qui peut être aussi soulevé par l'autorité administrative en vue de prononcer l'interdiction de manifester est celui relatif à la possibilité de sécuriser ou non l'itinéraire ou le lieu de la manifestation. C'est à cet effet que le Conseil d'État a jugé que,

> eu égard […] à la fréquentation touristique particulièrement importante du parvis de la cathédrale Notre-Dame-de-Paris, et compte tenu de la difficulté d'emploi des forces de l'ordre dans ce lieu, la manifestation projetée était de nature à troubler l'ordre public ; qu'ainsi, en interdisant par l'arrêté attaqué, lequel n'est pas le résultat d'une politique d'interdiction générale et absolue des manifestations de l'association SOS TOUT-PETITS, le rassemblement prévu par cette association, le préfet de police de Paris n'a commis, contrairement à ce que soutiennent les requérants, ni d'erreur de fait ni d'erreur d'appréciation au regard des dispositions de l'article 3 du décret du 23 octobre 1935[24].

Ces critères conformes à la jurisprudence européenne[25] sont les seuls valables en matière de restriction à la liberté de manifester dans un État de droit. Le but de ces critères est de prévenir les éventuels troubles à l'ordre public.

---

[21] O. Le Blot, « La liberté de manifestation en France : un droit fondamental sur la sellette ? », *op.cit*, p.7.

[22] TA Bordeaux, ord., 29 mars 2019, n° 1901484.

[23] L. Bakir, « Les mutations récentes de la liberté de manifester en France », *op. cit.*

[24] CE, 30 décembre 2003, *Lehembre*, n° 248284.

[25] CEDH, gde ch., 28 nov. 2017, n° 72508/13, *Merabishvili c/ Géorgie*, § 294-302, *AJDA*, 2018.

Or, en ce qui concerne l'article 3 de la loi dite « anticasseurs », celui-ci n'exige pas de l'autorité administrative de prendre en compte l'ensemble de ces critères sus-évoqués afin de prononcer une interdiction de manifester. Dans sa formulation « [...] sous certaines conditions, d'interdire à une personne de participer à une manifestation sur la voie publique », l'article 3 de ladite loi brille par son caractère évasif. Il ne détermine pas avec précision les conditions selon lesquelles l'interdiction de manifester peut être prononcée et ne précise pas non plus s'il faut se référer aux conditions connues. Cette imprécision octroie à l'autorité administrative un large pouvoir difficilement contrôlable.

C'est donc à juste titre que cet article a été censuré par le Conseil constitutionnel pour sa non-conformité aux normes européennes et constitutionnelles en vigueur.

II. Une censure justifiée pour la protection de la liberté de manifester

L'article 3 de la loi a également été censuré par le Conseil constitutionnel parce qu'il présentait des germes liberticides (B) qui constituaient de véritables contradictions aux fondements de la liberté de manifester (A).

A. Les fondements de la liberté de manifester

Bien que perçue de nos jours comme une liberté évidente dans un État de droit et dans une société démocratique, la liberté de manifester n'a été consacrée clairement par aucun texte, qu'il soit constitutionnel ou européen. En effet, la liberté de manifester n'est consacrée ni dans la Constitution, ni dans un traité international et encore moins dans la grande loi de la IIIe République. C'est grâce à la jurisprudence de la Cour européenne des droits de l'homme que les fondements de la liberté de manifester ont été posés.

La CEDH s'est basée sur l'article 11 de la Convention européenne de sauvegarde des droits de l'homme qui consacre la liberté de réunion pacifique pour poser les jalons de la liberté de manifester[26]. C'est dans le cadre de l'affaire *Ezelin contre France* que la Cour européenne a affirmé que l'article 11 de la Convention pouvait s'appliquer en matière de protection de la liberté de manifestation. Dans cette affaire, la Cour a décidé que « la liberté de participer à une réunion pacifique — en l'occurrence une manifestation non prohibée — revêt une telle importance qu'elle ne peut subir une quelconque limitation, même pour un avocat, dans la mesure où l'intéressé ne commet par lui-même, à cette occasion, aucun acte répréhensible[27] ». Malgré cette affirmation qui semble claire, le constat est que la Cour a été timide sur l'importance ou la sacralisation de la liberté de manifester.

---

[26] R. Letteron, « les débris de la loi « anti-casseurs » », *AJ Pénal*, 2019, p. 259.

[27] CEDH, 18 mars 1991, *Ezelin c. France*, req. n° 21/1990/212/274.

Par ailleurs, dans l'affaire *Ezelin contre France*, la Cour n'a pas que relié la liberté de manifestation à la liberté de réunion pacifique. Elle l'a aussi articulé à la liberté d'expression par le canal de l'article 10 de la Convention relatif à la liberté d'expression. La Cour affirme que « dans les circonstances de la cause, l'article 10 s'analyse en une *lex generalis* par rapport à l'article 11, *lex specialis*, de sorte qu'il n'y a pas lieu de le prendre en considération séparément ». Elle apporte plus de précision en énonçant que « malgré son rôle autonome et la spécificité de sa sphère d'application, l'article 11 doit en l'occurrence s'envisager à la lumière de l'article 10. La protection des opinions personnelles, assurées par l'article 10, compte parmi les objectifs de la liberté de réunion pacifique telle que la consacre l'article 11[28] ».

Au niveau national, c'est le Conseil constitutionnel qui dans une décision a affirmé que la liberté de manifester est articulée au « droit d'expression collective des idées et des opinions[29] » conformément à l'article 10 de la Déclaration des droits de l'homme et du citoyen. La jurisprudence constitutionnelle est restée constante à ce niveau puisqu'elle a rendu ces dernières années des décisions confirmant ses positions sur la question[30].

Cette doublette de fondements de la liberté de manifester n'a aucun impact négatif sur son application dans une société qui se veut démocratique. Que ce soit au niveau de la Cour européenne ou au niveau du Conseil constitutionnel, le point commun est la nécessité d'établir un équilibre entre l'exercice de la liberté de manifester et la protection de l'ordre public.

C'est l'article 11 § 2 de la Convention qui autorise les restrictions à la liberté de manifester. Selon cet article, les restrictions à la liberté de manifester doivent être prévues par la loi et adoptées seulement lorsqu'elles sont nécessaires à la sécurité nationale, à la sûreté publique, à la défense de l'ordre et à la prévention du crime, à la protection de la santé ou de la mort, ou à la protection des droits et libertés d'autrui[31]. Pour adopter une restriction à la liberté de manifester, il faut qu'il existe « un besoin social impérieux qui rend impossible l'exercice de la liberté de manifester[32] ». Que la manifestation soit légale ou non au regard du droit interne de l'État, ce n'est pas ce caractère qui doit être pris en compte pour interdire la manifestation[33]. La Cour européenne s'est voulue claire à ce niveau et s'est refusé de prendre en compte les qualifications de droit interne. C'est à cet effet qu'elle a affirmé que l'article 11 sus-évoqué s'appliquait à une conférence de presse tenue par des

---

[28] *Ibid.*

[29] Conseil constitutionnel, 18 janvier 1995, n° 94-352.

[30] Conseil constitutionnel, 16 mars 2017 et 4 avril 2019.

[31] C. Denizeau, « La liberté de manifestation en droit européen », *in* A. Duffy-Meuner et T. Perroud (dir.), *La liberté de manifester et ses limites : perspective de droit comparé*, actes de colloque, Aix-Marseille, 2019, p. 26, https://journals.openedition.org/revdh/2956?file=1.

[32] C. Denizeau, « La liberté de manifestation en droit européen », *op. cit.*, p. 27.

[33] *Ibid.*

militants Kurdes qui a été requalifiée et interdite par les autorités turques. Elle a renchéri en affirmant que les mesures dirimantes d'interdiction même en absence de troubles à l'ordre public avérés ne contribuent pas à faire avancer la démocratie[34].

La Cour précise également que si les troubles à l'ordre public ne sont pas avérés, l'interdiction de la manifestation est jugée illégale. C'est ainsi que le maire de Varsovie a vu sa décision d'interdire un défilé visant à protester contre les discriminations à l'égard des minorités homosexuelles qualifiée d'illégale au motif que cette manifestation ne présentait aucun risque de troubles à l'ordre public avéré qui nécessitait cette interdiction.

Dans l'optique de garantir cette liberté et de la rendre inviolable du fait de sa sacralisation dans une société dite démocratique ou dans un État de droit, il est primordial que toute loi qui viendrait à la restreindre ne le fasse pas de façon imprécise voire lapidaire. Pourtant, c'est ce que présentait l'article 3 de la loi dite « anticasseurs » en donnant la possibilité à l'autorité administrative d'interdire de manifester sans conditions claires et précises. Ainsi, cet article bafouait la liberté de manifester et était porteur de germes liberticides.

B. Les germes liberticides contenus dans l'article 3 de la loi dite « anticasseurs »

Selon les prescriptions de la Cour européenne des droits de l'homme, les autorités administratives nationales ont l'obligation de « prendre les mesures nécessaires pour toute manifestation légale afin de garantir le bon déroulement de celle-ci et la sécurité de tous les citoyens[35] ». La Cour octroie également aux autorités administratives nationales « un large pouvoir d'appréciation dans le choix de la méthode à utiliser[36] ».

C'est dans l'idée de ces prescriptions jurisprudentielles que la loi du 10 avril 2019 visant à renforcer et garantir le maintien de l'ordre public lors des manifestations a été proposée avec un aspect préventif, répressif et civil.

Cependant, il figurait, dans cette proposition de loi, un article 3 qui donnait compétence à l'autorité administrative de prononcer une interdiction de manifester à l'encontre de toute personne susceptible de représenter un risque élevé de troubles à l'ordre public. Comme le révèlent la jurisprudence européenne et la jurisprudence constitutionnelle, le prononcé de l'interdiction de manifester n'est pas le problème de l'article 3 de ladite loi. Le problème est que l'interdiction de manifester ne peut être prononcée que sous forme de peine complémentaire par le juge pénal à l'égard d'une personne qui s'est rendue coupable de violences envers d'autres personnes, de détérioration de

---

[34] CEDH, 27 juin 2006, *Cetinkaya c. Turquie* ; CEDH, 2 oct. 2001, *Stankov c. Bulgarie*. Cf. C. Denizeau, *op. cit*, p. 27.

[35] CEDH, 5, décision 2006, *Oya Ataman, op. cit.* ; CEDH, 26 juill. 2007, *Makhmoudov c/ Russie*.

[36] CEDH, gde. ch., *Kudrevicius et a. c/ Lituanie, op. cit.*

biens ou de diffusions de procédés dont le but est d'élaborer des engins de destruction. C'est l'article L.211-13 du Code de la sécurité intérieure qui prévoit l'application de cette peine complémentaire.

Par ailleurs, dans le seul cadre particulier de l'état d'urgence, les préfets peuvent dans le but de prévenir des troubles à la sécurité et à l'ordre public interdire « à toute personne à l'égard de laquelle il existe des raisons sérieuses de penser que son comportement constitue une menace pour la sécurité et l'ordre public » de séjourner dans tout ou partie du département[37].

Or, l'article 3 ne s'inscrivait pas convenablement dans la ligne directrice de la jurisprudence européenne. L'esprit de cet article prévoyait que la menace d'une particulière gravité à l'ordre public, nécessaire pour interdire le déroulement d'une manifestation relève, soit d'un « acte violent », soit « d'agissements » perpétrés lors de manifestations durant lesquelles des atteintes graves ont été constatées[38].

C'est donc dans un souci de conformité avec la jurisprudence européenne que le Conseil constitutionnel a dans sa décision du 4 avril 2019 censuré l'article 3 de ladite loi. Dans sa décision, le Conseil constitutionnel ne remet pas en cause le principe d'une interdiction administrative de manifester. Il a même souligné que la loi peut « priver une personne de son droit d'expression collective des idées et des opinions » dans l'unique optique de préserver la sauvegarde de l'ordre public. Cependant, le Conseil constitutionnel reproche au législateur de ne pas avoir convenablement encadré la compétence du préfet en la matière. En effet, l'article 3 brillait par son imprécision en prescrivant la possibilité de prononcer une interdiction de manifester contre une personne qui, « par ses agissements à l'occasion de manifestations sur la voie publique ayant donné lieu à des atteintes graves à l'intégrité physique des personnes ainsi qu'à des dommages importants aux biens ou par la commission d'un acte violent [...][39] ». Les termes « agissements » ou « actes violents » ne définissent pas clairement un acte ou un fait particulier. En sus, les dispositions de cet article ne précisaient pas si la sanction pour « agissements » ou « actes violents » pouvait être prononcée contre un individu en qualité d'auteur, de complice ou de témoin. Ces dispositions ne précisaient pas également la durée d'ancienneté que devaient avoir ces « agissements » ou « actes violents » pour être pris en compte lors du prononcé de la sanction[40].

En outre, le texte n'a pas été soumis à un avis du Conseil d'État et encore moins à une étude d'impact. C'est cette double carence, mais surtout les éléments liberticides que nous avons relevés plus haut qui ont amené le Conseil constitutionnel à censurer cet article au motif que les dispositions de

---

[37] E. Dupic, « Publication de la loi dite Anticasseurs visant à prévenir les violences lors des manifestations et à sanctionner les auteurs », *Gazette du Palais*, 16 avril 2019, n° 15.

[38] *Ibid.*

[39] Décision n° 2019-780 DC du 4 avril 2019.

[40] R. Letteron, « les débris de la loi « anticasseurs », *op. cit.*

celui-ci « laissent à l'autorité administrative une latitude excessive dans l'appréciation des motifs susceptibles de justifier l'interdiction ». Une latitude excessive qui est contraire à la constitution. De plus, le Conseil constitutionnel a rajouté « que compte tenu de la portée de l'interdiction contestée, des motifs susceptibles de la justifier et des conditions de sa contestation, le législateur a porté au droit d'expression collective des idées et des opinions une atteinte qui n'est pas adaptée, nécessaire et proportionnée ».

TITRE II

LES ECHECS PENDANT LA PHASE D'APPLICATION DU TEXTE

L'ECHEC NORMATIF EN DROIT JUDICIAIRE PRIVE : L'EXEMPLE DE LA JURIDICTION NATIONALE DES INJONCTIONS DE PAYER (« JUNIP »)

Guillaume PAYAN

1. Notion d'échec normatif. Les institutions juridictionnelles offrent diverses illustrations d'« échecs normatifs », du moins si l'on retient une définition large de cette notion. Dans le cadre de cette étude, elle sera entendue comme renvoyant à des situations dans lesquelles les dispositions d'un texte — loi ou décret — n'ont pas pu être mises en œuvre par les pouvoirs publics comme cela était initialement prévu.

2. Exclusion des expérimentations infructueuses. Dans cette optique, on est amené à écarter le cas d'une « expérimentation[1] » qui n'aurait pas été jugée suffisamment concluante pour être généralisée. Par hypothèse, dans cet exemple, une solution est « testée » pendant une durée déterminée et dans un secteur géographique limité. Lorsqu'elle donne satisfaction, elle est étendue sur le territoire. Dans le cas contraire, elle est abandonnée. On peut ici évoquer, par exemple, la participation des citoyens au fonctionnement des tribunaux correctionnels, testée du 1er janvier 2012[2] au 30 avril 2013[3].

Dans l'absolu, on peut voir, dans une expérimentation infructueuse, une situation d'échec. On peut en effet penser que les promoteurs de la réforme

---

[1] Sur cet outil, voy. en particulier Conseil d'État, *Les expérimentations : comment innover dans la conduite des politiques publiques ?*, Étude, La documentation française, 2019, https://www.conseil-etat.fr/actualites/ameliorer-et-developper-les-experimentations-pour-des-politiques-publiques-plus-efficaces-et-innovantes.

[2] Loi n° 2011-939 du 10 août 2011 sur la participation des citoyens au fonctionnement de la justice pénale et le jugement des mineurs, article 54.

[3] Un arrêté du 18 mars 2013 met fin à l'expérimentation des dispositions prévoyant la participation de citoyens assesseurs au fonctionnement de la justice pénale. En janvier 2012, cette expérimentation avait débuté dans les juridictions des ressorts des cours d'appel de Dijon et de Toulouse (arrêté du 12 octobre 2011).Dans un rapport faisant le bilan de l'expérimentation, réalisé — à l'initiative de la ministre de la justice — par deux avocats généraux de la Cour de cassation et diffusé le 28 février 2013, il est constaté que malgré « certains aspects positifs réels la réforme des citoyens assesseurs a augmenté le coût de la justice et allongé les délais d'audiencement sans que l'image de la justice ne s'en trouve améliorée ». Ce rapport « conclut que la nécessaire participation des citoyens au fonctionnement de la justice pénale peut s'exprimer plus efficacement d'autres manières et qu'il n'y a dès lors pas lieu d'étendre cette réforme sur l'ensemble du territoire national » (arrêté du 18 mars 2013, exposé des motifs).

espéraient une généralisation. Cependant, la qualification d'échec normatif ne semble pas tout à fait appropriée, car le texte prévoyant l'expérimentation est pleinement respecté.

En revanche, les institutions juridictionnelles offrent d'autres exemples dans lesquels la qualification d'échec normatif apparaît plus adaptée.

3. Exemple des juridictions de proximité. Peuvent ici être brièvement évoquées les juridictions de proximité instituées par la loi n° 2002-1138 du 9 septembre 2002. Ces juridictions statuaient à juge unique et étaient compétentes en matière pénale et en matière civile dans des litiges d'un faible montant[4]. En dépit d'une réforme opérée en 2005 visant à modifier en profondeur les règles de compétence applicables[5], il avait ensuite été décidé — dans la loi n° 2011-1862 du 13 décembre 2011 — de supprimer[6] ces juridictions de proximité, tout en maintenant les juges de proximité[7]. Il est remarquable que les raisons ayant présidé à la création de ces juridictions — ayant trait à l'objectif de proximité judiciaire — sont similaires à celles qui ont été invoquées pour justifier leur disparition. Au soutien de la disparition de ces juridictions, étaient avancés la complication excessive du dispositif ainsi que le besoin d'améliorer l'organisation et le fonctionnement du service public de la justice.

Quoi qu'il en soit, les dispositions de cette loi de 2011 organisant la disparition de ces juridictions devaient entrer en vigueur le 1er janvier 2013[8]. Cependant, cette date a été reportée au 1er janvier 2015[9], puis au 1er janvier

---

[4] Initialement, en matière civile, ces juridictions étaient en principe compétentes pour connaître des actions personnelles mobilières jusqu'à une valeur de 1500 euros (COJ, ancien article L. 331-2). Il s'agissait, par exemple, d'action en paiement résultant d'une reconnaissance de dettes entre particuliers.

[5] Loi n° 2005-47 du 26 janvier 2005 relative aux compétences du tribunal d'instance, de la juridiction de proximité et du tribunal de grande instance. Cette réforme s'est traduite par une extension du taux de compétence, ces juridictions devenant en principe compétentes pour connaître des actions personnelles ou mobilières jusqu'à la valeur de 4000 euros (COJ, article L. 331-2).

[6] Cette suppression avait été proposée par la Commission Guinchard (Commission sur la répartition des contentieux, *L'ambition raisonnée d'une justice apaisée*, La documentation française, collection des rapports officiels, 2008, spéc. p. 207). Si elle ne manquait pas de justification, d'autres hypothèses d'évolution — axées notamment sur une redéfinition de leur originalité — semblaient également tout à fait envisageables. À ce sujet, voir : G. Payan, « Les juridictions de proximité statuant en matière civile (2003-2013) : bilan d'un nouvel ordre de juridictions », *RRJ*, 2012/4, p. 1727.

[7] Loi n° 2011-1862 du 13 décembre 2011 relative à la répartition des contentieux et à l'allègement de certaines procédures juridictionnelles, spéc. article 1er. Voir par ex. : C. Humann, « Les juridictions de proximité sont mortes, vive les juges de proximité ! », *Petites Affiches*, 9 février 2012, p. 3 ; M. Vericel, « L'abandon de la justice de proximité en matière civile : loi du 13 décembre 2011 », *JCP* éd. G., 13 février 2012, étude n° 194.

[8] Loi n° 2011-1862 du 13 décembre 2011, article 70.

[9] Loi n° 2012-1441 du 24 décembre 2012 relative aux juridictions de proximité, article unique.

2017[10], et enfin au 1er juillet 2017[11]. On constate d'ailleurs que les lois qui ont allongé la durée d'exercice de ces juridictions ont été adoptées quelques jours seulement avant l'échéance.

Pour expliquer ces reports consécutifs, on a pu avancer en doctrine qu'il n'était point aisé de faire disparaître une juridiction dont l'activité est aussi importante, à savoir environ 73 000 décisions par an[12]. L'évolution récente des institutions juridictionnelles marquée par la disparition des tribunaux d'instance et de grande instance au profit de la création des tribunaux judiciaires démontre que cette explication ne peut à elle seule suffire. Une autre explication peut être trouvée sur le terrain budgétaire. Les juges de proximité n'étaient pas des magistrats professionnels. Pour rappel, ils percevaient une indemnité de vacation forfaitaire dont les modalités étaient définies par décret. Il était précisé — de façon très critiquable — que cette indemnité de vacation n'était attribuée que « dans la limite des crédits ouverts à cet effet au budget du ministère de la Justice[13] ».

Ainsi, avec les juridictions de proximité, dont la durée d'existence a — au gré de réformes successives — momentanément été prolongée, les institutions juridictionnelles fournissent un bel exemple d'« échec normatif ».

4. L'exemple de la JUNIP. Dans le domaine des institutions juridictionnelles, on perçoit une autre illustration de tels échecs normatifs : celle relative à la juridiction nationale des injonctions de payer[14], très vite baptisée « JUNIP ». Là encore, il est question de la suppression d'une juridiction du paysage juridictionnel français. Cependant, l'échec se traduit de façon différente, presque opposée. La JUNIP est une juridiction « mort-née », supprimée avant d'avoir pu entrer en fonction.

5. La genèse de la JUNIP. Pour prendre la mesure de cet échec normatif, il y a lieu de préciser à titre liminaire quelques éléments du contexte législatif marqué par l'adoption de la loi n° 2019-222 du 23 mars 2019 de programmation 2018-2022 et de réforme pour la justice ainsi que par la réflexion d'ampleur — baptisée les « Chantiers de la justice » — qui l'a précédée. Officiellement lancée le 6 octobre 2017, cette réflexion s'est matérialisée par la rédaction de différents rapports, dont le Rapport Agostini-

---

[10] Loi n° 2014-1654 du 29 décembre 2014 de finances pour 2015, article 99.

[11] Loi n° 2016-1547 du 18 novembre 2016 de modernisation de la justice du XXIe siècle, article 15.

[12] Par ex., F. Kernakeguen, *Institutions judiciaires*, Paris, Lexis Nexis, 6e éd., 2015, spéc. p. 124.

[13] Décret du n° 93-21 du 7 janvier 1993, ancien article 35-14.

[14] Sur cette juridiction, voy. en particulier D. Cholet, « Tribunal judiciaire (à désigner), Juridiction nationale de l'injonction de payer », *in* S. Guinchard (dir.), *Droit et pratique de la procédure civile 2021/2022*, Paris, Dalloz, 10e éd., 2021, p. 220 ; C. Blery, « Vers une juridiction nationale de traitement dématérialisé des injonctions de payer », *Dalloz actualité*, 29 mars 2018.

Molfessis sur l'amélioration et la simplification de la procédure civile[15]. Parmi les nombreuses préconisations formulées, l'une intéresse la procédure d'injonction de payer. Pour mémoire, il s'agit d'une procédure simplifiée, rapide[16] et peu coûteuse, permettant aux demandeurs de solliciter, auprès du juge compétent (à savoir, le juge des contentieux de la protection, le président du tribunal judiciaire ou le président du tribunal de commerce du lieu où demeure le prétendu débiteur), le recouvrement de certaines créances[17] impayées, conformément aux dispositions des articles 1405 et suivants du code de procédure civile[18]. Déclenchée par une requête, cette procédure débute par une première phase non contradictoire. Au regard des éléments figurant dans l'acte introductif et dans les documents justificatifs l'accompagnant, si la « demande lui paraît fondée en tout ou partie[19] », le juge peut délivrer une ordonnance portant injonction de payer pour la somme qu'il précise. Cette ordonnance est alors signifiée à l'adversaire, lequel dispose d'un mois pour former une opposition. Si une opposition est régulièrement formée, la procédure se poursuit de façon contradictoire devant la juridiction compétente. Dans le cas contraire, l'ordonnance devient un titre exécutoire, rendant possible l'usage des procédures civiles d'exécution.

Dans le rapport Agostini-Molfessis, il était recommandé de créer une juridiction à compétence nationale en matière d'injonction de payer. Cette idée, qui figurait déjà en germe dans le rapport de l'Institut Montaigne de 2017[20], avait été, semble-t-il, plutôt bien accueillie par la doctrine[21] et par les praticiens du droit[22]. Comme beaucoup d'autres suggérées dans le rapport

[15] F. Agostini et N. Molfessis (dir.), *Chantiers de la justice : amélioration et simplification de la procédure civile*, http://www.justice.gouv.fr/publication/chantiers_justice/Chantiers_justice_Livret_03.pdf.

[16] En 2019, la moitié des ordonnances d'injonction de payer ont été prononcées en moins de 36 jours. En ce sens, Rapport n° 4146 fait au nom de la Commission des lois de l'Assemblée nationale, par S. Mazars, le 7 mai 2021.

[17] Il peut s'agir d'une créance ayant une « cause contractuelle » ou résultant d'une « obligation à caractère statutaire » (par ex., des charges de copropriété ou les cotisations à un ordre professionnel) qui s'élève à un « montant déterminé ». De même, cette procédure peut être employée lorsque l'« engagement résulte de l'acceptation ou du tirage d'une lettre de change, de la souscription d'un billet à ordre, de l'endossement ou de l'aval de l'un ou l'autre de ces titres ou de l'acceptation de la cession de créances conformément à la loi n° 81-1 du 2 janvier 1981 facilitant le crédit aux entreprises » (CPC, article 1405).

[18] Pour un recul historique et comparatiste, voy not. H. Solus et R. Perrot, *Droit judiciaire privé*, t. 3. *Procédure de première instance*, Paris, Sirey, 1991, spéc. p. 1185.

[19] À défaut, il prononce une ordonnance de rejet (CPC, article 1409).

[20] Ses auteurs appelaient de leurs vœux la mise en place d'une « juridiction numérique délocalisée […], dans le respect des garanties fondamentales propres à l'organisation judiciaire », Institut Montaigne, *Justice : faites enter le numérique*, 2017, spéc. p. 32, https://www.institutmontaigne.org/ressources/pdfs/publications/justice-faites-entrer-le-numerique-rapport.pdf.

[21] Par ex., C. Blery, « Amélioration et simplification de la procédure civile : du bon et du moins bon », *Dalloz actualité*, 7 février 2018.

[22] En ce sens, S. Dorol, « L'injonction de payer 2022 : vices et vertus », *Lexbase Lettre juridique*, 10 mars 2022, n° N0672BZW.

Agostini-Molfessis, cette préconisation a été reprise dans le projet de loi de programmation pour la justice 2018-2022 et, après différentes modifications[23], a ensuite été intégrée dans la loi n° 2019-222 du 23 mars 2019.

6. La compétence de la JUNIP. L'article 27 de la loi n° 2019-222 du 23 mars 2019, inséré dans le code de l'organisation judiciaire aux articles L. 211-17 et L. 211-18, innovait en définissant l'office de cette juridiction civile à compétence nationale. Il était prévu que cette juridiction — en l'occurrence, un tribunal judiciaire spécialement désigné par décret — soit compétente pour connaître non seulement des « demandes d'injonction de payer, à l'exception de celles relevant de la compétence d'attribution du tribunal de commerce lorsqu'elle est exercée par la juridiction mentionnée à l'article L. 721-1 du Code de commerce », mais également des demandes formées en application du règlement (CE) n° 1896/2006 du 12 décembre 2006 portant création d'une procédure européenne d'injonction de payer[24].

7. La portée de la réforme. Cette réforme poursuivait un double objectif, à savoir : « unifier la jurisprudence en matière d'injonction de payer et permettre une instruction rapide des procédures[25] ». Dans cette optique, deux traits caractéristiques animaient la procédure ainsi créée.

Tout d'abord, le législateur de 2019 avait retenu la solution de la formation, par voie dématérialisée, des demandes d'injonction de payer. À vrai dire, cette solution souffrait d'importantes limites par rapport au dispositif envisagé dans la première mouture du projet de loi. Pouvaient être adressées au greffe sur support papier : d'une part, les demandes formées par les personnes physiques n'agissant pas à titre professionnel et étant non représentées par un mandataire ainsi que, d'autre part, les demandes d'injonction de payer européenne.

Ensuite, la centralisation du contentieux n'était que partielle. En ce sens, si les éventuelles oppositions contre les ordonnances portant injonction de payer devaient être formées devant la JUNIP, celles-ci — après transmission par le greffe de la JUNIP — devaient être traitées[26] par les tribunaux judiciaires territorialement compétents répartis sur le territoire.

Ainsi libellée, la loi du 23 mars 2019 marquait déjà un recul au regard de l'article 13 du projet de loi de mars 2018 de programmation et de réforme pour

---

[23] Voir *infra* n° 7.

[24] *JOUE* n° L 399, 30 décembre 2006, p. 1. Voy. égal. CPC, article 1424-1 et s.

[25] Rapport n° 4146 fait au nom de la Commission des lois de l'Assemblée nationale, par S. Mazars, le 7 mai 2021.

[26] Sous réserve de respecter les conditions posées par l'article L. 212-5-2 du COJ, il était toutefois prévu que ces oppositions pouvaient être traitées dans le cadre d'une procédure dématérialisée.

la justice. En effet, à l'origine des travaux parlementaires[27], il était envisagé que la JUNIP soit également compétente pour connaître des « oppositions aux ordonnances portant injonction de payer lorsqu'elles tendent exclusivement à l'obtention de délais de paiement » et que la procédure applicable devant cette juridiction[28] soit entièrement dématérialisée.

8. La disparition de la JUNIP. Quoi qu'il en soit, 33 mois plus tard, la loi n° 2021-1729 du 22 décembre 2021 pour la confiance dans l'institution judiciaire a consacré la disparition de cette juridiction[29].

Sans doute l'organisation juridictionnelle française n'est-elle point immuable. Des juridictions sont créées, d'autres disparaissent. Pourtant, la situation de la JUNIP est singulière, à plus d'un titre.

D'une part, sa création et sa disparition ont été opérées lors du même quinquennat, par la même majorité politique[30] et à la faveur d'un amendement déposé par le gouvernement[31]. Élément notable, toutefois, le ministre de la Justice est différent, Monsieur Dupond-Moretti ayant succédé à Madame Belloubet. D'autre part, cette juridiction disparaît avant même d'avoir pu traiter la moindre affaire. Initialement, il était prévu qu'elle soit opérationnelle le 1er janvier 2021[32]. Par la suite, la date de l'entrée en vigueur de la création de la JUNIP a été reportée au 1er septembre 2021[33]. Ensuite, afin d'« assurer dans de bonnes conditions la transition » vers un traitement du contentieux de l'injonction de payer vers cette juridiction[34], il a été envisagé de repousser cette date au 1er septembre 2023[35], avant que les textes régissant cette juridiction ne soient finalement abrogés. Selon toute vraisemblance, la JUNIP aurait dû être située à Strasbourg[36]. Tout porte à croire qu'un lieu avait été

---

[27] Ces travaux se basaient sur la proposition n° 7 du rapport F. Agostini et N. Molfessis (dir.), *Chantiers de la justice : amélioration et simplification de la procédure civile*, préc., spéc. p. 10, en l'occurrence : « Créer une juridiction nationale dématérialisée de l'injonction de payer, entièrement numérique ».

[28] Étaient visés la formation et le traitement aussi bien des demandes d'injonction de payer, que des oppositions aux ordonnances portant injonction de payer entrant dans la compétence de cette juridiction.

[29] Loi n° 2021-1729, 22 décembre 2021, article 57.

[30] Assemblée nationale, XVe législature, Séance ordinaire de 2020-2021, 3e séance du 20 mai 2021. Madame la députée L. Avia indique que le groupe LREM soutiendra la suppression de la JUNIP, visé par l'amendement n° 864 présenté par le Garde des sceaux.

[31] Assemblée nationale XVe législature, Séance ordinaire de 2020-2021, 3e séance du 20 mai 2021.

[32] Loi n° 2019-222 du 23 mars 2019, article 109, IX.

[33] Loi n° 2020-734, 17 juin 2020, article 25, I. 2).

[34] Rapport n° 4146 fait au nom de la Commission des lois de l'Assemblée nationale, par S. Mazars, le 7 mai 2021.

[35] Projet de loi n° 4091 pour la confiance dans l'institution judiciaire, article 35, tel qu'enregistré à la Présidence de l'Assemblée nationale le 14 avril 2021.

[36] Le choix de Strasbourg — ville du siège officiel du Parlement européen — est assez symbolique, dès lors que la JUNIP aurait eu à traiter également de la procédure d'injonction de payer européenne.

identifié au sein de la ville pour établir les locaux de cette juridiction et que des magistrats avaient déjà été sollicités, au moins de façon informelle, pour y siéger.

Cette singularité autorise à voir dans la suppression de la JUNIP une illustration originale et intéressante d'un échec normatif.

9. Plan. Après avoir tenté d'identifier les principales raisons de cet échec (I), il conviendra d'en mesurer la portée (II). À cet égard, si la disparition de la JUNIP est actée, il semble que l'on soit en présence d'un échec en demi-teinte.

I. Les raisons avancées de l'échec : une justification peu convaincante

10. La pluralité de raisons. Il est assurément délicat d'affirmer de façon péremptoire qu'une raison en particulier est à l'origine de la disparition de la JUNIP et, par extension, de l'échec normatif que cette disparition traduit. En revanche, il est permis de lister les principales explications avancées — par le pouvoir exécutif et/ou à l'occasion des travaux parlementaires — pour justifier ce choix et tenter d'en apprécier la pertinence. À ce titre, si l'on s'en tient à l'exposé des motifs de la loi du 22 décembre 2021, on est frappé par le caractère succinct et pas toujours convaincant des arguments formulés.

Sans qu'il y ait une frontière étanche entre ces deux séries de raisons, peuvent être distinguées, d'une part, celles d'ordre juridique et politique (A) ainsi que, d'autre part, celles de nature technique et budgétaire (B).

A. Les raisons juridiques et politiques

11. Deux raisons ont été invoquées pour tenter d'expliquer le changement de cap du pouvoir exécutif. Alors que la première est en relation avec la poursuite de l'objectif de proximité judiciaire (1), la seconde est relative aux dangers potentiels de la dématérialisation (2).

1. L'objectif de proximité judiciaire

12. Le contexte de crise sanitaire et économique. L'exposé des motifs de la loi n° 2021-1729 du 22 décembre 2021 pour la confiance dans l'institution judiciaire — et, plus précisément, le passage relatif à l'article 35 du projet de loi — révèle une première explication de ce qui ne devait être qu'un report de l'entrée en vigueur de la création de la JUNIP au 1er septembre 2023. Il en ressort que la « centralisation du traitement de l'impayé au sein d'une juridiction unique s'avère, en l'état de la crise sanitaire et économique que traverse le pays, peu compatible avec le renforcement souhaité de la justice de proximité pour laquelle sont mobilisés, dans l'immédiat, les moyens nouveaux[37] ». On comprend donc que l'explication principale repose sur l'objectif de proximité judiciaire, même si, de prime abord, le lien unissant la poursuite de cet objectif avec la crise sanitaire et économique n'apparaît pas de façon évidente[38].

13. La polysémie des termes « proximité judiciaire ». Ces dernières années, il a beaucoup été question de la « justice de proximité » ou de la « proximité judiciaire ». À la réflexion, la préoccupation est ancienne[39], mais la notion demeure délicate à appréhender. Selon une formule souvent utilisée, il s'agit de parvenir à « une justice plus proche des justiciables ». Deux critères de la justice de proximité sont habituellement retenus[40] : un critère géographique et un critère « qualitatif »[41]. On perçoit aisément ce à quoi correspond la proximité géographique ou territoriale. Les distances à parcourir par les justiciables ne doivent pas être telles que le temps et le coût occasionnés par les trajets deviennent dissuasifs. On s'accorde pour affirmer que cet aspect de la proximité judiciaire a aujourd'hui perdu de son importance. Inversement, l'importance du critère qualitatif paraît grandissante. Pour le professeur Roger Perrot, « la proximité est aujourd'hui dans la tête des plaideurs[42] ». Dans cette seconde acception, la proximité

---

[37] https://www.legifrance.gouv.fr/dossierlegislatif/JORFDOLE000043370376/?detailType=EXPOSE_MOTIFS&detailId=Adde, Assemblée nationale, XVe législature, Séance ordinaire de 2020-2021, 3e séance du 20 mai 2021. Madame la députée L. Avia indique que la JUNIP était « un dispositif ambitieux qui reposait à la fois sur une dématérialisation et sur une centralisation auprès du tribunal de Strasbourg. Une autre direction est désormais prise qui, dans l'ensemble des textes [votés par la majorité présidentielle], repose davantage sur la recherche de proximité. C'est donc par cohérence que cette procédure centralisée peut être remise en cause ».

[38] Ce lien apparaît en revanche plus évident lorsque l'on raisonne par rapport aux éventuelles défaillances de l'outil informatique (voir *infra* n° 18) ou, plus généralement, au regard de la place accordée aux nouvelles technologies de la communication. À rapprocher avec Rapport n° 4146 fait au nom de la Commission des lois de l'Assemblée nationale, par S. Mazars, le 7 mai 2021. Au soutien d'un report de la réforme, le rapporteur indique que « l'étude d'impact précise que le contexte de la crise sanitaire a conduit le ministère [de la justice] à travailler à de nouvelles modalités de traitement dématérialisé des requêtes "qui a permis la poursuite du traitement des injonctions de payer par les juridictions dans le respect des impératifs sanitaires" ». Selon lui, le report de deux ans de l'entrée en application de la réforme devait permettre d'« intégrer ces développements récents à la mise en œuvre de la dématérialisation de la procédure ».

[39] En ce sens, par ex., Y. Desdevises, « *Proximus, proxima, proximum* », *in Mélanges Pierre Julien, La justice civile au vingt et unième siècle*, Paris, Edilaix, 2003, p. 156.

[40] Les différents aspects de la proximité judiciaire répertoriés par la doctrine sont généralement les mêmes mais sont parfois présentés selon une classification différente. Par ex., un auteur distingue une « proximité spatiale », une « proximité temporelle » et une « proximité humaine (ou psychologique) » (R. Montagnon, *Quel avenir pour les juridictions de proximité* ?, Paris, L'Harmattan, coll. « Bibliothèques de droit », 2006, spéc. p. 15).

[41] En ce sens, J. Beauchard, « V° Proximité (Justice de) », *in* L. Cadiet (dir.), *Dictionnaire de la Justice*, Paris, PUF, 2004, p. 1103. Voir égal. Commission sur la répartition des contentieux (présidée par M. Serge Guinchard), *L'ambition raisonnée d'une justice apaisée*, Paris, La documentation française, collection des rapports officiels, 2008, spéc. p. 203.

[42] R. Perrot, « Les illusions de la proximité judiciaire », *Procédures*, mai 2004, p. 3.

judiciaire est « essentiellement d'ordre psychologique et social[43] ». Elle peut correspondre à la complexité et au coût des procédures[44] applicables devant les juridictions saisies. De même, elle peut avoir trait à la rapidité[45] avec laquelle une décision de justice est obtenue ou, plus généralement, à la rapidité avec laquelle il est mis fin à un conflit. Cette proximité psychologique peut également reposer sur des considérations plus abstraites telles que l'écoute des parties, la disponibilité[46] du juge, la qualité de l'accueil dans les juridictions, *etc.* On éprouve alors une difficulté certaine pour définir avec précision cet aspect qualitatif de la proximité judiciaire.

14. La JUNIP : obstacle à la proximité judiciaire ? En quoi la création de la JUNIP nuit-elle à cette proximité judiciaire ? Le dispositif initialement prévu faisant la part belle à la dématérialisation, on peut légitimement considérer que la proximité « géographique » ne constitue pas un obstacle à la centralisation du traitement de la première phase de la procédure d'injonction de payer. Pour le dire autrement, l'usage des nouvelles technologies de la communication venait contrebalancer les inconvénients de l'éloignement géographique dans un souci de proximité judiciaire et, par extension, permet de nuancer la justification présente dans l'exposé des motifs de la loi n° 2021-1729 du 22 décembre 2021. Par ailleurs, l'objectif de proximité géographique est garanti, dans la seconde phase de la procédure, dès lors que le traitement des éventuelles oppositions formées contre les ordonnances d'injonction de payer entre dans la compétence des tribunaux judiciaires territorialement compétents. Aucun éloignement géographique majeur n'est alors à déplorer entre les parties et la juridiction appelée à connaître de l'affaire dans sa seconde phase procédurale.

En conséquence, serait en cause la proximité envisagée dans son aspect « qualitatif ». Dans ce cas, la difficulté porterait au contraire sur la dématérialisation de la procédure. Cependant, la disparition de la JUNIP ne signifie pas que l'on ait renoncé à opérer une dématérialisation accrue de la procédure d'injonction de payer[47]. Il est vrai que cette dématérialisation ne présente pas que des avantages. Ses dangers potentiels sont connus et ont également pu être avancés pour expliquer la disparition de la JUNIP.

---

[43] R. Perrot, « La justice de proximité », *in Studi di dirittoprocessuale civile in onore di Giuseppe Tarzia*, tomo I, Giuffrèeditore, 2005, p. 163.

[44] On a pu parler à cet égard de « proximité procédurale ». *Rapport du groupe de travail sur les juridictions de proximité, septembre 2003 — novembre 2005. Bilan et propositions*, Ministère de la Justice, 2005 dit « rapport Charvet-Vuillemin », spéc. p. 87, https://medias.vie-publique.fr/data_storage_s3/rapport/pdf/054000763.pdf.

[45] On a pu parler à cet égard de « proximité temporelle ». Rapport Charvet-Vuillemin, préc., p. 86.

[46] Sur ce point, voy. par ex. R. Martin, « Vous avez dit proximité ? », *D.* 2004, point de vue, p. 507.

[47] Voir *infra* n° 22 et s.

2. Les dangers de la dématérialisation

15. Le risque d'une déshumanisation. Dans le domaine de la justice, la dématérialisation est un mouvement de fond dont on ne cesse de dénombrer les manifestations. Ses dérives potentielles sont multiples. Ainsi en est-il notamment d'un possible accroissement de l'inégalité de traitement des justiciables[48], d'un risque de divulgation excessive de données à caractère personnel ou encore du danger de la déshumanisation[49]. Avec raison, le risque d'une déshumanisation de la justice est mis en avant de façon quasi systématique dans l'ensemble des travaux ayant trait à la digitalisation/dématérialisation de la justice. Ces travaux se rejoignent principalement autour de la nécessité de maintenir une place pour l'humain.

Cette préoccupation générale s'est manifestée à l'égard de la JUNIP. Le gouvernement, auteur de l'amendement à l'origine de la suppression de cette juridiction[50], a entendu se faire l'écho de l'inquiétude des magistrats et des greffiers. En ce sens, ainsi que cela ressort de l'exposé de cet amendement, on pourrait voir dans cette institution « les prémices d'une justice automatisée, dans laquelle le rôle du juge se trouverait amoindri en raison du grand nombre d'affaires à juger de manière répétitive, alors même que l'intervention du juge en la matière permet de préserver les droits de toutes les parties[51] ».

16. L'existence de garanties. L'inquiétude entourant l'usage des nouvelles technologies est légitime. Pour autant, certaines garanties existaient pour éloigner les dangers susmentionnés.

D'une part, telle que régie dans le code de l'organisation judiciaire, pour l'essentiel, la JUNIP n'était compétente que pour connaître la première phase non contradictoire de la procédure d'injonction de payer. Ainsi que cela a été indiqué[52], le (présumé) débiteur disposait de la possibilité de former opposition et le traitement de ce recours relevait de la compétence des juridictions réparties sur le territoire. Cette solution non seulement assurait au justiciable la possibilité de s'entretenir avec le ou les professionnels du droit chargés — à un titre ou à un autre — de traiter leur affaire, mais également

[48] On pense notamment aux justiciables qui n'ont pas accès à Internet.

[49] *Adde*, G. Payan, « Droits de l'homme et digitalisation de la justice », *Journal des tribunaux*, 2022/8, n° 6888, 26 février 2022, p. 117.

[50] Au soutien d'un autre amendement (n° 786) allant dans la même direction, porté par Madame la députée D. Obono, cette dernière indique que « l'objectif de la loi de programmation étant d'accélérer le traitement [des] litiges alors que ce ne peut être un objectif prioritaire […], cette nouvelle juridiction coïnciderait avec une dégradation de la qualité du contrôle juridictionnel, non pas que la valeur du travail des personnels soit en cause, mais le traitement de ce type de requêtes, parfois très techniques, ne figure pas parmi leurs compétences, ce qui risque de créer des préjudices pour les débiteurs » ; Assemblée nationale, XVe législature, Séance ordinaire de 2020-2021, 3e séance du 20 mai 2021.

[51] Cet extrait de l'amendement est reproduit *in* P. Januel, « Le gouvernement enterre la juridiction nationale des injonctions de payer », *Dalloz actualité*, 20 mai 2021.

[52] Voir *supra* n° 7.

garantissait un contrôle opéré par un juge « humain ». En outre, même dans l'hypothèse où la procédure devant la JUNIP aurait été totalement dématérialisée, les dispositions régissant le recours contre l'ordonnance prononcée par cette juridiction étaient de nature à éloigner le risque d'une éventuelle condamnation de la France pour violation de l'article 6 de la Convention européenne des droits de l'homme. À cet égard, le nécessaire respect du droit à un tribunal ne paraît pas totalement exclure la consécration de solutions qui reviendraient, par exemple, à prévoir, pour certains contentieux de masse et d'un montant de faible importance, l'instauration d'un traitement algorithmique préalable obligatoire, dès lors qu'un recours est ensuite garanti, contre la décision prononcée, devant un juge — personne humaine — qui respecte pleinement les exigences du droit à un procès équitable[53].

D'autre part, une dématérialisation totale de la procédure devant la JUNIP n'était pas inéluctable. Le législateur aurait pu tout à fait rassurer les professionnels ainsi que les justiciables en transposant les garde-fous prévus en matière de modes alternatifs de résolution des différends (MARD). Selon l'article 4-3 de la loi n° 2016-1547 du 18 novembre 2016, les services en ligne de médiation, de conciliation ou d'arbitrage

> ne peuvent avoir pour seul fondement un traitement algorithmique ou automatisé de données à caractère personnel. Lorsque ce service est proposé à l'aide d'un tel traitement, les parties doivent en être informées par une mention explicite et doivent expressément y consentir. Les règles définissant ce traitement ainsi que les principales caractéristiques de sa mise en œuvre sont communiquées par le responsable de traitement à toute partie qui en fait la demande. Le responsable de traitement s'assure de la maîtrise du traitement et de ses évolutions afin de pouvoir expliquer, en détail et sous une forme intelligible, à la partie qui en fait la demande la manière dont le traitement a été mis en œuvre à son égard.

Une disposition similaire aurait pu être prévue en matière de traitement des injonctions de payer.

B. Les raisons techniques et budgétaires

17. Aux côtés des raisons juridiques et politiques avancées dans l'exposé des motifs de la loi n° 2021-1729 du 22 décembre 2021 pour expliquer l'échec de la JUNIP, d'autres ont trait à une technologie défaillante (1). Au vrai, celles qui ont semble-t-il été déterminantes sont d'ordre budgétaire, en ce sens où les perspectives d'économies se sont avérées moins importantes que prévu initialement (2).

---

[53] À rapprocher avec Cour EDH, 23 juin 1981, *Le Compte, Van Leuven et De Meyere contre Belgique*, n° 6878/75 et 7238/75, § 51.

1. Une technologie défaillante

18. Des difficultés techniques majeures. Aux côtés de l'explication précitée ayant trait au « renforcement [...] de la justice de proximité[54] », l'exposé des motifs de la loi n° 2021-1729 du 22 décembre 2021 contient une justification tenant à la technologie utilisée pour rendre possible la transmission des actes par voie électronique ou la signature électronique desdits actes. Ainsi, il est indiqué que la mise en œuvre de cette réforme portant création de la JUNIP « s'est heurtée à des difficultés techniques majeures en lien notamment avec la performance des outils informatiques[55] », difficultés qui étaient donc avancées pour justifier le report de l'entrée en fonction au 1er septembre 2023[56] et qui ont conduit à la disparition de cette juridiction de notre paysage juridictionnel.

19. Des difficultés techniques momentanées ? On peut tout à fait concevoir que la masse du contentieux — estimé à 400 000 injonctions de payer par an — susceptible d'être soumis à la JUNIP n'est pas sans conséquence d'un point de vue technique. Pour le dire autrement, l'outil informatique utilisé par les juridictions disséminées sur tout le territoire — en l'occurrence, l'IPWEB[57] — n'est pas forcément à même de supporter les conséquences d'une telle centralisation, ce qui implique d'élaborer un nouvel outil spécifique[58]. On peut également penser que ces problèmes informatiques ont trop vite été écartés à l'origine du projet.

Cependant, ces dernières années ont été le théâtre d'avancées technologiques considérables et l'on peut considérer que cette évolution devrait perdurer, voire s'accentuer, dans le futur. Dès lors, si l'argument des difficultés informatiques — envisagé à l'aune du contentieux de masse concerné et du contexte économique difficile — peut expliquer un report, il apparaît en revanche bien moins pertinent pour justifier la disparition de la JUNIP. Ce faisant, la décision de repousser l'entrée en fonction de la JUNIP au mois de septembre 2023 — ou, le cas échéant, quelques mois plus tard — aurait pu suffire pour lever ce type de difficultés.

---

[54] Voir *supra* n° 12.

[55] https://www.legifrance.gouv.fr/dossierlegislatif/JORFDOLE000043370376/?detailType=EXPOSE_MOTIFS&detailId=

[56] En ce sens, Rapport n° 4146 fait au nom de la Commission des lois de l'Assemblée nationale, par S. Mazars, le 7 mai 2021. Aux termes de ce rapport, « en raison du contexte économique, une augmentation de ce contentieux est à craindre, ce qui implique de s'assurer d'un haut niveau de performance des outils informatiques qui devront être capables de gérer d'importants flux de requêtes vers une seule juridiction ».

[57] Sur ce système dématérialisé, voir C. Bléry, C. Argouarc'h, J.-M. Hocquard et X. Louise-Alexandrine, « La nouvelle procédure d'injonction de payer », *in* S. Amrani-Mekki (dir.), *Les Ateliers des voies d'exécution*, *Gaz. Pal.* 31 janvier 2023, p. 37.

[58] En ce sens, Rapport n° 4146 fait au nom de la Commission des lois de l'Assemblée nationale, par S. MAZARS, le 7 mai 2021.

2. Des économies insuffisantes

20. Approche managériale de la justice. La prise en considération des données économiques et budgétaires constitue l'une des clés de la compréhension des réformes touchant la justice, en général. Celle intéressant la JUNIP ne fait pas exception. À ce titre, on a pu soutenir que « sur le plan budgétaire, les économies d'échelle se sont révélées moins importantes qu'espérées[59] ». Du moins, c'est ce qu'il ressort de l'étude d'impact réalisée[60]. En somme, le gouvernement a semble-t-il tenu compte de cette réévaluation — à la baisse — des gains budgétaires escomptés d'une telle centralisation[61].

Assurément, cette approche « managériale » de la justice — caractérisée par la recherche de gains d'ETP (équivalent temps plein) — poursuit des objectifs tout à fait louables tels que celui de la maîtrise ou de la diminution de la dépense publique ainsi que du renforcement corrélatif de l'efficacité du service public de la justice. Cela est peut-être encore plus vrai aujourd'hui, que par le passé. Cependant, tout est affaire d'équilibre. De ce point de vue, on ne saurait privilégier une logique purement comptable et budgétaire de la justice.

II. La portée de l'échec : une situation en demi-teinte

21. La réforme de la procédure d'injonction de payer. La JUNIP est morte, vive la procédure d'injonction de payer rénovée ! Ainsi pourrait être résumée la solution finalement privilégiée par le législateur et le pouvoir réglementaire. Parallèlement à la suppression de la JUNIP, le droit applicable en matière d'injonction de payer — visé aux articles 1405 et suivants du code de procédure civile — a été réformé[62] par le décret n° 2021-1322 du 11 octobre 2021[63] et par le décret n° 2022-245 du 25 février 2022[64]. La date

[59] P. Januel, « Le gouvernement enterre la juridiction nationale des injonctions de payer », *Dalloz actualité*, 20 mai 2021.Ainsi, « en affinant l'estimation, les possibles gains d'ETP (redéploiement) étaient quasiment uniquement de catégorie C (3greffiers et 36 catégories C) ».

[60] Rapport n° 4146 fait au nom de la Commission des lois de l'Assemblée nationale, par S. Mazars, le 7 mai 2021. Selon le rapporteur, « la désignation d'une juridiction unique spécialisée dans le traitement de ce contentieux de masse devrait permettre des économies d'échelle. L'étude d'impact souligne néanmoins qu'elles seront moindres qu'initialement attendu en raison de la complexification du traitement des injonctions de payer ».

[61] Toujours d'un point de vue budgétaire, mais du côté des dépenses, il a été soutenu à l'occasion de débats parlementaires que la création de la JUNIP aurait engendré 150 000 euros de loyer annuel et 60 000 euros de travaux. Sur ce point, p. Casson, « Retour sur les décrets de procédure 2021-2022 : la réforme de la procédure d'injonction de payer », *Lexbase Droit privé*, 12 janvier 2023, n° N3898BZE.

[62] Sur cette réforme, voir. not. : C. Bléry, C. Argouarc'h, J.-M. Hocquard et X. Louise-Alexandrine, « La nouvelle procédure d'injonction de payer », *in* S. Amrani-Mekki (dir.), *Les Ateliers des voies d'exécution*, *Gaz. Pal.* 31 janvier 2023, p. 37.

[63] *JORF*, 13 octobre 2021.

[64] *Adde* arrêté du 24 février 2022 pris en application de l'article 1411 du code de procédure civile (*JORF*, 26 février 2022).

du premier de ces décrets — soit, plus d'un mois avant l'adoption de la loi n° 2021-1729 du 22 décembre 2021 — est d'ailleurs assez révélatrice quant au sort qu'allait être réservé à la JUNIP. Dématérialisation accrue (A) et simplification procédurale (B) constituent les deux grands axes de cette nouvelle réforme.

A. La dématérialisation accrue : une solution maintenue

22. On l'a dit, la réforme portant création de la JUNIP reposait sur deux piliers : la centralisation (partielle) et la dématérialisation[65]. Or, si la priorité législative n'est plus à la concentration du contentieux de l'injonction de payer, la solution d'une dématérialisation accrue de cette procédure continue à guider les réformes[66] et les expérimentations. Cela se traduit par un usage étendu de la voie électronique pour procéder à la communication de documents, au stade du dépôt et du traitement de la requête (1) ainsi qu'à celui de la signification de l'ordonnance d'injonction de payer (2).

1. Au stade du dépôt et du traitement de la requête

23. Des avancées notables. La première illustration d'une dématérialisation procédurale accrue concerne les demandes d'injonction de payer relevant de la compétence du tribunal de commerce ; demandes qui n'étaient donc pas concernées par la mise en place de la JUNIP[67]. Depuis le 28 février 2022, les requêtes en injonction de payer peuvent être déposées sous format électronique sur le tribunal de commerce digital[68].

Une seconde illustration concerne, quant à elle, non plus les requêtes relatives à des créances commerciales, mais des procédures entrant dans la compétence des tribunaux judiciaires. À ce sujet, on relève une expérimentation du traitement dématérialisé des injonctions de payer déployée — à compter de mai 2020 — devant plusieurs tribunaux judiciaires[69]. Les requêtes y sont adressées par les commissaires de justice

---

[65] Voir *supra* n° 7.

[66] Assemblée nationale XVe législature, Séance ordinaire de 2020-2021, 3e séance du 20 mai 2021. Madame la députée L. Avia indique que les éléments défendus par la majorité présidentielle « lors de l'examen du projet de loi de programmation, en l'espèce la dématérialisation des injonctions de payer, restent très importants pour l'efficacité de ces procédures » et indique que son groupe parlementaire espère « vivement que tous les territoires seront bientôt suffisamment équipés pour pouvoir traiter toutes les injonctions de payer de manière dématérialisée ».

[67] Voir *supra* n° 6.

[68] Voir F. Reynaud, « L'injonction de payer 2022 : présentation de la procédure », *Lexbase Le quotidien*, 10 mars 2022, n° N0682BZB. Voir égal. : C. Bléry, C. Argouarc'h, J.-M. Hocquard et X. Louise-Alexandrine, « La nouvelle procédure d'injonction de payer », préc.

[69] En l'occurrence, soixante-cinq tribunaux judiciaires, au 1er janvier 2023.

(auparavant, huissiers de justice) au moyen de l'outil IP WEB, occasionnant un gain de temps pour le greffe[70].

2. Au stade de la signification de l'ordonnance d'injonction de payer

24. Communication électronique des documents justificatifs. La première phase procédurale étant unilatérale[71], le débiteur n'est informé[72] que si une ordonnance d'injonction de payer est délivrée par la juridiction saisie ; cette information lui donnant la possibilité de former opposition[73]. À cet égard, il résulte aujourd'hui de l'article 1411 du CPC que la copie certifiée conforme de la requête en injonction de payer, accompagnée du bordereau des documents justificatifs ainsi que de l'ordonnance d'injonction revêtue de la formule exécutoire est signifiée, à l'initiative du créancier, à chacun des débiteurs. Depuis le 1er mars 2022, il appartient alors au commissaire de justice de mettre à disposition de ces derniers les documents justificatifs par voie électronique via une plateforme sécurisée (http://www.mespieces.fr). À titre de comparaison, dans le droit issu du décret n° 2021-1322 du 11 octobre 2021 — qui a été réformé sur ce point avant même d'entrer en application[74] —, il était prévu que les documents justificatifs produits à l'appui de la requête soient joints à la copie de la requête signifiée au (x) débiteur(s).

Cette réforme en appelle peut-être d'autres allant vers une dématérialisation plus poussée de la procédure. Dans ce cas, sans doute faudrait-il s'assurer que les solutions privilégiées en matière d'injonction de payer soient en phase avec celles retenues dans le domaine plus général de la justice civile.

B. La simplification procédurale : une solution palliative

25. Apposition anticipée de la formule exécutoire. Au titre des simplifications apportées à la procédure d'injonction de payer engendrées par les décrets d'octobre 2021 et de février 2022 précités, on relève notamment celle matérialisée par l'apposition de la formule exécutoire sur l'ordonnance d'injonction avant[75] sa signification au défendeur. À titre de comparaison, dans le droit antérieur, en revanche, l'apposition de la formule exécutoire par le greffe pouvait être demandée seulement après le constat de l'absence d'opposition du défendeur dans le délai requis[76].

---

[70] P. Januel, « Le gouvernement enterre la juridiction nationale des injonctions de payer », *Dalloz actualité*, 20 mai 2021.

[71] CPC, article 1407.

[72] CPC, article 1413 et 1414.

[73] CPC, article 1412 et 1415 et s.

[74] Constituant, en cela, une nouvelle illustration des échecs normatifs !

[75] CPC, article 1410.

[76] CPC, ancien article 1422.

La portée de la simplification ne doit cependant pas être exagérée. En ce sens, même si l'ordonnance portant injonction de payer est immédiatement revêtue de la formule exécutoire, elle n'est pas exécutoire immédiatement. À ce sujet, le délai pour former opposition, de même que l'opposition formée dans ce délai, est suspensif d'exécution[77]. De plus, cette ordonnance d'injonction de payer « ne constitue un titre exécutoire et ne produit les effets d'un tel titre ou d'une décision de justice qu'à l'expiration des causes suspensives d'exécution[78] ». Entre autres conséquences, cela signifie, par exemple, qu'au moment de sa délivrance, cette ordonnance ne permet pas de consulter le très utile « fichier des comptes bancaires et assimilés » (FICOBA) et ne peut servir de fondement à une mesure conservatoire[79]. Enfin, le travail du greffe n'est pas vraiment allégé, car celui qui entend poursuivre l'exécution de l'ordonnance doit aujourd'hui encore solliciter, auprès du service de greffe compétent, un certificat de non-opposition.

26. Perspectives « européennes ». En somme, ces réformes successives — axées sur la communication des documents par voie électronique et les simplifications procédurales — révèlent que les objectifs poursuivis par les réformateurs demeurent sensiblement les mêmes, bien que les moyens pour les atteindre ne prennent plus les traits d'une centralisation du contentieux. La pratique révélera si ces simplifications procédurales engendreront les résultats escomptés. Au demeurant, si l'on peut regretter la disparition de la JUNIP telle que conçue dans le code de l'organisation judiciaire, on peut raisonnablement soutenir que ce choix est préférable à celui revenant à créer une telle institution en en limitant la compétence aux demandes d'injonction de payer excédant un certain montant[80]. Une telle évolution était envisagée, dans le rapport du 7 mai 2021 de la commission des lois de l'Assemblée nationale, comme une voie possible. Cependant, dans ce cas, les inconvénients en termes de

[77] CPC, article 1422, alinéa 1er.

[78] CPC, article 1422, alinéa 2.

[79] CPCE, article L. 511-2. Voy. not. Civ. 2e, 13 septembre 2007, n° 06-14.730 : *Procédures* 2007, comm. 250, note R. Perrot.

[80] Rapport n° 4146 fait au nom de la Commission des lois de l'Assemblée nationale, par S. Mazars, le 7 mai 2021. Selon le rapporteur, « les auditions menées ont fait émerger une interrogation sur la pertinence actuelle de la centralisation de ce contentieux, qui est majoritairement un petit contentieux de droit de la consommation qui recouvre des enjeux sociaux, alors que le système actuel permet un traitement rapide des requêtes. Les demandes en injonction de payer concernent en effet principalement des créances liées à un remboursement de prêt, de crédit-bail ou de caution (48 %) et des dettes liées à des prestations de service (28 %) et portent dans 46 % des cas sur des sommes inférieures ou égales à 2000 euros. Si un débat devait être mené dans les deux prochaines années sur une nouvelle répartition de ce contentieux, a été émise l'idée de ne confier à la juridiction nationale spécialisée qu'une partie des requêtes (par exemple celles fondées sur la procédure européenne, ou excédant un certain montant à recouvrer) tout en maintenant le principe de proximité pour les petites créances. Il conviendra, en tout état de cause, que cette réflexion soit menée au sein du Parlement afin de déterminer si le contexte actuel commande de repenser une réforme votée en son sein il y a à peine deux ans. »

complexification du droit auraient sans doute été supérieurs aux avantages retirés de la création de la JUNIP.

Toute autre serait la solution de confier à un tribunal judiciaire déjà existant la compétence de connaître de toutes les demandes d'injonction de payer européenne formées sur le fondement du règlement (CE) n° 1896/2006 du 12 décembre 2006. Par hypothèse, cette centralisation — qui serait conditionnée à la dématérialisation de cette procédure[81] — ne se heurterait pas aux mêmes difficultés relatives à la masse du contentieux. La spécificité de la procédure européenne par rapport à la procédure française et le volume réduit [82]dudit contentieux militent en faveur d'une telle réforme. À noter que cette concentration du contentieux — qui apparaît compatible avec la jurisprudence de la CJUE[83] — rendrait plus lisibles les règles de compétences juridictionnelles[84], facilitant ainsi l'usage de cette procédure européenne.

Janvier 2023

[81] Il est à souligner que les dispositions du règlement (CE) n° 1896/2006 devraient prochainement être modifiées afin de favoriser encore davantage l'usage des nouvelles technologies dans la mise en œuvre de la procédure européenne d'injonction de payer. Il est proposé de généraliser la communication des actes par voie électronique (Proposition de Règlement du Parlement européen et du Conseil relatif à la numérisation de la coopération judiciaire et de l'accès à la justice dans les affaires transfrontières civiles, commerciales et pénales, et modifiant certains actes dans le domaine de la coopération judiciaire, COM(2021) 759 final, 1er décembre 2021, spéc. article 19).

[82] En 2019, seules 532 demandes d'injonction de payer européenne ont été introduites par un créancier étranger dans le but de contraindre un débiteur résidant en France de payer ses dettes. Sur ce point, voir Rapport n° 4146 fait au nom de la Commission des lois de l'Assemblée nationale, par S. Mazars, le 7 mai 2021.

[83] Sur cette jurisprudence, voir : G. Payan, « Règlement (CE) n° 1896/2006 du Parlement européen et du Conseil du 12 décembre 2006 instituant une procédure européenne d'injonction de payer », *in* G. Payan (dir.), *Espace judiciaire civil européen : arrêts de la CJUE et commentaires*, Bruxelles, Bruylant, 2020, p. 951.

[84] Sur la répartition des compétences juridictionnelles en droit positif, voir : COJ, article R. 212-8 (tribunaux judiciaires statuant à juge unique) et C. com., article L. 722-3-1 (présidents des tribunaux de commerce).

LA NORME TUERA L'EDIFICE

Véronique FUMAROLI

Quelle signification donner à la crise de l'urbanisme ? La crise de l'État et l'évolution de cette branche du droit semble liées. L'utilisation des sols suit le mouvement des crises tantôt pour changer de perspective et de définition, tantôt l'État va renforcer, modifier, réformer son corpus juridique. L'État, dans un mouvement perpétuel de crise, réforme l'urbanisme pour répondre à ses différentes aspirations. L'État et l'urbanisme, s'ils possèdent un point commun, c'est qu'ils sont tous deux conquérants, ils sont tous deux en état de crise récurrente. Ainsi, la définition de l'urbanisme se transforme, se plie, s'enrichit ou s'appauvrit et se perd parfois sous les vagues des différentes crises (I).

L'aménagement urbain soulève aujourd'hui des doutes et des difficultés. Un contre-sens a été commis et continue de l'être sur la nature et la véritable dimension de l'urbanisme. Malgré les prétentions des théoriciens, l'aménagement des villes n'est pas l'objet d'une science rigoureuse. Au début de l'ère industrielle, les propositions d'aménagement se sont objectivées dans les modèles ou types idéaux d'agglomération urbaine[1]. Ces modèles, de par leur caractère rationnel et utopique, ont été les instruments d'action puissants ; ils ont exercé, d'une part, une véritable pression corrosive sur les structures urbaines existantes, ils ont contribué, ensuite, à définir et mettre en place de nouvelles normes urbaines. Cependant, un modèle est construit dans l'imaginaire et ouvre sur l'arbitraire et cela se vérifie dans le droit de l'urbanisme. Il est donc logique que cet urbanisme dominé par l'imaginaire fasse l'objet de nombreuses critiques. En effet, tout projet d'aménagement doit être subordonné à des enquêtes ; ces dernières peuvent être appréhendées de deux façons. Si la priorité est donnée au futur, on intégrera aux enquêtes toutes sortes de prévisions (démographie, économie, culture...) qui apparaîtront d'ailleurs comme le fondement de la planification urbaine. Si la

[1] « Cette motivation s'explique par une situation intellectuelle nouvelle. La ville, fait culturel mais à demi naturalisé par l'habitude, était pour la première fois l'objet d'une critique radicale. Une telle mise en question ne pouvait manquer d'aboutir à une interrogation sur ces fondements. À la présence de la cité se substituait alors son idée. Et, après avoir qualifié de désordre l'ordre urbain existant, on s'efforçait de lui opposer des ordres idéaux, des modèles, qui sont, en fait, les projections rationnalisées d'imaginaires collectifs et individuels. » F. Choay, *L'urbanisme, utopies et réalités*, Paris, Éd. Point, 1965, p. 74.

tradition est prise en compte, c'est le passé[2] qui unifiera les différentes informations issues des enquêtes. Les fondements du modèle sont au cœur de la crise de l'urbanisme, les systèmes de valeur sur lesquels il repose, ont été masqués par une illusion naïve et persistante d'une assise scientifique. Bien plus qu'un modèle, l'urbanisme a, peut-être, besoin de plus d'idéologie (II).

I. L'urbanisme, un droit polymorphe

Aristote a résumé tous les principes de la construction des villes dans cette phrase : « Une ville doit être bâtie de façon à donner à ses habitants la sécurité et le bonheur. » Ceux qui ont assez d'enthousiasme dans les bonnes causes doivent se convaincre que notre époque est capable de créer des œuvres de beauté et de bonté. Ce n'est donc ni en historien, ni en critique que nous examinerons les différentes définitions qui ont traversé et bouleversé cette branche du droit qu'est l'urbanisme (A).

Les erreurs que l'on commet dans la vie administrative, commerciale, d'état civil, etc., sont le plus souvent réparables : une mauvaise procédure, lorsqu'elle a démontré sa perversité, peut être remplacée par une meilleure ou une moins mauvaise. Par contre, dans le droit de l'urbanisme, les erreurs s'inscrivent en fer et en béton dans le paysage, elles ne s'effacent pas et le mal est fait de manière irréversible. Nous savons quel est le prix des errements sur le plan de la politique de l'urbanisme. Pourtant, les pistes ne manquent pas pour réconcilier le développement harmonieux de la ville et le droit de l'urbanisme (B).

A. Les avatars du droit de l'urbanisme

L'urbanisme a eu à son actif pas moins d'une dizaine de qualificatifs. Les premières réflexions sur l'urbanisme vont le qualifier d'hygiéniste, d'une part, lorsqu'on se rend compte que l'industrialisation des villes entasse les citadins dans des quartiers sordides. En l'absence de règles et de documentation spécifique pour ordonner le développement urbain, l'administration va s'appuyer sur la législation domaniale et va ordonner ses premiers alignements pour rendre plus aisé la gestion du tracé des voies publiques. L'urbanisme est, d'autre part, teinté de socialiste utopique, lorsque les scientifiques et les politiciens commencent à se préoccuper de la place de l'homme dans la ville (quatre fonctions seront attribuées à l'individu : le travail, les loisirs, le commerce, le transport).

Plus tard, l'urbanisme sera fonctionnaliste lorsque se trouve mise en question l'insalubrité des villes. À l'époque, c'est un décret impérial de 1810

[2] On retrouve dans les travaux sociologiques de Pierre Bourdieu une notion qui est particulièrement pertinente au regard du problème de la dynamique interactive entre pratiques culturelles diverses : l'*habitus*.
L'*habitus* est compris ici comme une présence agissante de tout le passé dont l'urbanisme est le produit.

qui va mettre en place la police des établissements dangereux, incommodes et insalubres (on peut noter, avec l'établissement de cette police, la naissance du droit de l'urbanisme au sens moderne du terme). Au XIXe siècle, les premiers règlements de voirie et d'hygiène donnent naissance à la planification urbaine. La grande loi communale du 5 avril 1884 impose à chaque commune un plan général de nivellement et d'alignement. Pareillement, la loi du 15 février 1902 institue des règlements sanitaires départementaux ainsi que des permis de bâtir. Avec ces lois, nous retrouvons une véritable volonté d'embellir ou de restructurer la ville. De ce fait, la planification urbaine s'avérerait être antérieure aux documents d'urbanisme. Toutefois, ce sont les projets d'aménagement, d'embellissement et d'extension, premiers documents d'urbanisme de la loi Cornudet, qui marquent l'urbanisme en tant que gestion de la ville. Ainsi, la naissance des documents d'urbanisme et celle de la planification urbaine sembleraient coïncider. Cette loi Cornudet fait donc entrer la France dans le domaine de la planification urbaine, ce texte va prescrire les tout premiers documents locaux d'urbanisme : les projets d'aménagement, d'embellissement et d'extension des villes. Pour assurer une meilleure maîtrise du développement urbain, ces projets prévoyaient des quartiers nouveaux d'habitation à la hauteur de ce que réclamaient le développement industriel et la croissance des villes. À la différence de l'urbanisme curatif de Haussmann, ces documents préconisaient un urbanisme préventif que l'on appellera plus tard prévisionnel ou stratégique. Cependant la loi a été un échec, et les raisons sont de deux ordres : tout d'abord, un manque de moyens, car on constate une absence totale de compétences techniques, l'urbanisme est une activité nouvelle et elle n'a pas généré encore de techniciens ; ensuite, un risque politique, car l'absence d'antériorité des documents d'urbanisme laissait une marge d'action considérable aux responsables politiques locaux.

Sous le régime de Vichy, l'urbanisme qui avait toujours été une compétence plus ou moins communale, se retrouve dans les mains de l'État qui entreprend une refonte de ce droit et établit d'autres documents d'urbanisme par trois grandes lois (1940, 1941 et 1943). Ces projets d'aménagement furent encore des échecs.

L'urbanisme devient un urbanisme de masse, ou encore urbanisme opérationnel ; après la Seconde Guerre mondiale, une importante crise du logement apparaît du fait du baby-boom, de l'accélération de l'exode rural, du développement des secteurs industriels[3] marqués par le plein-emploi et de la

[3] Deux dimensions essentielles de l'urbanisme de la ville industrielle concernent la mise en place des réseaux : celle des flux et celle des fluides, celle de la production industrielle dont il faut augmenter le volume et accélérer l'écoulement, d'une part, celle de l'hygiène qui trouve sa solution dans la circulation des fluides, de l'air qui débarrasse les lieux fermés des miasmes qui s'y réfugient, de l'eau qui doit être acheminée au plus près des habitations, du gaz qui assure l'éclairage des rues qu'il faut rendre plus sûres. Une autre contribution à l'amélioration de l'hygiène de la ville réside dans la création de parcs urbains.

vétusté du parc national de logements. Il faut construire vite et en quantité. Dès le début des années cinquante, la France se lance dans la publication de textes de lois offrants aux pouvoirs publics les moyens directs d'intervention foncière. Les collectivités et l'administration doivent faire face à une urbanisation extrêmement rapide. Les projets d'aménagement, prévus sous Vichy par la loi de 1943, sont dépassés par les événements et cette explosion urbaine avant même leur approbation. Les outils de planification urbaine prennent en compte cette situation afin d'adapter ses instruments.

Nous voyons malheureusement encore aujourd'hui le résultat de ces différentes législations. Cette période ouvre la voie à un urbanisme de l'urgence, bétonné à la hâte.

> Sur de vastes emprises foncières situées en limite de la ville dense, bien calées contre les zones pavillonnaires pour stopper leur développement anarchique, de grands ensembles, dont la taille de croisière avoisinera les 4 000 logements, vont surgir en lisière des grandes villes, comme une nouvelle — et illusoire — muraille de protection de la ville contre son étalement[4].

Conçus dans l'ignorance de la ville déjà existante, ces grands ensembles essentiellement dédiés au logement, sont un effacement du territoire existant, des formations qui rompent avec la ville ancienne considérée comme totalement obsolète.

Avec la grande loi d'orientation foncière de 1967, l'urbanisme devient un urbanisme foncier. Cette loi qui est le résultat d'un mouvement de réforme sans précédent va apporter de nouveaux outils : le schéma directeur d'aménagement et d'urbanisme au niveau de l'agglomération et le plan d'occupation des sols pour la commune. Le concept d'aménagement du territoire va connaître une période faste de 1960 à 1975. Ainsi, l'orientation suivie est de renforcer les agglomérations provinciales en tant que métropoles d'équilibre en utilisant notamment comme outils la planification du foncier et la programmation d'équipements structurants. Dans les centres urbains, la pression s'accentue, le coût social de cette concentration de population et d'activité apparaît très élevé. Rareté des sols, développement incontrôlé des banlieues, forte demande en équipements collectifs : l'explosion urbaine des « Trente Glorieuses » bat son plein. Tout concourt à rendre nécessaire un rééquilibrage. Il est donc nécessaire de trouver les moyens d'appréhender le fait urbain afin de la maîtriser et de l'orienter. Ainsi, l'objectif de la loi d'orientation foncière était de produire une réflexion d'ensemble pour aménager le territoire à l'échelle d'un bassin de vie ou d'une agglomération. Cependant, les nombreux ouvrages écrits sur le sujet des politiques urbaines mises en place suite à cette loi de 1967 parlent d'un échec de la planification et notamment des schémas directeurs d'aménagement et d'urbanisme. Cette loi, comme son énoncé le sous-entend, avait pour principal objectif de réguler

[4] D. Pinson, « Histoire des villes », *in* J.-M. Stebe, H. Marchal (éd.), *Traité sur la ville*, Paris, PUF, 2009, p. 41-89.

et de gérer le foncier en offrant de nouveaux outils à caractère plus ou moins prospectif, réglementaire et opérationnel. Une cascade d'outils et de procédures visant à mettre en place une politique d'urbanisme cohérente à l'échelle d'une agglomération est alors à la disposition des communes, ils vont de la vision globale de la répartition des fonctions humaines à l'échelle de l'agglomération à la mise en place d'opérations précises sur des quartiers ou des îlots.

Les lois de décentralisation redonnent le domaine de l'urbanisme aux communes[5]. Malheureusement, les normes et procédures d'urbanisme jusqu'à

[5] Depuis les lois de décentralisation, l'urbanisme et surtout l'urbanisme communal a connu deux évolutions : celle du développement de l'intercommunalité et celle de l'intervention de l'Europe. Dorénavant, les communes ne peuvent plus envisager l'organisation de leur espace en ignorant le territoire des communes voisines afin de traiter de façon plus cohérente les questions d'urbanisme. Le rapport de la Commission pour la libération de la croissance française, dit « rapport Attali » préconisait en 2008 de « regrouper à l'échelon intercommunal les compétences locales en matière d'urbanisme et d'habitat, notamment en vue de la constitution de réserves foncières » (proposition 170). Les lois Grenelle 1 et 2 ont invité les collectivités territoriales à « concevoir l'urbanisme de façon globale en harmonisant les documents d'orientation et les documents de planification établis à l'échelle de l'agglomération » (article 7, II, c de la loi n° 2009-967 du 3 août 2009 de programmation relative à la mise en œuvre du grenelle de l'environnement). La loi n° 2010-1563 du 16 décembre 2010 portant réforme des collectivités territoriales a confié au préfet de département le soin d'élaborer un « schéma départemental de coopération intercommunale prévoyant une couverture intégrale du territoire par des établissements publics de coopération intercommunale à fiscalité propre et la suppression des enclaves et discontinuités territoriales » (article L. 5210-1-1 CGCT). C'est dans ce cadre que s'est ancrée la compétence des intercommunalités d'élaborer des plans locaux d'urbanisme au détriment des communes. L'Union européenne a fait entrer dans le droit de l'urbanisme deux nouveaux concepts, celui de la participation et celui de l'évaluation environnementale. Le décret n° 2002 - 1187 du 12 décembre 2002 a publié la convention sur l'accès à l'information, la participation du public au processus décisionnel et à l'accès à la justice en matière d'environnement signée à Aarhus le 25 juin 1998. L'article 6 de cette convention stipule que « lorsque un processus décisionnel touchant l'environnement est engagé, le public concerné est informé comme il convient, de ânière efficace et en temps voulu, par un avis au public ou individuellement, selon le cas, au début du processus » (article 6 § 2) et que chaque État « prend des dispositions pour que la participation du public commence au début de la procédure, c'est à dire lorsque toutes les options et solutions sont encore possibles et que le public peut exercer une réelle influence » (article 6 § 4). Ces droits à l'information et à la participation se retrouvent dans nos textes constitutionnels puisque la Charte de l'environnement de 2004 énonce, dans son article 7, que « toute personne a le droit, dans les conditions et les limites définies par la loi, d'accéder aux informations relatives à l'environnement détenues par les autorités publiques et de participer à l'élaboration des décisions publiques ayant une incidence sur l'environnement ». À ce titre, la loi prévoit qu'une collectivité qui s'engage dans l'élaboration d'un plan local d'urbanisme doit préciser les modalités de concertation avec le public (article L. 123-6 Code de l'Urbanisme). Les documents locaux d'urbanisme sont peut-être le niveau le plus important parce qu'ils sont le « terminal », le point d'aboutissement entre le citoyen et le droit de l'urbanisme ; c'est à ce stade qu'a lieu la confrontation entre le sujet de droit et le droit. Ainsi le droit de l'urbanisme perd son caractère théorique et abstrait pour se transformer en normes concrètes et aboutir à ce qu'un tel pourra faire quelque chose de son terrain tandis que son voisin ne le pourra pas. Quant à l'obligation de l'évaluation environnementale, elle a été posée par la directive du Parlement européen et du Conseil du 27 juin 2001 relative à l'évaluation de certains plans et programme

la loi solidarité renouvellement urbain de 2000, étaient trop lentes, trop longues et donc inadaptées aux besoins des territoires.

B. Le voile des idées

En 2000, l'urbanisme foncier devient un urbanisme de projet. Les expériences précédentes ont fait ressortir un certain nombre de lacunes dans les textes de lois ayant permis des détournements de procédures et des échecs cuisants. Les rédacteurs de la loi « Solidarité renouvellement urbain » ont, semble-t-il, tiré un certain nombre d'enseignements du passé et ont souhaité ne pas renouer avec les péripéties des anciens documents. Elle n'est pas, comme certains ont pu l'écrire lors de sa sortie, une loi réformatrice s'imposant comme une rupture avec les pratiques des urbanistes lors de la mise en place des plans d'occupation des sols. Cette loi ne marque pas une rupture avec le passé, mais s'inscrit au contraire dans un grand mouvement réformateur. Cette loi fait suite aux lois de décentralisation[6] et conserve la trame et l'esprit des lois dites « Pasqua », « Voynet » et « Chevènement » qui favorisent les démarches intercommunales autour de projets de développement cohérents et respectueux de l'environnement. La loi « Solidarité renouvellement urbain » traduit les nouvelles pratiques et les uniformise afin de rompre avec la vision trop réglementaire des plans d'occupation des sols et de pallier l'échec des schémas directeurs. Cette loi s'est inspirée des échecs du passé afin d'apporter de nouveaux outils qui, semble-t-il, devraient permettre de passer d'un urbanisme de simple zonage

---

sur l'environnement. Conformément à cette directive, l'ordonnance du 3 juin 2004 a inséré dans le Code de l'urbanisme les articles L. 121-10 à L. 121-15 qui déterminent la liste des documents d'urbanisme soumis à l'évaluation environnementale.

[6] C'est un tout autre urbanisme qui va être révélé avec les lois de décentralisation de 1982. Dans un premier temps, la mise en place des plans d'occupation des sols était de la compétence de l'État. La loi de transfert de compétences du 7 janvier 1983, entrée en application le 1er octobre 1983, en a confié l'élaboration et la gestion aux communes. Dès lors, les communes disposent, en théorie, d'une totale liberté de se doter ou non d'un plan d'occupation des sols mais, en réalité, elles y sont fortement incitées. En effet, l'absence de document d'urbanisme local ne permet pas aux communes de délivrer les autorisations du sol et les soumet à un régime de constructibilité limitée par application du règlement national d'urbanisme. Ainsi, sans rien imposer mais en laissant peu de marges de liberté, l'État a su faire en sorte qu'une très large majorité des communes françaises mettent en place un document d'urbanisme et de gestion du sol communal. Dans l'ensemble, les plans d'occupation des sols ont été un réel succès, ils ont permis d'éviter de trop disséminer les constructions sur le territoire. En fait, c'est la partie gestion du droit des sols contenue dans les plans d'occupation des sols qui a très bien fonctionné, les communes s'étant dotées d'outils réglementaires d'occupation du sol. Cependant, il semble que dans la plupart des cas la partie prospective et réflective sur l'aménagement de l'espace, initiée par les schémas directeurs d'aménagement et d'urbanisme notamment, ait été mise à l'écart. Ainsi, plusieurs arguments, permettent de penser que les plans d'occupation des sols ont été des outils essentiellement réglementaires et ont peu pris en compte l'aspect composition territoriale. Les années quatre-vingt sont aussi celles des grandes lois « Littoral » et « Montagne ». En effet, ces lois conjuguent une ouverture des territoires au public en même temps qu'une protection de ces espaces sensibles.

réglementaire à un urbanisme plus transversal basé sur des projets communaux et intercommunaux souhaités et portés par la population locale et ses représentants élus.

Ces dernières lois relatives à l'aménagement du territoire et au développement durable ont été subtilement montées puisqu'elles imposent une hiérarchie entre les différents documents locaux d'urbanisme. Cette hiérarchisation des normes est relativement nouvelle. En effet, avant la loi SRU, une certaine hiérarchie existait par les textes ou encore, de fait, pour certains documents, Cependant dans une volonté de clarté et de simplification, la loi SRU s'est efforcée de reprendre l'ensemble des documents et a mis en place une hiérarchie. Ainsi, cette loi oblige les urbanistes à être très transversaux et à prendre en compte l'ensemble des règles établies au rang supérieur. Le schéma ci-après reprend les principales mesures. Cette loi est donc très transversale, elle reprend un grand nombre de mesures imposées par des textes précédents, les hiérarchise et les impose dans certains cas. La sortie de ce texte a été l'occasion par exemple de voir renaître les dispositions de la loi « Paysage » ou encore un certain nombre de mesures réglementaires souvent omises lors de la mise en place des documents d'urbanisme locaux antérieurs.

Le Code de l'urbanisme a été profondément modifié depuis 2000. Ces textes de lois ne sont pas seulement juridiques ou linguistiques avec l'apparition de termes nouveaux : projet urbain, plan d'aménagement et de développement durable, espace péri-urbain, schéma de cohérence territoriale, plan local d'urbanisme, permis d'aménager, schéma régional d'aménagement, de développement durable et d'égalité des territoires… Ils s'apparentent bien plus à une véritable entreprise de clarification et de déréglementation de notre Code de l'urbanisme pour rassembler l'ensemble des acteurs de l'acte de construire autour de projets urbains associant public et privé dans la définition d'un avenir global et durable. Faire de l'urbanisme de projet durable.

Après avoir transformé nos outils de planification pour les rendre efficaces et stratégiques, engager une politique de relance de la construction pour répondre aux besoins de logement, près de 319 articles du Code de l'urbanisme sont réécrits. Ils portent sur les autorisations d'urbanisme, auxquels il faut rajouter 47 articles relatifs aux règles nationales d'urbanisme pour simplifier les procédures applicables et à améliorer la sécurité juridique, le gouvernement se mobilise désormais pour libérer l'offre de logements et construire des villes durables en concentrant les interventions de tous les acteurs qu'ils soient publics ou privés.

Par la suite et très rapidement, l'urbanisme sera qualifié de développement durable avec les lois « Grenelle », de transversal ou transactionnel[7], de circulaire[8], de réversible et depuis 2021 de climatique et résilient.

Le terme de projet depuis le début des années quatre-vingt, en France comme en Italie, est régulièrement évoqué lorsqu'il s'agit d'inventer de nouvelles modalités de planification du territoire. Projets urbains, projet d'agglomération, projet de territoire… autant de démarches qui, malgré leurs différences, se caractérisent par la recherche de nouveaux outils permettant à la fois un renouvellement des méthodes d'analyse des territoires et la construction d'objectifs partagés par les acteurs publics et privés concernés. Cette volonté de rupture avec l'urbanisme réformiste des années soixante-dix conduit à un véritable tournant pragmatique de la planification. En France, en Italie, et même en Espagne, le débat entre plan et projet prend des allures de polémique lorsque urbanistes et architectes s'affrontent pour s'assurer une sorte de monopole sur le marché des études urbaines. Le plan est perçu comme un instrument au service d'une bureaucratie administrative qui retarde ou empêche les décisions lors de la mise en œuvre de projets particuliers. Cet argumentaire, en Italie, sert à justifier les propositions de réforme qui visent à transformer le plan en un simple *documento d'inquadramento* au sein duquel sont sélectionnées les opérations autour desquelles doit s'organiser le développement de la cité.

Cette volonté de substituer le projet au plan s'est accompagnée de tentatives de renouveler les méthodes et les pratiques de l'urbanisme. Des préoccupations économistes et des démarches stratégiques se font jour, mais cette montée en puissance de nouvelles préoccupations n'a guère d'influence sur la manière dont les urbanistes envisagent l'organisation physique du territoire. En France, le projet urbain est pensé, le plus souvent, comme un projet de nature politique conduit par les municipalités. Une autre conception du projet d'urbanisme est soutenue par une partie des professionnels dont la réflexion porte sur le renouvellement des méthodes d'analyse. Il s'agit de passer d'une approche quantitative fondée sur des mesures (population, logement, emplois, superficies consommées…) à une démarche qualitative basée sur une reconnaissance des formes urbaines. Faisant appel à la typo-

---

[7] http://www.scotam.fr/thematiques/urbanisme. L'urbanisme, transversal, ou encore réversible, permet d'agir qualitativement sur les territoires grâce à différents leviers : sobriété dans l'usage du foncier (renouvellement urbain, réhabilitation de friches, densification…), adaptation des programmes résidentiels, commerciaux, industriels et de bureaux aux effets du changement climatique, réduction des impacts de l'urbanisation sur les paysages, développement des mobilités douces, mixité des fonctions urbaines…

[8] http///www.scotam.fr/thematiques/urbanisme. L'urbanisme circulaire, c'est l'idée de construire la ville sur elle-même. En partant du constat que depuis des années, l'étalement urbain a montré ses limites. Le fait de s'éloigner de la ville avec la voiture. Le fait de construire des logements neufs en périphérie des grandes villes. C'est la prise de conscience de la fin d'un système. L'urbanisme circulaire, ce n'est pas un concept théorique mais une alternative à l'étalement urbain. C'est concevoir, organiser, reconstruire en permanence la ville sur elle-même.

morphologie menée, dès les années soixante dans les écoles d'architecture italiennes, plus tardivement, dans les écoles françaises, ces professionnels recherchent dans l'histoire les références nécessaires à l'élaboration des projets d'urbanisme et d'architecture.

En France, ces démarches influencent surtout les architectes, les paysagistes et les urbanistes engagés dans des projets portant sur la déqualification des espaces publics, les constructions neuves ou la restructuration de friches ou de quartiers d'habitat social. Le milieu de la planification urbaine se monter moins sensible à ces nouvelles approches. En Italie, ces démarches non seulement influencent la conduite de projets, mais se traduisent aussi par la bonté de dépasser une conception du plan d'urbanisme fondé sur le zonage et les standards d'équipement[9]. L'intégration des exigences de préservation de l'environnement favorise également l'émergence de nouvelles pratiques ainsi que la volonté commune de substituer à la technique du zonage une approche des systèmes structurant le territoire que ce soit à l'échelle communale, provinciale ou régionale.

II. Un droit résilient

Les problèmes posés par l'aménagement des villes ont évolué avec le temps, la manière de les résoudre également. Pour faire face à cette évolution, les pouvoirs publics ont été amenés à changer très fréquemment la législation et la réglementation de l'urbanisme : la densification urbaine qui était combattue au milieu des années soixante-dix avec, entre autres, le profond légal de densité est devenu maintenant un objectif des politiques d'urbanisme qui doivent lutter contre l'étalement urbain (A).

La loi n° 2021-1104 du 22 août 2021 portant lutte contre le dérèglement climatique et le renforcement de la résilience est, sans doute, l'une des lois les plus riches et les plus transversales de ces dernières années. La loi « Climat et résilience » se veut une grande loi au même titre que la loi « Solidarité et renouvellement urbain » ou « Grenelle 2 » ; de fait, elle modifie le Code de l'urbanisme et particulièrement le rôle et le contenu des documents d'urbanisme, mais ces modifications restent somme toute limitées. Le changement réside plutôt dans la vision de l'urbanisme (B).

On a pu penser que les objectifs environnementaux étaient traités essentiellement par le droit de l'environnement et donc principalement par le Code de l'environnement. Ce n'est plus le cas depuis la loi « Grenelle 2 » de 2010 ; le droit de l'urbanisme est remanié et mobilisé pour sauver l'environnement. De ce fait, les objectifs classiques du droit de l'urbanisme comme le développement harmonieux de la ville, la réalisation d'habitats

[9] Par exemple, le plan régulateur général de Turin fait de la question de la morphologie urbaine le cœur de l'action de planification. La référence aux tracés de la ville baroque est le support à l'élaboration de plans dessinés.

adaptés aux besoins des populations passent au second plan[10]. La loi du 22 août 2021 prévoit également la prise en charge d'un nouvel objectif environnemental par le droit de l'urbanisme dont la mise en œuvre sera effectuée par les documents d'urbanisme (C).

A. L'étalement urbain, un objet intermédiaire

L'étalement urbain est devenu, de nos jours, un enjeu prioritaire qui s'inscrit désormais dans différents agendas politiques. « Le recours à l'information géographique et l'usage raisonné des représentations spatiales semblent être une des voies privilégiées pour mettre en avant différents points de vue, en débattre et dégager un consensus[11]. » Le processus de périurbanisation se traduit depuis quelques années par une forte tension

> sur le foncier agricole et par l'émergence d'une demande en agriculture de service. De nouvelles fonctions sont attribuées à l'agriculture comme la gestion des aménités rurales et environnementales. L'espace agricole devient ainsi le support de multiples fonctions et fait l'objet de controverses entre acteurs urbains, environnementalistes et acteurs du monde agricole[12].

Depuis de nombreuses années, différentes lois offrent des outils de protection et des instruments d'action publique pour mieux protéger les terres agricoles, mais également, les zones dites sensibles. Cependant, dans des situations complexes où les facteurs d'incertitude sont importants, la prise de décision pour la gestion et l'aménagement des terres devient un véritable défi[13]. Tout développement durable d'une ville conduit à remettre en cause l'étalement urbain. Les pouvoirs publics se disent appliquer de tels principes pourtant des projets de développement ambitieux et consommateurs d'espaces s'inscrivent dans les documents d'urbanisme. La poursuite de la consommation d'espace n'est pas durable, car les sols ne sont pas une ressource renouvelable. Il est urgent de replacer et de redonner toute sa valeur au concept d'équilibre qui pourtant se trouve au cœur de l'élaboration de nos documents locaux d'urbanisme[14].

---

[10] L'objectif affirmé de zéro artificialisation nette conduit plutôt à un modèle unique d'habitat très dense et vertical : ce modèle n'est pas adapté aux territoires ruraux qui devront choisir entre l'arrêt de l'urbanisation ou la révolution dans leur mode d'habitat.

[11] books.openedition.org | *Les terres agricoles face à l'urbanisation* - Chapitre 9 - Modèles et simulations spatio-temporels comme « objets intermédiaires » : le cas de l'étalement urbain à la Réunion - Éditions Quæ. http://books.openedition.org/quae/28445.

[12] books.openedition.org | *Les terres agricoles face à l'urbanisation, op. cit.*

[13] *Idem.*

[14] Dans le même sens, l'aménagement du territoire est la recherche dans le cadre géographique d'une meilleure répartition des hommes en fonction des ressources naturelles et des activités. Même si depuis les années cinquante, la conception de l'aménagement du territoire en France a profondément changé à la suite de la décentralisation et de la construction européenne ; il y a toujours entre l'objet de l'aménagement du territoire et l'objet du droit de l'urbanisme une différence d'échelle territoriale.

Si, dans les années cinquante, les mots d'ordre étaient l'urbanisation, la construction d'infrastructures et la production de services pour une population toujours plus nombreuse, aujourd'hui l'objectif est de combattre la pauvreté et les inégalités, de favoriser le développement économique, la protection de l'environnement, la préservation du vivre ensemble. En France et en Italie, les quarante dernières années se caractérisent par une diffusion sans précédent de l'urbanisation à de larges portions de territoires jusque-là restés agricoles. La *città diffusa*[15] est marquée par l'interpénétration des espaces construits et des espaces vides, par l'absence de limites nettes entre la ville et la campagne. Elle peut être caractérisée de *città fractale,* car elle est constituée de fragments, dotés chacun d'une identité propre, organisés le plus souvent autour d'un centre et répartis sur le territoire en un apparent désordre. Cette représentation de la ville peut être qualifiée de réticulaire par opposition aux représentations aréolaires qui légitiment les politiques des zonages. L'image de la ville, qui se dégage des nouvelles pratiques de l'urbanisme, est celle de la grappe : un ensemble de lieux dotés de prestations particulières et reliés par les mailles des réseaux ou systèmes qui structurent le territoire. Les nouvelles démarches de planification urbaine mettent l'accent sur le rôle que jouent les espaces non construits dans la structuration du paysage. Avant de fixer les normes que les acteurs privés doivent respecter avant toute construction, le plan d'urbanisme doit établir un projet de sol (*progetto di solo*) qui définit de manière détaillée le tracé et les dimensions des voies et des places, les matériaux à utiliser, les espaces naturels à protéger, les mesures à prendre pour introduire les continuités paysagères[16].

Le XXe siècle est ainsi celui de l'hégémonie urbaine. La métropole se voit enveloppée par un territoire urbanisé qui lui impose ses règles. La grande ville remplit toujours ses fonctions, mais se dilue dans ses banlieues et ses périphéries pour ne conserver que les pôles de pouvoir qu'elle abrite. Dans ses extensions autour de son centre ancien, le visiteur ne s'y retrouve pas ; il découvre plusieurs centres dont aucun n'est central, et erre d'une zone résidentielle à une zone d'activité commerciale, aux formes contrastées, sans savoir où il se trouve. C'est cela qui caractérise l'urbain du XXe siècle, cette

---

[15] En Italie, la *città diffusa* est perçue comme une réalité présente sur le territoire. Les réflexions autour de la *città fractale*, de la ville par partie ou par fragments, visent, un peu à la manière des recherches sur la ville émergente, à explorer des figures qui permettraient d'identifier des relations ou des régularités sur lesquelles appuyer de nouveaux dispositifs de planification. Les débats sont nombreux autour des rapports entre plan stratégique et plan d'urbanisme, entre plan et projet, entre zonage et système, entre règle et négociation. Les procédures se multiplient, ce qui donne l'image d'un désordre apparent qui n'est pas sans entrer en résonance avec les formes que prend l'urbanisation. *Cf.* G. Novarina (dir.), *Plan et projet. L'urbanisme en France et en Italie*, Paris, Economica, coll. « Villes », 2003.

[16] En Italie, les débats qui visent à distinguer plan de structure et plan opérationnel sont riches. En l'absence de planification intercommunale, le plan régulateur général assume ces deux fonctions et son caractère réglementaire empêcherait parfois la réalisation de certains objectifs. Nombreux sont les urbanistes italiens qui appellent de leurs vœux un système à la française.

indifférenciation des territoires, cette instabilité des sites, ce désenchantement des lieux et cette prégnance interchangeable des non-lieux. Les villes s'étalent, s'étalent, sans que rien ne laisse supposer un quelconque changement de cap, voire un simple ralentissement. En moins de dix ans en France, pas moins de 10 000 km^2 d'espaces naturels ont été urbanisés. Cela représente une croissance de plus de 10 % des surfaces construites alors même que cette décennie a connu un ralentissement économique. Depuis déjà trente ans, la majorité des « villes centres » stagnent ou reculent, les proches périphéries se stabilisent, les couronnes péri-urbaines explosent. Ainsi un sort difficile est fait à la loi SRU dont la vocation est ouvertement de freiner l'étalement urbain et de promouvoir une relative densité, dans les villes comme dans les bourgs. Trop bureaucratique et pointilliste certes, cette loi est surtout jugée trop contraignante or c'est une de ses vocations affichées…

La densité elle-même est devenue une notion choquante, concentrationnaire, assimilée caricaturalement à certains grands ensembles dont la caractéristique principale est pourtant bien autre[17]. Nos pouvoirs publics l'ont constaté, la ville est en crise, elle ne fonctionne plus. Des remèdes nous sont proposés, ils s'appellent, la gouvernance, le projet urbain, la démocratie de proximité. Face à ce mal qui ronge la ville, l'*Homo urbanus* va devoir inventer une nouvelle culture de la cité, promulguer des droits urbains, stimuler une politique de la ville. L'*Homo urbanus*, héritier de l'*homo economicus* est l'acteur de la civilisation urbaine, il succède à l'*homo ruralis* et promeut le savoir-vivre urbain. Il s'agit tout simplement de ce bipède

[17] La ville est dévoreuse d'énergie, tarit les ressources en eau, engloutit aliments et matériaux ; elle déverse en retour des flots d'effluents et de pollution : le milieu qui l'entoure, n'arrivant plus à lui apporter les premiers et à absorber les seconds, en est épuisé.
La ville forme la citoyenneté, elle est le lieu où s'affrontent, où se fondent patrimoine et modernité, elle n'existe que par la diversité, des formes, des organisations politiques, des cultures, des communautés. La cité a donc besoin de citoyens actifs, avec des pratiques participatives et une gestion de projet pour retrouver une identité pour savoir où l'on est afin de déterminer où l'on va. La réhabilitation, la reconstruction, le renouvellement urbain ne prennent un sens que s'ils sont élaborés et discutés en amont avec les habitants qui participent à la construction de leur ville.
Ces mêmes habitants, qui consomment mondial, qui vivent repliés sur eux-mêmes, qui pensent internet, qui communiquent « portable » et qui passent leur temps dans leur voiture se servent aujourd'hui de la ville comme une tête de réseau. Ce que Gilles Deleuze appelle la « déterritorialisation » des techniques et des attentes sociales et le phénomène de multi appartenance, résultant de la mobilité fait perdre la mémoire aux villes.
Dans un monde de réseau, où tout devient flux et où l'on pense global la ville doit permettre l'apprentissage et l'accès pour tous à ces réseaux, et doit être cet intermédiaire entre une vision globale et une vision de proximité. Car elle est avant tout un lieu d'échanges et qu'à ce titre elle est en partie fondatrice de notre civilisation. Ce siècle a cassé les lieux de proximité qui existaient dans les villes modernes, et il ne faut pas craindre d'introduire un certain degré d'utopie en faisant vivre la ville autrement pour que cette ville en crise redevienne l'objet de désir pour tous. La ville est là, elle est notre espace et nous n'en avons pas d'autre. Nous sommes nés dans la ville. Nous avons grandi dans des villes. C'est dans des villes que nous respirons. Il n'y a rien d'inhumain dans une ville, sinon notre propre humanité.

s'ébrouant dans le milieu urbain, de cet animal politique dont nous parle Aristote qui se préoccupe de la cité, de sa ville, de son avenir. Il est né vraisemblablement en Occident de parents inconnus. Il a grandi en ville, a prospéré et autant transformé la ville que celle-ci l'a façonné. L'*homo urbanus* a compris que la ville est le seul être vivant capable de rajeunir ; c'est pourquoi elle est encore largement une utopie.

B. Des changements dans la continuité

La loi « Climat et résilience » modifie l'article L 101-2 du Code de l'urbanisme fixant les grands objectifs du droit de l'urbanisme : elle insère un neuvième objectif de lutte contre l'artificialisation avec un objectif zéro artificialisation nette à terme. Elle crée également un nouvel article L 101-2-1 qui précise les moyens pour atteindre cet objectif. Il faut désormais assurer de manière équilibrée, et donc probablement de façon différente selon les territoires, la maîtrise de l'étalement urbain, le renouvellement urbain, la qualité urbaine, la préservation et la restauration de la biodiversité, la protection des sols agricoles, forestiers… Cet objectif d'équilibre qui n'est pas nouveau, mais revu, comporte désormais une obligation de développement rural maîtrisé, en plus de celle de développement urbain maîtrisé. Ceci a pour conséquence de pointer les territoires considérés comme les mauvais élèves de la lutte contre la consommation d'espace.

La question reste à savoir sur quelle base cet objectif va-t-il être réalisé. Ce mécanisme implique que la répartition des hectares soit décidée par chaque région, c'est donc une décision qui s'imposera à chaque territoire couvert pat un schéma de cohérence territoriale. Il s'agit d'un mécanisme très différent du rapport normal entre le schéma régional de développement durable et d'égalité des territoires et le schéma de cohérence territoriale qui laisse une marge de manœuvre et donc de l'autonomie aux territoires. Il semblerait que la tutelle d'une collectivité sur une autre ne soit pas loin.

Il est prévu à l'article L 141-10 du Code de l'urbanisme, la possibilité pour le SCOT d'identifier des zones préférentielles pour la renaturation, par transformation de sols artificialisés en sols non artificialisés. Il s'agit d'une simple possibilité et non d'une obligation. La loi apporte également quelques précisions sur les conditions d'implantation des constructions commerciales en fonction de leur surface, de leur impact sur l'artificialisation des sols et sur les équilibres territoriaux, notamment au regard du développement du commerce de proximité. Ainsi, un document d'aménagement artisanal et commercial doit localiser les secteurs d'implantation privilégiés au regard des besoins logistiques du territoire ainsi que la capacité des voiries, existantes ou en projet, à gérer le flux des marchandises et objectifs fixés dans le projet d'aménagement. Cette obligation s'exerce dans le cadre fixé par le Schéma régional de développement durable et d'égalité des territoires.

La loi transforme certaines facultés en obligations, elle crée un article L.151-6-1 dans le Code de l'urbanisme qui renforce le rôle des orientations d'aménagement et de programmation et contraint les auteurs du plan local d'urbanisme. Ainsi, dans les zones d'urbanisation futures, elles doivent définir un échéancier prévisionnel de l'ouverture à urbanisation et de la réalisation des équipements. Ce qui était auparavant une faculté devient alors une obligation ; cette mesure est applicable à tous les plans locaux d'urbanisme en cours d'élaboration, de révision ou de modification[18]. Le législateur ouvre également une nouvelle possibilité aux auteurs du plan local d'urbanisme : les orientations d'aménagement et de programmation peuvent désormais définir les actions et opérations nécessaires pour protéger les franges urbaines et rurales. Elles peuvent définir les conditions dans lesquelles les projets de construction et d'aménagement, situés en limite d'un espace agricole, intègrent un espace de transition végétalisé non artificialisé entre les espaces agricoles et urbanisés ainsi que la localisation préférentielle de cet espace de transition.

C. Les outils d'un nouvel urbanisme

Parmi les 305 articles de la loi « Climat et résilience » promulguée le 22 août 2021, nombreuses sont les dispositions qui modifient le droit de l'urbanisme à commencer par la proclamation de l'objectif visant à limiter l'artificialisation des sols. Cette loi offre un panel de nouvelles dispositions qui touchent des domaines forts variés.

À compter du 1er juillet 2023, les constructions d'une certaine ampleur devront prévoir la mise en œuvre d'un dispositif de production d'énergie renouvelable ou bien d'un système de végétalisation afin de favoriser la « préservation et la reconquête de la biodiversité » (article 101). Toutefois, l'autorité compétente pour délivrer l'autorisation d'urbanisme pourra accorder des dérogations au cas par cas en raison d'obstacles techniques ou économiques à la mise en place de ces dispositifs. Lors de la délivrance d'un permis de construire, le pétitionnaire pourra être autorisé à compenser la réalisation de certaines aires de stationnement de véhicules motorisés imposés par le PLU par la création d'espaces dédiés au rangement des vélos[19]. Disposition phare de la loi, l'article 191 pose le principe selon lequel l'artificialisation des sols doit être réduite de 50 % dans les dix prochaines années. Toutefois, la même disposition permet au législateur de moduler à l'avenir le respect de cet objectif, notamment en fonction des territoires. L'article 192 définit l'artificialisation des sols comme « l'altération durable de tout ou partie des fonctions écologiques d'un sol, en particulier de ses fonctions biologiques, hybrides et climatiques, ainsi que de son potentiel agronomique par son occupation ou son usage ». Dans la foulée, l'article 194

[18] À l'exception de ceux dont le projet a été arrêté avant le 21 août 2021.

[19] Selon un ratio de six places pour les vélos par aire de stationnement selon l'article 117.

précise que cet objectif devra être introduit dans les différents documents d'urbanisme dans un délai de cinq ans. Le maire, ou le président de l'établissement de coopération intercommunale, si ce dernier est devenu compétent en matière de PLU, devra, au moins tous les trois ans, présenter à l'organe délibérant un rapport consacré à l'artificialisation des sols pratiquée au cours des années précédentes. À l'issue de cette présentation, un débat et un vote devront avoir lieu sur cette question (article 206).

La notion de consommation des espaces naturels, agricoles et forestiers est également définie par l'article 194 de cette loi. Celle-ci s'entend comme la création ou l'extension effective d'espaces urbanisés sur le territoire concerné. Ce même article 194 prévoit que, désormais, le projet d'aménagement et de développement durable ne pourra ouvrir à l'urbanisation des espaces naturels, agricoles ou forestiers, que si les espaces urbanisés ont effectivement déjà été utilisés.

Les orientations d'aménagement et de programmation continuent de s'enrichir ; elles devront désormais comporter un échéancier pour l'ouverture à l'urbanisation et l'aménagement de ces zones, le délai initial de neuf ans pour procéder à cette opération est ramené à six ans (article 199). De même, elles devront indiquer les actions et opérations qui permettront de valoriser les continuités écologiques (article 200). Dans le même sens, le délai imposé aux collectivités pour dresser le bilan de l'application de leur plan local d'urbanisme est ramené de neuf à six ans (article 203). Pour les communes situées dans une zone fortement urbanisée, le règlement du plan local d'urbanisme devra prévoir, dans certains secteurs, une part minimale des surfaces non imperméabilisées ou éco-aménageables (article 201). Lors de la délivrance d'une autorisation d'urbanisme, il sera possible de déroger aux règles relatives à la hauteur et à l'aspect extérieur des constructions prévues par le plan local d'urbanisme si le projet prévoit la végétalisation des façades ou des toitures (article 202)[20]. La loi crée un nouveau certificat en matière d'urbanisme, le certificat de projet (article 212) ; ce nouveau document est directement inspiré du certificat d'urbanisme. Il vise à permettre à un opérateur qui porte un projet de réutilisation d'une friche, d'être informé de l'ensemble du régime juridique applicable à l'opération. Le certificat de projet pourra indiquer les régimes, les délais, les décisions et les procédures applicables au projet, et éventuellement les difficultés juridiques ou techniques pouvant empêcher ou retarder sa réalisation. Ces nouveaux certificats auront pour effet de cristalliser les règles applicables aux autorisations indiquées durant[21] une période de dix-huit mois. Cependant, à la

[20] Des dérogations aux règles de hauteur pourront été accordées pour les constructions faisant preuve d'exemplarité environnementale (article 201) ou si le projet vise à utiliser une friche (article 211).

[21] Pour l'instant, cette innovation est introduite à titre expérimental pour une période de trois ans.

différence des certificats d'urbanisme, la délivrance du certificat de projet relève de la compétence du représentant de l'État dans le département.

Cette loi s'accompagne d'une multitude de mesures dissuasives et de mesures incitatives à l'image de celles pour favoriser les constructions « écologiquement responsables ou socialement inclusives », ces nouveaux mécanismes ne peuvent prospérer qu'à la condition que les communes et les propriétaires s'y retrouvent financièrement. Or, si cette dernière n'est pas la première à le faire, la loi « Climat et résilience » pose, avec davantage d'acuité, la question de la pérennité de ce système. En effet, au nom de la protection de l'environnement et tout particulièrement de la lutte contre le réchauffement climatique, cette loi multiplie des dispositifs onéreux sans jamais ou presque traiter de leur financement.

Aujourd'hui, la boîte à outils de l'urbanisme se trouve copieusement garnie. L'impression de complexité qui en résulte est déroutante au moment où les problèmes à traiter dans les villes n'ont jamais été aussi nombreux et variés. Cette situation risque de conduire à un pragmatisme sans ambition intellectuelle si ne sont pas tirées toutes les conséquences du fait que les méthodes de l'urbanisme sont essentiellement des mécanismes de décisions sociopolitiques mettant en jeu des pouvoirs[22].

[22] Décider c'est exercer un pouvoir ; l'urbanisme est l'une des méthodes à la disposition des pouvoirs publics pour gérer certains types de problèmes urbains.

L'ECHEC NORMATIF EN DROIT PRIVE : L'EXEMPLE DU CONTRAT CREATEUR DE NORME

Alexandre BOUSCAVERT

La question de la normativité est classiquement appréhendée à un niveau « macrojuridique »[1]. Elle intéresse les lois et les décrets, les textes à valeur constitutionnelle et conventionnelle, ou les recommandations qui émanent d'institutions diverses. Pourtant, on trouve aussi des normes au niveau « microjuridique »[2], c'est-à-dire au niveau des relations entre les individus. L'acte juridique de droit privé est en effet susceptible de produire une norme. Kelsen l'a montré s'agissant du contrat, qu'il définissait comme « un accord exprimé des volontés de deux ou plusieurs sujets ayant pour conséquence que la conduite voulue subjectivement par les contractants doit être objectivement considérée comme obligatoire[3] ». Il est vrai que, défini très simplement, le contrat dicte un comportement aux parties. Or, selon une définition classique, la norme est un modèle de comportement, « elle dit ce qu'il doit être[4] ». Elle est un « modèle qui, lorsqu'il est en vigueur, sert à diriger l'action d'un ou plusieurs assujettis au profit d'un ou plusieurs bénéficiaires[5] ». Il n'est donc pas surprenant d'affirmer que le contrat crée une norme. L'idée a fortement séduit la doctrine, à commencer par Rouhette dans sa célèbre *Contribution à l'étude critique de la notion de contrat*. L'éminent auteur notait en effet que « la définition du contrat devrait être davantage centrée sur la norme, la "loi des parties"[6] ». Dans une thèse plus récente, Mme Galbois-Lehalle convoque elle aussi la norme et définit le contrat comme « une norme contractuelle

---

[1] Sur ce constat : Ph. Jestaz, « La norme dans la doctrine privatiste du XXe siècle », *RTD civ.* 2020, p. 35.

[2] L'expression est empruntée à A. Sériaux : « Le futur contractuel », *in Le droit et le futur*, Paris, PUF, coll. « Travaux et recherches de l'université de droit d'économie et de sciences sociales de Paris », 1985, p. 77.

[3] H. Kelsen, « La théorie juridique de la convention », *APD*, 1940, p. 33, spéc. p. 36.

[4] La norme peut en effet être définie comme « une *règle* d'après laquelle l'homme doit diriger sa conduite », R. von Jhering, *L'évolution du droit (Zweckimrecht)*, trad. O. de Meulenaere, Paris, Librairie A. Marescq, 3e éd., 1901, § 148, p. 222.

[5] B. Moron-Puech, *L'acte juridique, une réponse à la crise du contrat*, Paris, LGDJ, coll. « Bibliothèque de droit Privé », 2020, § 277.

[6] G. Rouhette, *Contribution à l'étude critique de la notion de contrat*, thèse dactyl., Paris, 1965, § 115.

empreinte de subjectivisme[7] ». Si les auteurs ont souvent opéré des liens entre norme et contrat, c'est parce que cette analyse dispose de solides bases en droit français. C'était déjà le cas dans le Code civil de 1804, qui définissait le contrat comme une source d'obligations. L'ancien article 1101 énonçait en effet que « le contrat est une convention par laquelle une ou plusieurs personnes s'obligent, envers une ou plusieurs autres, à donner, à faire ou à ne pas faire quelque chose ». La définition a d'ailleurs été conservée après l'entrée en vigueur de l'ordonnance de 2016 opérant réforme du droit des contrats (article 1101 C. civ). L'obligation n'étant rien de moins qu'une prestation dont la détermination par les parties sert de référence pour l'exécution, il en ressort que le contrat a un effet normateur en ce qu'il donne naissance à des obligations. L'obligation sert ainsi de norme à laquelle le débiteur doit se référer pour exécuter sa prestation et sur laquelle se fondera également le juge pour éventuellement procéder à une exécution forcée. Cette réduction de l'effet du contrat à la création d'obligations a toutefois fait l'objet d'une vive critique doctrinale, en particulier depuis que M. Ancel a démontré que l'efficacité du contrat ne devait pas être réduite à la création d'obligations[8]. Outre les obligations auxquelles il donne parfois naissance et qui participent de son « contenu obligationnel », le contrat aurait surtout une « force obligatoire ». Son efficacité ne résiderait donc pas seulement dans la création d'obligations, mais plus fondamentalement dans la force juridique conférée à l'ensemble des prescriptions des parties. Si l'on pouvait déjà opérer un rapprochement entre l'obligation d'une part et la norme d'autre part, c'est surtout la découverte de cette nouvelle notion qui a permis d'approfondir l'analyse normativiste du contrat. Selon M. Ancel, « dire que le contrat a force obligatoire c'est dire que l'accord des parties crée une nouvelle norme juridique[9] ». La force obligatoire ne serait donc rien d'autre que le concept permettant d'opérer une transposition de la notion de norme à la matière contractuelle[10]. Là encore, la référence implicite à la norme pour décrire la

---

[7] D. Galbois-Lehalle, *La notion de contrat. Essai d'une théorie*, Paris, LGDJ, coll. « Bibliothèque de droit privé », 2020, p. 554.

[8] P. Ancel, « Force obligatoire et contenu obligationnel », *RTD civ.*, 1999, p. 771. Opérant une critique similaire, postérieurement à la réforme de 2016 : S. Lequette, « La notion de contrat », *RTD civ.*, 2018, p. 341, § 19 : « Le contrat produit en effet une norme juridique plus générale au sens où son effet juridique obligatoire dépasse les seules obligations. Il ne s'agit plus de signifier seulement par-là que le contrat peut donner naissance à d'autres effets réels et personnels accompagnant les obligations ce qui relève aujourd'hui de l'évidence mais plutôt qu'il impose non l'exécution d'obligations isolées mais la réalisation d'un projet contractuel qui les englobe et les dépasse. »

[9] *Ibid.*, § 5. L'idée était déjà défendue par Kelsen : « Si la convention a "force obligatoire", si elle a l'effet d'obliger les sujets contractants à une conduite à laquelle ils n'étaient pas obligés auparavant, cela signifie que la convention a créé une norme qui n'existait pas avant la conclusion de la convention (…) » ; H. Kelsen, « La théorie juridique de la convention », *APD*, 1940, p. 33, spéc. p. 35.

[10] Plus avant, il semble possible de distinguer la force obligatoire et la norme contractuelle, la seconde n'étant que le produit de l'acte juridique qui a naturellement force obligatoire. Mais la

force obligatoire du contrat peut être décelée dans le droit positif. Disposition emblématique du Code civil de 1804, l'ancien article 1134 alinéa 1er énonçait déjà que « les conventions légalement formées tiennent lieu de loi à ceux qui les ont faites ». Or, il ne fait aucun doute que la loi génère une norme. Désormais ce rapprochement entre le contrat et la norme est d'autant plus évident que la réforme de 2016 a fait de la force obligatoire un principe directeur du droit des contrats (article 1103 du Code civil). Le contrat produit donc une norme et certains auteurs considèrent même plus largement que tout acte juridique a pour effet de produire une norme[11].

Si l'on admet que le contrat a pour effet de donner naissance à une norme, il faut néanmoins reconnaître qu'il s'agit d'une norme spécifique. Elle l'est d'abord parce qu'elle est individuelle[12]. La norme contractuelle ne lie en effet que les parties, l'article 1199 du Code civil énonçant très clairement que « le contrat ne crée d'obligations qu'entre les parties » et que « les tiers ne peuvent ni demander l'exécution du contrat ni se voir contraints de l'exécuter ». Cet effet relatif du contrat a donc pour conséquence de borner le périmètre de la norme contractuelle : née d'un accord des parties, elle ne s'impose qu'à elles. Mais nous savons que le caractère général et abstrait n'est pas une donnée essentielle de la norme, ce sur quoi Kelsen insistait déjà. Il notait en effet que « l'essentiel dans une norme est qu'elle statue un comportement comme obligatoire », ajoutant que « cela peut se produire de manière générale comme de manière individuelle[13] ». C'est d'ailleurs la raison pour laquelle il défendait le recours à la notion de norme alors même que ses prédécesseurs se référaient plus volontiers à la règle[14]. Selon Kelsen, la norme devait constituer la catégorie de référence pour l'ensemble des prescriptions juridiques, qu'elles soient générales ou individuelles, tandis que la règle était, semble-t-il, nécessairement générale et abstraite. Cette vocation générale de la norme est désormais bien acquise puisque le terme est défendu en ce qu'il « offre l'avantage de viser d'une manière générale toutes les règles présentant ce caractère (*i.e.* : la valeur obligatoire attachée à une règle de conduite), quels qu'en soient la source (loi, traité, voire droit naturel) ou l'objet (règle de

---

distinction ne présente pas d'intérêt dans le cadre de cette étude. Sur cette question, v. not : Th. Revet, « La prise d'effets du contrat », *RDC*, n° 1, 2004, p. 29.

[11] En ce sens, v. not. : B. Moron-Puech, thèse précitée, §263 et s. ; C. François, *L'acte juridique irrégulier efficace, Contribution à la théorie générale de l'acte juridique*, Paris, LGDJ, coll. « Bibliothèque de droit privé », t. 598, 2020, § 178 et s. ; Ph. Jestaz, « Une révolution inaperçue, À propos de l'acte juridique », *RTD Civ.*, 2014, p. 67.

[12] P. Mayer, « Existe-t-il des normes individuelles ? », *in* D. de Béchillon, V. Champeil-Desplats, P. Brunet, É. Millard (dir.), *L'architecture du droit. Mélanges en l'honneur de Michel Troper*, Paris, Economica, 2006, p. 679.

[13] H. Kelsen, *Théorie générale des normes*, 1979, Paris, PUF, coll. « Léviathan », rééd. 1996, p. 10.

[14] E. Millard, « Qu'est-ce qu'une norme juridique ? », *Cahiers du Conseil constitutionnel*, n° 21, janvier 2007.

conflit, droit substantiel, etc.)[15] ». C'est dire qu'une norme juridique peut tout à fait être individuelle. C'est le cas de la norme contractuelle qui a une « autorité relative[16] ». Ce caractère tient au fait que la norme a vocation à régir une situation juridique donnée, en créant un lien personnel entre les sujets auxquels elle s'applique. Autre particularité, la norme a une finalité concrète, dont ses auteurs recherchent positivement la réalisation. Les parties qui contractent le font en effet toujours en vue d'une fin particulière, afin de satisfaire un besoin. Ce besoin aura été défini par les parties lors de l'élaboration du contenu contractuel, et c'est lui-même qui servira de guide lors de l'exécution du contrat. Aussi, la norme de comportement issue du contrat n'aura pas simplement pour effet d'ouvrir un droit à réparation en cas de méconnaissance, mais plus fondamentalement d'ouvrir un droit à l'exécution d'une ou plusieurs prestations. Il est vrai que la généralisation des dommages et intérêts a un peu tendance à amoindrir cette spécificité[17]. Reste que l'exécution en nature continue de faire partie du panel des réponses à l'inexécution (article 1221 du Code civil) et que si le choix est fait de verser des dommages et intérêts, leur montant devra être à la hauteur de l'intérêt positif recouvert par le contrat. En somme, il s'agira toujours de parvenir à un résultat prédéfini, même si cela se fait par équivalent. Le caractère individuel de la norme contractuelle atteint donc aussi bien son périmètre d'application (la relation des parties) que son contenu (l'opération juridique ou *negotium* à accomplir). La norme à laquelle le contrat donne naissance est une « norme juridique qui opère la rencontre des intérêts des parties[18] ». Aussi aurait-on tort de mobiliser la notion de norme pour étudier seulement les conventions qui donnent naissance à un cadre réglementaire d'ordre privé, c'est-à-dire négocié. Il est, en effet, très courant d'évoquer la norme contractuelle en matière sociale, pour désigner les conventions collectives par exemple[19]. Pourtant le contrat de vente aussi produit une norme ; une norme qui impose *a minima* au vendeur de délivrer le bien et à l'acquéreur de payer le prix. Cela vaut semble-t-il pour tout type de contrat.

Si nous avons pris le temps d'expliquer que le contrat produit une norme, c'est parce que ce constat constitue le point de départ indispensable d'un travail consacré à l'échec normatif contractuel. Encore faut-il désormais définir ce qu'on peut entendre par échec, et plus particulièrement par échec

---

15 G. Cornu (dir.), *Vocabulaire juridique*, Paris, PUF, coll. « Quadrige », 13e éd, 2020.

16 X. Labbee, *Les critères de la norme juridique*, *op. cit.*, p. 79.

17 Certains auteurs estiment que le contrat est une norme comme une autre. Ce faisant, toute violation de la norme ouvre droit à réparation à la hauteur du préjudice subi, c'est-à-dire à une simple réparation pécuniaire. Sur cette idée v. not. : Y.-M. Laithier, *Étude comparative des sanctions de l'inexécution du contrat*, Paris, LGDJ, coll. « Bibliothèque de droit privé », t. 419, 2004.

18 S. Lequette, « La notion de contrat », article précité, § 28.

19 La saisie de l'expression « norme contractuelle » sur *Légifrance* renvoie en effet majoritairement à des arrêts rendus par la chambre sociale de la Cour de cassation.

normatif. À première vue, l'échec correspond à un résultat négatif, dans le sens où le résultat recherché ne peut pas être atteint, laissant place à une certaine déception. Associé à la norme, l'échec renverrait à l'hypothèse dans laquelle on n'est pas parvenu à imposer un certain comportement, puisque là est l'objectif poursuivi par toute norme. Reste alors à savoir comment transposer cette définition de l'échec normatif à la matière contractuelle. Ce n'est évidemment pas une question dont traite expressément le Code civil puisque l'analyse normative du contrat est demeurée essentiellement doctrinale. Deux séries d'exclusions peuvent toutefois être formulées dès maintenant. Tout d'abord, on remarque assez vite que la norme contractuelle se singularise par le fait qu'elle n'a *a priori* aucune chance de demeurer ineffective. La conclusion du contrat entraîne en effet l'entrée en vigueur de la norme contractuelle ; et les parties, parce qu'elles sont tout à la fois auteurs, sujets et destinataires de la norme, ont évidemment intérêt à ce que la norme soit observée. L'échec normatif ne pourra donc pas provenir d'un délaissement de la norme, l'hypothèse ne se présentant pas en pratique : s'il y a une inexécution, le contractant lésé demandera *a priori* au juge d'imposer l'exécution forcée. Même à supposer que ce cas d'école existe réellement, la qualification d'échec normatif ne s'imposerait pas davantage selon nous : si les parties délaissent le contrat et renoncent à en demander l'exécution, c'est qu'elles n'y ont manifestement plus intérêt. Un certain succès peut dès lors être trouvé en dehors de la norme. Ensuite, on remarque que l'inexécution contractuelle n'est pas davantage une hypothèse d'échec. Certes, il est vrai que les engagements sur lesquels repose le contrat « sont traités comme une norme pour juger les actes à accomplir en vue de réaliser l'opération économique[20] ». De ce point de vue, on pourrait assimiler l'inexécution à un échec de la norme dans son objectif de direction de la conduite des parties. Mais en réalité, il faut voir que c'est précisément parce que la norme est un succès qu'elle permet non seulement d'identifier le phénomène de l'inexécution, mais aussi et surtout, de le sanctionner. La sanction de l'inexécution contractuelle révèle donc paradoxalement un succès normatif, puisque là où il y a une sanction, il y a une norme efficace[21]. D'où on voit qu'il ne faut pas transposer trop hâtivement les questions relevant de la thématique de l'échec d'une norme macrojuridique à la norme microjuridique. Si la norme contractuelle est susceptible d'échec c'est dans d'autres circonstances que nous proposons ici de relever afin d'aborder la question de l'efficacité contractuelle sous un jour nouveau.

Appliqué à la notion de norme, l'échec renvoie à deux situations. Il se peut, tout d'abord, que le processus qui devait conduire à l'édiction de la norme ne parvienne pas à son terme. L'échec se matérialise alors par une absence de

[20] F. Rouviere, *Le contenu du contrat : essai sur la notion d'inexécution*, Aix-en-Provence, PUAM, 2005, § 104.

[21] A. Jeammaud, « La règle de droit comme modèle », *Dalloz*, 1990, chron. 199.

norme, le projet n'ayant finalement pas acquis la force obligatoire nécessaire pour diriger la conduite des parties. Il se peut ensuite que la norme parvienne à l'existence, mais disparaisse à raison d'une obsolescence révélée lors de son application. C'est alors une évolution des circonstances qui provoque l'échec de la norme contractuelle.

Pour étudier la question de l'échec de la norme contractuelle nous procéderons donc à un découpage temporel classique, en distinguant : l'échec qui survient en amont de l'acte, par abandon du projet normatif (I), et l'échec qui survient après la formation de l'acte, par une obsolescence de la norme adoptée (II).

I. L'abandon du projet normatif

L'échec peut tout d'abord consister dans un projet abandonné, qui ne va pas à son terme. Le contrat est susceptible de connaître un tel échec lorsque l'acte définitif n'est pas signé par les parties et que leurs échanges s'arrêtent au stade des pourparlers. Dans ce cas, nous sommes, semble-t-il, face à un échec normatif : la norme projetée n'est finalement pas adoptée par les parties alors qu'elles avaient l'intention de conclure le contrat. Le projet normatif demeure lettre morte[22]. La norme contractuelle élaborée ne voit donc pas le jour. La recherche des raisons de l'échec (A) précédera l'exposé de ses conséquences concrètes (B).

A. Les raisons de l'échec

Il serait vain de chercher à recenser toutes les raisons qui peuvent justifier un abandon du projet normatif. Néanmoins, il semble possible de les classer en deux grandes catégories. Les raisons de l'échec peuvent tout d'abord être internes et tenir au contenu même de la norme, sur lequel les futures parties ne parviennent pas à se mettre d'accord. Elles peuvent aussi être externes et tenir à l'environnement dans lequel ont lieu les négociations, ce dernier expliquant que les parties renoncent à s'engager dans une relation contractuelle.

Raisons internes — Il est courant qu'un projet de loi ne soit finalement jamais adopté, faute pour ce dernier de faire consensus au sein des organes légiférant. Même s'il est longuement débattu, finement élaboré, il se peut donc que le projet de loi ne soit jamais adopté, voire qu'il soit abandonné par ceux-là mêmes qui l'avaient initié. La même situation est susceptible d'affecter le projet de contrat. Comme le rappelle très sobrement l'article 1101 du Code civil, « le contrat est un accord de volontés entre deux ou plusieurs personnes ». Ainsi l'adoption de la norme contractuelle dépend-elle

---

[22] Sur la qualification de projet d'acte juridique, et plus précisément sur l'échec du projet, v. J. N. Stoffel, *Le projet d'acte juridique (étude de droit privé)*, Aix-en-Provence, PUAM, 2020, § 407 et s.

évidemment de l'existence d'un accord entre les parties. Pour parvenir à un accord, les parties entament donc généralement des négociations au cours desquelles le contrat demeure à l'état de projet. Du moins est-ce le cas lorsque les parties sont sur un pied d'égalité et ont la possibilité de négocier le contenu du futur contrat. Si les parties procèdent à des négociations avant la conclusion du contrat définitif, c'est précisément entre ces deux moments qu'un échec est susceptible d'intervenir. De même que le projet de loi est susceptible d'être abandonné, le projet de contrat est susceptible d'être finalement délaissé par les négociateurs ou par l'un d'entre eux. Pour comprendre les raisons d'un tel échec il convient de remarquer que derrière l'accord de volontés se dissimule plus concrètement une rencontre entre les intérêts des parties, que la norme contractuelle a vocation à synthétiser. Comme l'avait remarqué Rouhette, le contrat est en effet une « norme bilatérale liant deux centres d'intérêt[23] ». C'est d'ailleurs la raison pour laquelle le contrat est gouverné par le principe de liberté contractuelle : les parties étant présumées être les meilleurs juges de leurs intérêts, il leur appartient de déterminer si elles doivent conclure, sur quoi, et avec qui[24]. *In fine*, le contenu contractuel élaboré devra donc opérer une rencontre entre les intérêts des parties. D'où on voit que l'abandon du projet normatif peut être provoqué par une absence de rencontre entre les intérêts des parties, que le désaccord ne fait que révéler sans pour autant l'expliquer.

Cette prise en compte de l'intérêt permet plus précisément d'identifier deux hypothèses de désaccord entre les parties, étant entendu que ces dernières n'ont pas nécessairement des intérêts identiques. Bien au contraire, leurs intérêts peuvent être antagonistes, comme c'est le cas lorsque les parties entendent procéder à un échange, ou équivalents, comme c'est le cas lorsque les parties désirent œuvrer à une entreprise commune. L'abandon du projet proviendra donc, soit d'une difficulté à accorder leurs intérêts antagonistes, soit d'une difficulté à faire converger leurs intérêts équivalents. Le premier cas est conforme à une approche classique de la norme contractuelle. La conceptualisation du contrat a, en effet, longtemps obéi à un paradigme : celui du « contrat-échange » par lequel chacune des parties fournit un bien ou une prestation qui est regardée comme la contrepartie du bien ou de la prestation fourni par l'autre. La norme contractuelle résulte alors très simplement d'une réciprocité entre l'intérêt de l'une et l'intérêt de l'autre, selon la loi classique de rencontre entre l'offre et la demande. Le contrat de vente en est un exemple éminemment classique, mais très fidèle à cette idée : tandis que l'acquéreur cherche à obtenir la propriété du bien détenu par le vendeur, ce dernier cherche à se départir de son bien moyennant un paiement. Dans ce contexte, l'échec de la norme proviendra donc de l'absence d'accord des parties sur les termes

---

[23] G. Rouhette, *Contribution à l'étude critique de la notion de contrat*, thèse dactyl., Paris, 1965, § 224.

[24] J. Ghestin, « L'utile et le juste dans les contrats », *Dalloz*, 1982, 1.

de l'échange, l'une d'elles au moins ne trouvant pas son intérêt dans le contrat proposé. Faute d'être parvenues à un compromis, elles seront conduites à abandonner le projet de contrat. Reste que la figure de l'échange n'a pas vocation à englober tous les types d'opérations que le contrat est susceptible de réaliser. Les parties peuvent en effet avoir des intérêts similaires ou du moins équivalents, de sorte que le contrat conclu donnera lieu non pas à un échange de biens ou de services, mais plutôt à une mise en commun de ces derniers en vue de concourir à une entreprise commune[25]. Pour que la norme élaborée soit au service de leurs intérêts communs, les parties doivent donc définir un objectif et préciser les modalités de leur participation à sa réalisation. Là encore l'abandon du projet normatif proviendra certainement d'une difficulté pour les parties à s'entendre sur l'objet du contrat et sur la répartition de l'effort nécessaire à sa réalisation.

Dans ce dernier type de contrat, on peut d'ailleurs penser que la nécessaire convergence des intérêts des parties est en réalité indissociable de l'établissement d'une certaine relation de confiance. De manière générale, il semble que la confiance soit un préalable à tout contrat. Liant les parties et faisant dépendre la satisfaction de l'un de l'exécution par l'autre, le contrat ne sera conclu que si les parties ont foi dans la capacité et la volonté de leur cocontractant à l'exécuter. C'est ce qui a fait dire à un auteur que le contrat est l'expression d'une « confiance juridicisée[26] ». Mais il est vrai que cette nécessaire confiance se retrouvera davantage dans les contrats qui ont vocation à durer dans le temps et qui reposent pour ce faire sur une relation durable des parties. L'abandon du projet normatif sera alors davantage causé par une absence de confiance réciproque des parties que par un réel désaccord[27]. Une telle perte de confiance est évidemment susceptible d'intervenir dans les contrats *intuitu personae*, qui sont conclus à raison de la personne du contractant. Ainsi, la conclusion du contrat de société ne pourra pas intervenir sans l'existence d'un *affectio societatis*. Mais, le plus souvent, cette perte de confiance signera l'échec du contrat dans lequel la confiance réciproque est un élément à part entière de l'opération projetée[28]. On sait par exemple qu'une relation de confiance est nécessaire à la conclusion du contrat

---

[25] Cette présentation est évidemment schématique car certains contrats sont hybrides, réalisant tout à la fois une permutation et une concentration des intérêts communs. En ce sens : S. Lequette, *Le contrat-coopération, Contribution à la théorie générale du contrat*, Paris, Economica, coll. « Recherches juridiques », 2012.

[26] G. François, *Consentement et objectivation, L'apport des principes du droit européen du contrat à l'étude du consentement contractuel*, Aix-en-Provence, PUAM, 2007, p. 52.

[27] A. Albarian, *De la perte de confiance légitime en droit contractuel. Essai d'une théorie*, Paris, Mare & Martin, coll. « Bibliothèque des thèses », 2012.

[28] « Le contrat de confiance peut donc, au bout du compte, être compris comme celui dont l'objet intègre, pour sa réalisation, des paramètres d'ores personnel sur la considération desquels l'une des parties place sa foi en l'autre. » G. Loiseau, « Contrats de confiance et contrats conclus *intuitu personae* », *in La confiance en droit privé des contrats*, Paris, Dalloz, coll. « Thèmes et commentaires », 2008, p. 97, spéc. p. 99.

de crédit, l'établissement bancaire prêtant évidemment la plus grande attention à ce que son client présente toutes les garanties pour le remboursement du prêt qu'il s'apprête à lui consentir. La confiance repose alors sur des critères dont la finalité est de garantir par avance la bonne exécution contractuelle. La confiance est alors une condition *sine qua non* pour l'adoption du projet normatif et, si ces critères ne sont pas remplis, il y a donc de fortes chances que le projet soit abandonné.

Raisons externes — On connaît les raisons politiques et économiques qui conduisent parfois un gouvernement à abandonner un projet de loi. Dans ce cas c'est moins le contenu de ladite loi qui justifie son délaissement que des raisons contingentes. Or, il peut en aller de même en matière contractuelle : le contexte qui entoure l'élaboration de la norme peut provoquer l'abandon du projet normatif. Ce sera le cas en particulier si la viabilité économique du projet contractuel est menacée à la suite d'une modification soudaine du contexte économique. La récente crise liée à l'épidémie de Covid-19 l'a démontré. Si la crise a évidemment eu une incidence sur l'exécution des contrats en cours[29], elle a aussi conduit nombre d'acteurs économiques à réévaluer la viabilité des contrats qui étaient encore à l'état de projet. Un tel constat avait déjà pu être fait par le passé consécutivement à la crise des *Subprimes* de 2008, voire consécutivement aux attentats de septembre 2001. Cela a d'ailleurs donné lieu à l'élaboration de stratégies d'identification des contrats à risque, l'idée étant de prémunir les entreprises contre la conclusion de contrats susceptibles d'être affecté par l'évolution du contexte économique[30]. L'échec de la norme ne traduit alors pas tant une disparition des besoins qui étaient à l'origine de la projection contractuelle, mais plutôt une disparition du contexte nécessaire à sa réalisation. Cela n'est pas étonnant dans la mesure où l'intérêt au contrat est évidemment indissociable du contexte dans lequel ce dernier devra être exécuté. Outre l'environnement économique du projet normatif, il se peut que ce soit aussi le contexte juridique qui menace sa réalisation. Là encore cela n'est pas étonnant puisque la norme contractuelle est indissociable de l'ordre juridique qui l'institut et dans lequel elle a vocation à produire effet[31]. C'est la raison pour laquelle les parties sont généralement attentives aux dispositions applicables à leur accord. Elles seront donc parfois incitées à abandonner purement et simplement leur projet de contrat s'il s'avère que l'état de la réglementation ne leur permet pas de l'envisager. Un tel abandon interviendra d'autant plus facilement que les acteurs économiques ont le choix quant à l'implantation de leur relation d'affaires. Dans ce cas, en effet, il n'est pas rare qu'ils procèdent à un examen comparatif pour savoir dans quel ordre juridique leur projet normatif a le plus

[29] Sur cette question, v. *infra*, II-A.

[30] C. Leroy, « Crise Covid-19 : rupture, suspension des contrats, impossibilité matérielle ou financière d'exécution », *AJ contrat* 2020, 214.

[31] L. Charbonnel, *La hiérarchie des normes conventionnelles. Contribution à l'analyse normativiste du contrat*, Paris, Fond. Varenne, coll. des thèse, 2012, spéc. § 112.

de chance de prospérer. Cette incidence de la réglementation sur l'initiative contractuelle était d'ailleurs au cœur des rapports *Doing business* publiés par la Banque mondiale, avant que des scandales liés à la manipulation des données n'éclatent dans les années 2018-2020. En somme, cela démontre que tout projet normatif est indissociable de son environnement économique et juridique, une telle imbrication pouvant aller jusqu'à l'abandon pur et simple du projet en cas de bouleversement significatif.

B. Les conséquences de l'échec

Inexistence de la norme : oui — Si les parties ont renoncé à conclure le contrat, il en résulte forcément une inexistence de la norme. C'est précisément ce qui permet d'affirmer que l'abandon d'un projet de contrat constitue une hypothèse d'échec normatif : bien qu'elle ait donné lieu à des discussions plus ou moins abouties entre les parties, la norme projetée n'intégrera pas l'ordonnancement juridique. Il en va ainsi même si les parties ont conclu un accord de principe, dont la particularité est de constituer une étape au sein des négociations[32]. L'accord intervenu entre les parties n'est, en effet, qu'un moyen pour elles d'échelonner les négociations en faisant un point sur leurs points d'accord et de se soumettre à des obligations précontractuelles généralement plus intenses que celles prévues par la loi. En revanche, cet accord est évidemment à distinguer du contrat définitif projeté, et il ne peut pas avoir la même efficacité[33]. Le principe de la liberté contractuelle veut en effet que la norme demeure éventuelle jusqu'à la conclusion du contrat. Parce que la norme contractuelle n'est finalement pas adoptée, les parties aux négociations ne sauraient donc être tenues par les obligations contractuelles envisagées, ce qui est logique. Seule la norme effectivement constituée et entrée en vigueur peut ordonner ou défendre et constituer en somme un impératif. Par ailleurs, aucune faute de nature à ouvrir droit à réparation ne saurait être retenue dans l'hypothèse où les parties ont « renoncé d'un commun accord à leur projet initial[34] ». En définitive cet abandon du projet normatif constitue un « bon échec » qui démontre que les négociations ont su ménager une place à l'intérêt personnel de chacune des parties. Si le contrat n'est pas conclu, cela signifie *a priori* que les parties ont décidé de renoncer à l'accord parce qu'il n'était pas satisfaisant. En somme, même si le projet est un échec, le jeu des négociations a bien fonctionné.

Néant juridique : non — Bien que l'abandon du projet normatif soit synonyme d'absence de norme, il n'est pas synonyme de néant juridique. Qu'elle soit ou non couronnée de succès, la tentative d'élaboration d'un projet

---

[32] Sur cette notion, v. not. L. Rozes, « Projets et accords de principe », *RTD com.*, 1998, p. 501, I. Najjar, « L'accord de principe », *D.*, 1991, p. 57.
[33] En ce sens : Com. 10 janvier 2012, n° 10-26.149, inédit ; *LEDC*, 2012, n° 3, p.4, O. Deshayes, *LEDB*, 2012, n° 3, p. 4, R. Routier.
[34] Civ. 3e, 3 juillet 2002, n° 00-22.192, *Bull. Civ. III*, n° 157.

normatif ne laisse pas l'ordre juridique indifférent. Pour preuve, les articles 1112 et suivants du Code civil imposent aux parties trois devoirs qui contrebalancent leur liberté de rompre les négociations et que la jurisprudence avait identifiés bien avant qu'ils ne soient repris par la réforme de 2016 : un devoir d'information, un devoir de confidentialité et un devoir de bonne foi. C'est dire que le fait d'envisager l'émission d'une norme place les négociants dans une situation juridique qui, bien qu'elle ne soit pas identique à la norme recherchée, n'en est pas moins contraignante. Le défaut de norme n'est donc pas le défaut de conséquences juridiques. Dès lors il semble important de prêter attention à la situation juridique qui a pu se créer entre les individus à l'occasion de leur tentative d'élaboration de la norme. Il se peut, par exemple, que les discussions soient rompues à un stade très avancé, de sorte que l'une des parties avait pu croire en l'adoption d'une norme contractuelle. Une opposition pourra donc avoir lieu entre les parties quant à l'existence même du contrat, question que le juge aura parfois du mal à trancher. Surtout, l'une des parties pourrait être condamnée à dédommager son cocontractant en cas de rupture abusive des négociations. Même si la norme n'est finalement pas adoptée, il se peut en effet que les discussions aient fait naître un espoir, voire une attente de contrat. Bien qu'une telle attente ne devienne légitime qu'à la condition que le contrat soit conclu — d'où on voit que « l'attente légitime » n'est pas le fondement obligatoire du contrat, mais plutôt sa suite logique[35] —, la norme légale peut se faire le relais de cette attente. Elle pourra ainsi imposer une juste réparation au contractant déçu par la rupture brutale des négociations, sans pour autant lui permettre de demander une réparation qui soit à la hauteur de l'intérêt positif qu'il pouvait espérer retirer du contrat[36].

En définitive, il apparaît que la réglementation de la période des négociations a tout à la fois pour objectif d'assurer le succès normatif, en permettant une rencontre des intérêts des parties, mais aussi pour effet de tolérer uniquement le « bon échec », à l'issue duquel les parties auront tenté loyalement de parvenir à un accord. L'étude de ce premier type d'échec de la norme contractuelle permet donc, par effet de contraste, d'éclairer les conditions d'un succès normatif. Il tient sans surprise à un accord des parties sur l'objet du contrat, lequel dépend semble-t-il d'une rencontre entre les intérêts des parties et de l'établissement d'une relation de confiance suffisante. Le projet normatif ne se concrétisera évidemment pas si cet accord n'est pas

[35] Comme l'avait avancé Carbonnier, il semble que « ce qui fonde la force obligatoire du contrat, c'est l'attente du créancier, qui ne doit pas être déçue » (J. Carbonnier, « Introduction », *in* L. Cadiet (dir.), *L'évolution contemporaine du droit des contrats*, Paris, PUF, 1986, p. 34). Néanmoins, comme l'a démontré un auteur, « la force obligatoire du contrat ne résulte pas de la légitimité de la confiance ou de l'attente. Au contraire, c'est parce que le droit assure le respect des conventions légalement formées qu'un contractant peut légitimement avoir confiance dans la promesse (…) » : G. Guerlin, *L'attente légitime du contractant*, thèse dactyl., Amiens, 2008, § 453.

[36] P. Rémy-Corlay, « Exécution et réparation : deux concepts ? », *RDC*, 2005, n° 1, p. 13.

trouvé et si la confiance ne parvient pas à s'installer. L'étude de type d'échec permet aussi d'identifier les incitations mises en place par l'ordre juridique pour permettre le succès normatif, non pas que la conclusion du contrat soit recherchée à tout prix, mais que l'échec éventuel doive être restreint à des hypothèses dans lesquelles les attentes légitimes des parties n'auront pas été déçues. Les différentes obligations imposées aux parties garantissent en effet que le contrat sera conclu en connaissance de cause ou ne le sera pas. Par ailleurs la sanction de la rupture abusive permet de compenser bien que très imparfaitement les espoirs déçus.

In fine, si les parties parviennent à s'entendre, la norme contractuelle entrera en vigueur puisqu'il existe une « concomitance de principe entre l'entrée en vigueur de l'acte contractuel et l'entrée en vigueur des normes contractuelles[37] ». Pour autant, le succès normatif n'est pas encore complètement assuré : la norme adoptée pourrait devenir obsolète.

II. L'obsolescence de la norme adoptée

Dans un autre registre, la norme peut connaître l'échec après avoir recueilli le consentement des parties — lesquelles ont donc dépassé le stade du simple projet. Nous allons voir que cet échec plus tardif de la norme, parce que révélé à l'occasion de son application, peut s'expliquer par une évolution des circonstances qui l'ont rendue obsolète. L'obsolescence peut en effet être définie comme le fait pour une chose de devenir périmée, de tomber en désuétude. Du latin *obsolescere*, perdre de sa valeur, l'obsolescence de la norme contractuelle peut donc être comprise comme le fait pour cette norme de perdre sa capacité à diriger la conduite des parties en raison d'une dépréciation survenue par l'écoulement du temps. L'obsolescence de la norme adoptée par les parties constitue donc, sans aucun doute, une hypothèse d'échec normatif. Une réserve doit toutefois être faite dès maintenant : c'est celle de l'obsolescence programmée.

Exclusion : l'obsolescence programmée — Certains échecs doivent être relativisés en se souvenant qu'il n'y a d'échec qu'à la condition qu'il y ait également une persistance de l'objectif à atteindre. Objectivement, on pourrait dire que la norme contractuelle a échoué si elle n'a pas permis aux parties d'atteindre le résultat escompté. Mais subjectivement, il faut remarquer que si le résultat initialement recherché n'est pas atteint, c'est peut-être par nécessité de se conformer plus exactement à la volonté des auteurs de l'acte. Tel est le cas de l'obsolescence programmée par les parties elle-même. À titre d'exemple, on citera une hypothèse éminemment classique : celle d'une promesse de vente conclue sous condition suspensive. Il n'est pas rare, en pratique, que les parties qui souhaitent conclure une vente immobilière, subordonnent sa réalisation à un accord de prêt destiné à financer

[37] Th. Revet, « La prise d'effets du contrat », article préc.

l'opération[38]. C'est alors la forme de la promesse de vente sous condition suspensive qui est privilégiée. Si toutefois la banque refuse d'accorder le prêt, la promesse sera caduque en raison de la défaillance de la condition suspensive. L'opération contractuelle de vente n'aura donc pas lieu entre les parties, signant l'échec de la norme. Il faut voir toutefois que cet échec normatif est conforme à la volonté des parties qui ont conditionné l'effectivité de leur accord à l'obtention d'un prêt. Le projet normatif a alors pris place au sein d'un contrat ayant précisément pour objet de subordonner l'entrée en vigueur de la norme à l'avènement d'un certain contexte. Dans ce cas, c'est donc moins une évolution des circonstances qui provoque l'échec normatif qu'un défaut des circonstances jugées essentielles par les parties. Aussi, l'échec normatif n'est-il qu'apparent, et on ne saurait donc voir dans cette « obsolescence programmée » un véritable échec de la norme contractuelle, faute pour elle de constituer une situation véritablement déceptive.

Restriction : l'obsolescence spontanée — S'il y a échec normatif, c'est donc en dépit de ce qu'avaient programmé les parties. L'obsolescence de la norme sera alors causée par une évolution des circonstances qui l'entourent. L'écoulement du temps est en effet un facteur d'aggravation de la qualité de la norme, en ce qu'il est susceptible de la rendre obsolète[39]. En cela, la norme contractuelle ne présente pas d'originalité par rapport aux normes générales et abstraites. Le contrat, lui aussi, est « soumis aux variations économiques, monétaires, politiques et sociales qui perturbent l'environnement dans lequel il évolue et qui sont susceptible de déjouer les prévisions des contractants[40] ».

Si l'on suit une analyse classique, il s'avère que l'obsolescence peut tout d'abord atteindre les obligations contractuelles (A). Mais nous savons que l'effet du contrat dépasse la seule création d'obligations. Aussi faut-il envisager l'obsolescence dépassant les seules obligations (B).

A. L'obsolescence affectant les obligations

Opérant une synthèse des intérêts des parties, la norme contractuelle est pensée par les parties à un moment *t*. En conséquence son élaboration est indissociable du contexte dans lequel elle intervient, et il peut être très difficile pour les parties de s'abstraire de ce contexte pour envisager les évolutions qui pourraient l'affecter à l'avenir. Or, à l'exception des contrats de la vie courante qui opèrent un échange spontané, le contrat a vocation à perdurer dans le temps à travers ses effets. Dès lors, il se peut qu'un changement de

[38] Cela est courant voire obligatoire lorsque l'acquéreur est un particulier souhaitant recourir à un prêt. L'inclusion de la condition suspensive est alors obligatoire : article L.313-41 du Code de la consommation.

[39] En ce sens : M. Cresp, « Variations sur le temps et la norme », *in* E. Bonis et V. Malabat (dir.), *La qualité de la norme*, t. 2 : L'application de la norme, Paris, Mare et Martin, 2020, p. 83, spéc. § 16.

[40] D. Mazeaud, « Rapport français, La révision du contrat », *in Le Contrat*, Paris, Travaux de l'Association Henri Capitant, t. LV, 2005, p. 553, § 22.

circonstances survienne et menace la réalisation de l'objectif que les parties s'étaient fixé au moyen des obligations contractuelles. Cet échec peut être relatif parce que surmontable : c'est l'hypothèse de l'imprévision. Il peut toutefois être absolu parce qu'insurmontable : c'est l'hypothèse de la force majeure.

Imprévision — Il se peut, tout d'abord, que le changement survenu modifie profondément l'équilibre convenu entre les parties au moment de son élaboration. Dans ce cas, il est fréquent que l'une des parties perde son intérêt au contrat, la lettre du contrat gravée dans le marbre au jour de sa conclusion imposant une exécution finalement très éloignée de ce qu'avaient imaginé les parties. Pourtant, la force obligatoire attachée au contrat impose son exécution, le simple changement de circonstances n'ayant pas pour effet de déprécier la norme contractuelle. S'agit-il dès lors d'un échec normatif ? Si on adopte une approche classique de la notion de contrat, centrée sur l'idée que la force obligatoire du contrat repose sur le seul accord des volontés, cette persistance de la vigueur du contrat révèle un véritable succès. L'objectif poursuivi par les parties n'est-il pas en effet de se prémunir par leur accord contre l'évolution des circonstances ? Si on adopte une approche plus contemporaine du contrat, centrée sur l'idée que la force obligatoire du contrat trouve plutôt sa justification dans la rencontre des intérêts, cette persistance de la vigueur de la norme révèle au contraire un échec. C'est plutôt cette approche qui aurait aujourd'hui tendance à prévaloir, étant entendu que le contrat ne sert pas simplement à figer la volonté, mais plutôt à assurer la réalisation d'une opération apte à satisfaire les parties. Dès lors, l'évolution des circonstances qui a pour effet de déséquilibrer le contrat constitue assurément une forme d'échec normatif. Il est vrai que cet échec est relatif, puisque l'évolution des circonstances n'empêche pas radicalement l'exécution du contrat, auquel cas on basculerait sur une hypothèse de force majeure. Mais il s'agit d'un échec tout de même puisque l'une au moins des parties se trouve contrainte d'exécuter un contrat qui ne répond pas aux attentes qu'elle s'était fixées initialement.

Manifestement, l'équilibre de l'opération n'avait pas été pensé pour le contexte nouveau qui se présente et la modification de la norme apparaît dès lors souhaitable. C'est dans cette logique que la norme légale peut parfois laisser place à une norme d'exception, spécialement pensée pour l'avènement de circonstances exceptionnelles. La pandémie de Covid-19 en a, là encore, fourni un exemple éclairant puisqu'elle a justifié la mise en œuvre de mesures d'urgence par le ministère des Solidarités et de la Santé[41]. La norme d'exception liée à l'« état d'urgence sanitaire » prévue par l'article L. 3131-1 du Code de la santé publique a donc pris le relais des normes habituelles. Si de nouvelles circonstances l'exigent, les parties au contrat peuvent également procéder à la modification de la norme contractuelle, mais il est nécessaire que

[41] Loi n° 2020-290 du 23 mars 2020 d'urgence pour faire face à l'épidémie de Covid-19.

cette intervention repose sur la prévision des parties. Initialement, la Cour de cassation refusait en effet d'admettre la révision du contrat pour cause d'imprévision[42], restant fidèle à une approche classique du contrat. Il appartenait donc aux parties d'insérer des clauses de révision ou d'adaptation dans le contrat, pour le cas où de nouvelles circonstances viendraient déséquilibrer leur accord initial. L'échec était ainsi contourné, mais il demandait un effort de projection au moment de la conclusion du contrat. C'est précisément cette focalisation sur la volonté qui a perdu du terrain, avec la consécration de la théorie de l'imprévision, c'est-à-dire du pouvoir du juge de réviser le contrat si un changement de circonstances vient rendre l'exécution d'une obligation excessivement onéreuse pour l'une des parties. Désormais, il est en effet acquis que le contenu du contrat n'a pas vocation à être figé dans le marbre. La force obligatoire, nécessaire à la sécurité juridique, ne signifie plus l'intangibilité de l'accord[43]. Bien au contraire, son évolution s'impose pour faire perdurer l'équilibre convenu par les parties au jour de sa formation. L'agencement entre les intérêts des parties prend donc le pas sur la rencontre des volontés. C'est cette évolution qui a justifié la consécration de la révision judiciaire du contrat pour imprévision à l'article 1195 du Code civil par la réforme du droit des contrats de 2016. Il est désormais prévu que la révision du contrat pourra être demandée si le changement de circonstances imprévisible lors de la conclusion du contrat a pour effet de rendre « l'exécution excessivement onéreuse ».

Il faut toutefois insister sur le fait que cet article est construit en cascade : l'alinéa 1er permet à celui qui subit l'imprévision de demander une renégociation à son cocontractant et ce n'est que l'alinéa 2 qui ouvre la voie d'une révision judiciaire, en cas « de refus ou d'échec de la renégociation ». C'est donc la bonne volonté des parties qui est tout d'abord mobilisée pour tenter de remédier à l'imprévision, étant entendu qu'il ne s'agit pas d'une obligation, force obligatoire du contrat oblige. Les parties sont donc mises face à leur échec et doivent tenter d'y remédier par elles-mêmes. Leur bon vouloir, et en particulier le bon vouloir de la partie ne subissant pas les conséquences de l'imprévision, permettra alors de relancer le contrat. Ce n'est que si les parties ne parviennent pas à se mettre d'accord que le contractant victime de l'imprévision pourra procéder à la saisine du juge pour régler l'avenir de la norme. L'échec sera alors évident, dans la mesure où l'intervention du juge pour rééquilibrer le contrat sera l'aveu, *a posteriori*, que les parties ne pouvaient pas tout prévoir et qu'il ne leur est pas toujours possible d'apprécier au mieux leur propre intérêt dans un contexte évolutif. La conjonction de la crise sanitaire liée à la pandémie de Covid-19 et de la crise

---

[42] Arrêt *Canal de Craponne*, Civ. 6 mars 1876, *D.* 76, 1. 193, note Giboulot ; *GAJC*, t. II, 13e éd. 2015, n° 165.

[43] C. Thibierge-Guelfucci, « Libres propos sur la transformation du droit des contrats », *RTD Civ.*, 1997, 357.

économique liée à la guerre en Ukraine a d'ailleurs justifié la toute première application de ce texte par une juridiction de première instance[44]. Les parties ayant échoué à se mettre d'accord, les juges ont toutefois refusé de procéder à la révision judiciaire du contrat, estimant que la demanderesse ne fournissait pas « les éléments nécessaires pour mesurer le bien-fondé des modifications de tarifs présentées[45] ». C'est dire que, même si les parties ne sont pas les artisans de la révision contractuelle, elles doivent tout de même fournir au juge des éléments qui lui permettront d'adapter la norme contractuelle au plus près de l'équilibre initialement convenu entre elles. En tout cas, l'échec sera à relativiser, la norme contractuelle ayant bénéficié d'une application normale avant que la révision n'intervienne comme un remède à son obsolescence.

Force majeure — Il n'en va pas de même en revanche lorsque les parties sont confrontées à un cas de force majeure. Comme l'ont noté des auteurs, « la théorie de la force majeure manifeste les limites de la volonté de l'homme[46] ». Bien que le contrat soit assurément un acte de prévision, les parties ne peuvent ni prévoir l'évolution du contexte entourant la norme, ni surmonter un changement de circonstances qui viendrait rendre impossible l'exécution des obligations. Certains événements sont, en effet, susceptibles d'empêcher l'exécution du contrat, ce qui ne concerne *a priori* que les obligations non monétaires. L'échec normatif est alors total puisque l'article 1218 alinéa 2 du Code civil énonce que, s'il est définitif, cet empêchement entraîne la résolution du contrat de plein droit. C'est dire que la norme, que l'on croyait dotée d'une vigueur absolue, ne s'impose plus dès lors qu'un événement à la fois imprévisible, irrésistible et extérieur aux parties, empêche l'une d'entre elles de se conformer aux obligations prévues. Dans ce cas, les parties subissent véritablement l'échec de la norme, puisque celle-ci perd tout simplement sa force contraignante. Par ailleurs, la force majeure exonère également le débiteur défaillant. Ainsi, la norme contractuelle a beau être valide, elle ne peut imposer l'exécution d'une prestation impossible conformément à l'adage « À l'impossible, nul n'est tenu ». Les parties sont alors obligées de s'incliner devant cette exécution impossible qui conduit à la disparition pure et simple du contrat.

B. L'obsolescence dépassant les obligations

Si l'échec peut atteindre les obligations, ce que révèlent la force majeure et l'imprévision, il peut atteindre plus largement les autres aspects de la norme

[44] Une décision émanant du président du Tribunal de commerce de Paris avait déjà retenu l'application de la théorie de l'imprévision mais il s'agissait d'une décision prise en référé (décision du 20 mai 2020, n° 2020160407).

[45] T. com. Paris, 19e ch., 14 décembre 2022, *SAS Saloni France c/ SAS Nexity Logement* ; *LEDC* 2023, n° 2, p. 5, L. Molina.

[46] L. Aynès etA. Benabent, « Force majeure et révision pour imprévision », *RDC* 2021/1, p. 157.

contractuelle. Nous avons vu, en effet, que l'effet normatif ne se réduit pas à la création d'obligations. L'échec normatif peut alors résider dans la difficulté pour la norme à s'adapter aux besoins naturellement évolutifs des parties, parce que non enserrés dans des obligations. Dépassant l'approche purement fonctionnelle du contrat, c'est-à-dire comme moyen en vue d'une fin, des auteurs ont en effet démontré que le contrat pouvait être « relationnel ». Il s'agit d'une catégorie de contrats qui a été mise en évidence outre-Atlantique par Ian Mac Neil[47]. Bien qu'elle ne soit pas de droit positif, elle aurait vocation à englober les contrats qui tendent moins à réaliser une opération juridique qu'à établir une relation entre les parties. Traditionnellement le contrat permet en effet aux parties de réaliser un objectif. Il est un échange de procédés en vue d'une fin, qu'il s'agisse de fournir un service, de transférer la propriété d'un bien voire d'associer ces deux types de prestations. Rien de tel dans un contrat relationnel : il ne s'agit pas de « faire » quelque chose, mais d'établir une relation contractuelle aux objectifs multiples. Bien que l'approche purement transactionnelle du contrat ait été abandonnée depuis longtemps, en particulier depuis que M. Didier a démontré qu'il existe des contrats-organisation[48], un pas semble ici franchi avec le contrat relationnel. Le contrat-organisation repose, en effet, toujours sur une opération. La dimension relationnelle ne fait donc que s'y ajouter, mais elle n'éclipse pas les prestations. C'est ainsi que le contrat de distribution impose quand même des obligations aux parties, même s'il fait état d'une relation évolutive entre elles[49]. Au contraire, le contrat relationnel implique un véritable changement de paradigme. Comme le note Mme Rochfeld, « le passage du temps peut lier plus étroitement les parties, voire modifier la nature du lien qui les relie[50] ». Ian MacNeil le remarquait déjà, « À mesure que les relations contractuelles s'étendent, ces relations adoptent de plus en plus les caractéristiques de mini-sociétés et de mini-États...[51] ». Dès lors, cela impacte nécessairement les conditions d'un succès normatif, la norme n'ayant plus la même finalité.

---

[47] I. R. MacNeil, « The Many Futures of Contract », *South California Law Review* 1974, vol. 47, p. 691 ; « Relational Contract Theory: Challenges and Queries », *Northwestern University Law Review*, 2000, p. 877.

[48] P. Didier, « Le consentement sans l'échange : le contrat de société », *RJ com.*, 1995, n° spéc., p. 74 ; « Brèves notes sur le contrat-organisation », *Mélanges en l'honneur de François Terré. L'avenir du droit*, Paris, Dalloz, 1999, p. 635.

[49] En ce sens : F. Chénedé, *Les commutations en droit privé. Contribution à la théorie générale des obligations*, Paris, Economica, coll. « Recherches juridiques », 2008, spéc. § 123 ; B. Bergmans, « Essai de systématisation nouvelle des contrats de droit privé, Contribution à une théorie générale des contrats », *RRJ*, 1990-3, p. 411, spéc. § 117.

[50] J. Rochfeld, *Les grandes notions du droit privé*, Paris, PUF, coll. « Thémis droit », 2e éd. 2013, p. 452.

[51] I. R. MacNeil, « Contracts: adjustments of long-term relations under classical, neo-classical and relational contract law », *Northwestern University Law Review*, 1978, vol. 72, p. 854, spéc. p. 898.

La vocation de la norme contractuelle est, en effet, beaucoup plus difficile à saisir dans ce cas. La formule de Demogue est bien connue : « Les contractants forment une sorte de microcosme. C'est une petite société où chacun doit travailler dans un but commun qui est la somme des buts individuels poursuivis par chacun[52]. » Cette formule n'a pas perdu de son actualité. Bien au contraire, elle semble parfaitement décrire le contrat relationnel dans la mesure où celui-ci ne poursuit aucune fin véritable. Dans ce cas c'est plutôt à des devoirs que semble donner naissance le contrat. Ce faisant, « le tranchant de la norme n'est pas le même : fût-elle de moyen, l'obligation contraint à des prestations suffisamment dessinées ; au lieu que le devoir se limite à induire des comportements, par nature plus flous[53] ». Ces devoirs deviennent alors la structure de la relation des parties et prennent la place des obligations qui leur sont traditionnellement imposées. En conséquence, les parties peuvent être tentées d'adopter deux méthodes radicalement opposées pour renforcer l'aptitude de la norme à diriger leur conduite. La tentation est grande tout d'abord de chercher à tout prévoir par le contrat, ce qui a donné naissance au dogme du « contrat parfait[54] ». Pourtant, ce recours à des actes lourds, longuement négociés et rédigés, pourrait être contraire à la nature relationnelle de l'accord intervenu. Aujourd'hui, on voit bien qu'à rebours de l'approche traditionnelle, c'est bien la technique des « contrats incomplets[55] » qui est favorisée dans ce type d'accord. L'adaptation de la norme devient dès lors un phénomène à part entière de l'exécution et un impératif pour les parties pendant toute la durée du contrat. C'est dire que, là encore, l'échec normatif peut survenir à la moindre mésentente entre les parties. Cela interroge d'ailleurs plus fondamentalement sur la capacité du contrat à constituer un outil adapté pour encadrer une véritable relation. Peut-être faudrait-il admettre que dans ce cas précis la norme à laquelle ont recours les parties n'a pas une force contraignante aussi intense que celle de l'article 1103 du Code civil. La norme étant un modèle de comportement qui ne se confond pas avec une force contraignante, elle autorise en effet une large déclinaison de l'intensité normative[56]. De tels contrats pourraient donc être le

[52] R. Demogue, *Traité des obligations en général*, t. 6, Paris, Librairie Arthur Rousseau, 1932, p. 3.

[53] R. Libchaber, « Réflexions sur les effets du contrat », article précité, spéc. § 20.

[54] « Ce terme désigne le contrat dans lequel, par hypothèse, les parties, parfaitement informées et agissant rationnellement, prévoient une solution pour toute éventualité pouvant se produire en cours d'exécution. Tous les accidents de parcours auraient été envisagés dans de tels contrats. » E. Mackaay et S. Rousseau, *Analyse économique du droit*, Paris, Dalloz, coll. « Thémis. Méthodes du droit », 2e éd. 2008, § 1348.

[55] J. Rochfeld, *Les grandes notions du droit privé*, précité, n° 7.22, p. 451 ; J. Rochfeld, « Les modes temporels d'exécution du contrat », *RDC*, n° 1, 2004, p. 47, § 30.

[56] Sur cette question v. essentiellement C. Groulier, « La distinction de la force contraignante et de la force obligatoire des normes juridiques. Pour une approche duale de la force normative », *in* C. Thibierge-Guelfucci (dir.), *La force normative, naissance d'un concept*, Paris-Bruxelles, LGDJ-Bruylant, 2009, p. 199.

terrain d'épanouissement d'une normativité plus douce, en appelant à la bonne foi des parties bien plus qu'à la force obligatoire attachée aux prévisions contractuelles. L'adoption d'une telle conception réduirait donc d'autant les hypothèses d'échec normatif : l'évolution des besoins des parties conduirait en effet davantage à une diminution de la force contraignante de la norme, de l'obligatoriété vers le facultatif, qu'à une véritable disparition de la norme. Reste évidemment à savoir si cette approche de la notion de contrat, qui n'a peut-être pas vocation à en englober tous les types, sera un jour de droit positif.

En conclusion, il apparaît que pour concevoir un contrat efficace et durable les parties sont conduites à se positionner en véritable auteur d'une norme. Le recensement des hypothèses d'échec de la norme contractuelle permet en effet de souligner les conditions d'un succès normatif. Il permet également de remarquer que le renoncement au contrat n'est pas nécessairement un échec. Le contrat étant une « norme voulue[57] », elle ne « s'impose qu'à des personnes qui ont consenti à son existence[58] », au contraire de la norme légale. Elle dépend donc directement de l'intérêt des parties à la voir entrer en vigueur. Aussi faut-il nécessairement relativiser l'échec que constitue l'abandon du projet normatif. Le recensement des hypothèses d'échec permet également de comprendre que le succès de la norme peut dépendre de la bonne volonté des parties. Ce sera le cas en particulier dans les contrats qui portent moins sur une opération substantielle, reposant sur des obligations, que sur une relation évolutive. L'effort des parties pour adapter la norme est alors la condition *sine qua non* de son succès. Reste que, quels que soient les efforts déployés, la norme peut être un échec si l'évolution des circonstances entrave irrémédiablement l'exécution des obligations : alors les parties seront bien obligées de s'incliner devant l'échec normatif.

---

[57] L'expression est empruntée à M. Labbée qui oppose la « norme voulue » générée par le contrat à la « norme subie » imposée par la loi, le règlement, la jurisprudence et la coutume : X. Labbée, *Les critères de la norme juridique*, Lille, PU Lille, 1994.
[58] Th. Revet, « La prise d'effets du contrat », article précité.

SECONDE PARTIE

LES ÉCHECS NORMATIFS INCERTAINS

À l'inverse de ce que nous avons vu jusqu'alors, l'échec normatif peut s'avérer incertain. Le doute porte alors sur l'existence même d'un échec (titre I) ou sur l'existence d'une norme (titre II).

TITRE PREMIER

L'ECHEC INCERTAIN

LE RECOURS PREVENTIF D'INCONSTITUTIONNALITE CONTRE LES STATUTS D'AUTONOMIES EN ESPAGNE. ÉCHEC PERSISTANT OU SOLUTION OPPORTUNE ?

Hubert ALCARAZ

S'il est, aujourd'hui, possible de présenter l'Espagne comme un laboratoire constitutionnel, l'observation est particulièrement bienvenue lorsque c'est son organisation territoriale qui est en cause. Reconnaissons, à cet égard, que la Constitution du 27 décembre 1978, tout en rétablissant la démocratie, a tenté d'imaginer une organisation administrative et territoriale susceptible de répondre aux aspirations régionalistes en faisant œuvre intégratrice. Pour résoudre un problème territorial récurrent — le problème territorial espagnol —, la Constitution accorde aux territoires la liberté, non seulement de s'exprimer, mais aussi de s'institutionnaliser à travers la création de Communautés autonomes. Ainsi, l'ensemble des dispositions constitutionnelles ne renvoie alors pas un modèle spécifique, mais à une structure originale qui peut déboucher sur des conceptions variées allant de l'État unitaire à l'État fédéral[1], selon que l'organisation à venir se fondera plus ou moins sur l'autonomie politique des territoires. Le texte constitutionnel ne prévoit, d'ailleurs, pratiquement rien quant à l'articulation des pouvoirs qui doivent naître de ce processus et laisse la délimitation concrète des échelons territoriaux aux mains des acteurs eux-mêmes, c'est-à-dire des territoires[2]. Le statut d'autonomie de chaque Communauté autonome, en même temps qu'il crée ladite Communauté, détermine les compétences qu'elle entend prendre en charge, c'est-à-dire le degré d'autonomie dont elle jouit au sein de l'État[3]. Et c'est de la mise en œuvre de cette faculté qu'est issu, aujourd'hui, ce que l'on désigne comme « l'État des autonomies », au sein duquel s'intègrent dix-sept Communautés et deux villes autonomes[4].

---

[1] E. Alberti, « Les nouveaux statuts d'autonomie », *in* P. Bon, *Trente ans d'application de la Constitution espagnole*, Paris, Dalloz, 2009, p. 205.

[2] J. Puipérez, *La Constitución del Estado de las autonomías*, Madrid, Editorial Biblioteca nueva, 2003, spéc. p. 63 et s.

[3] Le statut d'autonomie constitue, aux termes de l'article 147 de la Constitution, « la norme institutionnelle fondamentale » du territoire qui est érigé en Communauté autonome et à travers lequel une communauté d'individus décide de sa forme politique.

[4] Ceuta et Melilla.

Ainsi l'Espagne a-t-elle ici répondu abondamment à son aspiration à l'innovation : lieu de l'expérimentation, la division verticale du pouvoir a fourni et fournit encore avancées, tentatives, créations originales. Mais l'expérimentation ne va pas aussi sans reculs, déceptions et même parfois véritables échecs. De ce point de vue, la distribution du pouvoir politique sur le territoire espagnol permet aujourd'hui de répondre à l'invitation des organisateurs de cette recherche, car les échecs, nombreux, souvent politiques, ont pu sembler quelques fois purement techniques. Au-delà de l'observation, rapide, radicale et un rien provocatrice, c'est le cas du recours préventif d'inconstitutionnalité, un temps institué contre les lois organiques, qui peut illustrer cette appréciation : dit aussi recours *a priori*, le recours préventif d'inconstitutionnalité, institué par le législateur organique, a été supprimé avant d'être finalement rétabli. La démarche est originale et se caractérise d'abord par son échec. Mis en place en 1979 par la loi organique relative au Tribunal constitutionnel[5], le recours préventif d'inconstitutionnalité est ouvert *a priori*, contre les lois organiques et à l'initiative d'autorités politiques. Suscitant dès l'origine des critiques, ce sont les conditions de sa mise en œuvre qui montrent ses limites et alimentent son rejet. Détournée, en particulier, pour retarder l'entrée en vigueur de textes essentiels au fonctionnement de la jeune démocratie espagnole, cette procédure fait rapidement l'unanimité contre elle, au point qu'en 1985, une nouvelle loi organique vient tout simplement la supprimer[6]. Le souci d'une élimination radicale, avant même l'entrée en vigueur du texte, de tout vice de constitutionnalité inspirait la mise en place du mécanisme. La finalité n'a pas été atteinte, l'échec tient non seulement au retrait du mécanisme, mais aussi à sa durée de mise en œuvre qui, de 1979 à 1985, a été tout juste d'un peu plus de cinq ans. L'échec se nourrit de causes politiques ou proprement techniques, de structure ou plus conjoncturelles, causes internes et/ou causes externes. Non pas que l'Espagne n'ait jamais fait l'expérience du contrôle de constitutionnalité *a priori*. Elle reste, néanmoins, limitée et conçue comme exceptionnelle. En effet, lors de l'adoption de la Constitution, peu de débats se nouent autour de la distinction contrôle *a priori* — contrôle *a posteriori*. Et en 1978, l'unique hypothèse de contrôle de constitutionnalité *a priori* est prévue par l'article 95 de la Constitution pour les traités internationaux, à la demande du gouvernement ou de l'une des deux chambres[7]. L'explication tient aux exemples — allemand, italien et autrichien

[5] Loi organique 2/1979 du 3 octobre relative au Tribunal constitutionnel (*Ley Orgánica 2/1979, del 3 de octubre, del Tribunal Constitucional*).

[6] Loi organique 4/1985 du 7 juin (*Ley Orgánica 4/1985, de 7 de junio, por la que se deroga el capítulo II del título IV de la Ley orgánica 2/1979, de 3 de octubre, reguladora del Tribunal Constitucional*).

[7] Article 95 de la Constitution : « La conclusion d'un traité international contenant des stipulations contraires à la Constitution exigera une révision constitutionnelle préalable. Le Gouvernement ou l'une ou l'autre Chambre peut demander au Tribunal constitutionnel de déclarer s'il y a ou non contradiction. »

— qui inspirent alors le constituant et installent l'idée selon laquelle seul le contrôle répressif de constitutionnalité serait proprement juridictionnel[8].

Pour autant, l'intérêt de l'étude de cet échec ne s'épuise pas dans l'examen de sa survenance et de ses causes dès lors qu'une originalité supplémentaire caractérise la situation espagnole : l'échec, s'il survient effectivement en 1985, continue pourtant à produire des effets, au point que, trente ans plus tard, en 2015, ce même recours *a priori* d'inconstitutionnalité est rétabli, à l'égard, cette fois, des statuts d'autonomie des Communautés autonomes[9]. En d'autres termes, l'échec, une fois avéré, a d'abord été corrigé, de manière radicale, puisque le mécanisme a été purement et simplement supprimé. Puis, cette correction a elle-même fait l'objet d'ajustements — oserait-on dire de corrections ? — laissant supposer que la correction de l'échec s'était elle-même soldée par un autre échec, le second. Le mécanisme, au prix d'un ajustement de son champ d'application, a ainsi été restauré. Répondant en quelque sorte à l'invitation de l'époque contemporaine qui propose de rechercher les « vertus de l'échec[10] », le législateur organique espagnol, en comprenant que « ça ne marche pas » aurait-il compris un peu « comment ça marche » ? En ce sens, la réflexion ne doit pas seulement s'ordonner autour des causes de l'échec, mais se pencher également sur ses enseignements, pour ne pas dire sa portée.

Et une question s'impose alors : comment expliquer que la disparition du recours *a priori*, en 1985, ait été réclamée et saluée par la majorité des commentateurs et que, trente ans plus tard, à peu près les mêmes aient milité pour son rétablissement ? Le législateur organique fonde la réintroduction du recours sur la singularité des statuts d'autonomie, une singularité qui tient avant tout à leurs modalités d'élaboration et de modification, élaboration et modification qui font intervenir non seulement les Communautés autonomes elles-mêmes et l'État, mais aussi, dans des hypothèses de plus en plus nombreuses, le corps électoral des Communautés par la voie du référendum. Cette raison, que le Conseil d'État espagnol évoquait déjà en 2006[11], la loi

---

[8] P. Cruz Villalón, « El control previo, a los veinteaños de su supresión », *Fundamentos. Cuadernos monográficos de Teoría del Estado. Derecho Público e Historia Constitucional*, 2006, n° 4, p. 275 ; M. Á. Alegre Martínez, *Justicia constitucional y control preventivo*, León, Universidad, Secretariado de Publicaciones, 1995.

[9] Loi organique 12/2015 du 22 septembre, de modification de la loi organique 2/1979, du 3 octobre, relative au Tribunal constitutionnel, pour l'institution du recours d'inconstitutionnalité préventif pour les projets de lois organiques de statuts d'autonomie et leur modification (*Ley Orgánica 12/2015, de 22 de septiembre, de modificación de la Ley Orgánica 2/1979, de 3 de octubre, del Tribunal Constitucional, para el establecimiento del recurso previo de inconstitucionalidad para los Proyectos de Ley Orgánica de Estatuto de Autonomía o de su modificación*).

[10] C. Pépin, *Les vertus de l'échec*, Paris, Allary Éditions, 2016, 256 p.

[11] Consejo de Estado et *al.*, *Informe sobre la reforma constitutiona : texto del informe y debates académicos*, Madrid, Centro de Estudios Políticos y Constitucionales, 2006, 932 pages.

organique 12/2015[12] l'explicite un peu plus : le contrôle *a priori* participe ici à la « garantie de stabilité et d'absence de tensions dans l'architecture juridico-institutionnelle de l'État », garantie qui se traduit dans « l'équilibre qui n'est pas toujours aisé » entre, d'un côté, « la légitimité particulière dont jouissent les statuts d'autonomie », en tant que normes institutionnelles fondamentales dans la production desquelles interviennent tant les Communautés autonomes que l'État et, parfois même, le corps électoral et, de l'autre, « le cadre constitutionnel[13] ». C'est le contexte qui paraît de nature à expliquer et même, au-delà, à fonder le rétablissement d'un mécanisme pourtant presque unanimement contesté tout au long de son existence. En d'autres termes, après avoir constaté — et traité — l'échec (I), l'ordre juridique espagnol a entendu apprendre de cet échec (II).

I. Constater l'échec

C'est l'un des rares points communs existant entre système de justice constitutionnelle espagnol et système de justice constitutionnelle français qui, en 1985, disparaît du droit processuel constitutionnel espagnol[14] : le recours préventif d'inconstitutionnalité, modalité du contrôle juridictionnel *a priori* de la constitutionnalité des lois, réunit contre lui tous les suffrages au point de pousser le législateur organique espagnol à prendre acte de son échec et à le corriger, radicalement, en le supprimant. À cet égard, schématiquement, deux facteurs expliquent l'échec du recours préventif en Espagne au début des années 1980 : d'une part, les anomalies conceptuelles dont souffre le mécanisme (A) et, d'autre part, le détournement concret auquel il a donné lieu (B).

A. Les anomalies conceptuelles

Dès l'institution du recours *a priori* d'inconstitutionnalité contre les statuts d'autonomie et les autres lois organiques, une discussion s'ouvre quant à l'opportunité de la mise en place d'une telle compétence au bénéfice du Tribunal constitutionnel. Des éléments tenant à la conception et à l'architecture du système de justice constitutionnelle espagnol nourrissent alors les critiques formulées à l'encontre de ce mécanisme. Schématiquement, elles peuvent être synthétisées en quatre ensembles. D'abord, envisageant le système d'un point de vue global, c'est la question de l'articulation du recours *a priori* avec l'inspiration générale de ce système qui retient l'attention. En effet, le droit processuel constitutionnel espagnol privilégie, pour le dire d'un euphémisme, les modalités de contrôle de constitutionnalité *a posteriori*. La

---

[12] Préambule de la loi organique 12/2015, *préc.*, § 3.

[13] *Ibid.*

[14] M. Á. Alegre Martínez, « El resurgimiento del debate sobre el control previo de constitucionalidad en España: experiencias y perspectivas », *Revista Iberoamericana de Derecho Procesal Constitucional*, 2007, n° 8, p. 3.

nature *a priori* ou préventive du recours d'inconstitutionnalité contre les statuts d'autonomie et les lois organiques apparaît, ainsi, comme une exception au principe général, consacré par la Constitution de 1978, du contrôle *a posteriori*. D'ailleurs, au moment de l'élaboration de la Constitution espagnole, en Europe, en dehors de la France, peu d'États pratiquent le contrôle *a priori*. Le système mis en place par la Constitution, au contraire, largement influencé par les exemples allemand et italien, consacre un contrôle de la constitutionnalité des lois qui est réalisé, essentiellement, *a posteriori*[15], tant par la voie du recours d'inconstitutionnalité que par celle de la question d'inconstitutionnalité. Et encore pourrait-on ajouter, au-delà du contrôle de constitutionnalité de la loi, que le recours direct ouvert aux particuliers à l'encontre des actes non législatifs et des décisions des juridictions pour atteinte à leurs droits fondamentaux, dit recours d'*amparo* constitutionnel, intervient lui aussi *a posteriori*[16]. Ainsi, l'article 161, alinéa 1 a) de la Constitution prévoit-il que le Tribunal constitutionnel « exerce sa juridiction sur tout le territoire espagnol et est compétent pour connaître du recours en inconstitutionnalité contre les lois et les dispositions normatives ayant force de loi[17] ».

Si la Constitution n'ignore pas le contrôle *a priori*, elle n'en consacre qu'une unique forme, et de façon tout à fait exceptionnelle, à l'égard des traités internationaux[18]. Et les commentateurs ne manquent pas de relever que c'est la nature particulière de ce type de normes, en même temps que les spécificités dans l'ordre international de leur régime d'adoption et de modification, qui expliquent ce choix original. Pedro Cruz Villalón relève, de cette façon, que la spécificité du contrôle *a priori* de la constitutionnalité d'un traité international tient à ce texte qui introduit « un nouveau droit et il ne s'agit que de savoir si son processus d'introduction nécessite ou pas une révision constitutionnelle ». La dérogation à l'inspiration générale du système

---

[15] J. González Pérez, *Derecho Procesal Constitucional*, Madrid, Civitas, 1980, p. 269 et s. ; J. Almagro Nosete, *Justicia constitucional (Comentarios a la Ley orgánica del Tribunal constitucional)*, Madrid, Dykinson, 1980, p. 351 et s.

[16] Articles 53, alinéa 2 (« Tout citoyen pourra demander la protection des libertés et des droits reconnus à l'article 14 et à la section première du chapitre deux devant les tribunaux ordinaires par une action fondée sur les principes de priorité et de la procédure sommaire et, le cas échéant, par le recours individuel d'*amparo* devant le Tribunal Constitutionnel. Ce recours sera applicable à l'objection de conscience, reconnue à l'article 30 ») et 161, alinéa 1 b (« Le Tribunal constitutionnel exerce sa juridiction sur tout le territoire espagnol et il est compétent pour connaître : (…) b) du recours individuel d'*amparo* pour violation des droits et libertés énumérés à l'article 53, § 2 de la Constitution, dans les cas et sous les formes établis par la loi »).

[17] Cet article est complété par les dispositions de la loi organique relative au Tribunal constitutionnel qui, dans son titre II, envisage le recours d'inconstitutionnalité (article 31 à 34) et « la question d'inconstitutionnalité promue par les juges ou tribunaux » (article 35 à 37).

[18] Article 95 de la Constitution : « 1. La conclusion d'un traité international contenant des dispositions contraires à la Constitution devra être précédée d'une révision de celle-ci. 2. Le Gouvernement ou l'une ou l'autre Chambre peut faire appel au Tribunal constitutionnel pour qu'il déclare s'il y a ou non contradiction. »

trouve ainsi sa justification. Au contraire, la finalité du contrôle *a priori* de la constitutionnalité des statuts d'autonomie et des lois organiques entend « défendre la Constitution[19] ». Et sans doute y a-t-il pire encore puisque l'exception, loin de rester modeste, voit son champ élargi : le contrôle *a priori*, loin de ne porter que sur les statuts d'autonomie, est étendu aux « autres lois organiques ». Il pourra, en d'autres termes, viser tout projet de loi organique puisque les statuts d'autonomie ne sont qu'un type particulier de lois organiques, dont l'adoption a ceci de particulier qu'elle fait intervenir les Communautés autonomes et l'État[20].

La dérogation à la philosophie générale du système de contrôle de constitutionnalité est, en outre, consacrée d'une manière discutable. Surgit, ici, la deuxième critique formulée à l'égard de ce recours *a priori*. Elle est remarquable : ce recours n'est pas institué par la Constitution, mais par une loi organique. En effet, il est directement introduit dans l'ordre juridique espagnol par la loi organique relative au Tribunal constitutionnel du 3 octobre 1979[21], c'est-à-dire en dehors de toute prévision expresse de la Constitution et sans que l'une ou l'autre des dispositions constitutionnelles ne puisse être interprétée en faveur d'une telle institution. C'est alors la constitutionnalité elle-même du mode d'introduction dans le droit constitutionnel espagnol de ce contrôle de constitutionnalité *a priori* qui se trouve discutée. Pour le comprendre, rappelons que c'est le législateur organique qui a fait le choix d'attribuer ce chef de compétence supplémentaire et inédit au juge constitutionnel en s'appuyant sur « la clause résiduelle[22] » de l'alinéa 1 d) de l'article 161. Selon celle-ci, le Tribunal constitutionnel « est compétent pour connaître [...] des autres matières que lui attribueront la Constitution ou les lois organiques ».

Bien que la formule paraisse explicite et dépourvue d'ambiguïté, son usage a suscité les mêmes réserves que celles qui s'étaient exprimées au moment de son élaboration. Lors de la rédaction du texte constitutionnel, la liberté ainsi reconnue au législateur organique d'accroître le champ des compétences du juge constitutionnel, c'est-à-dire l'adoption d'un système ouvert de compétences, fait immédiatement l'objet de réticences : « si par le recours au simple mécanisme des lois organiques on peut attribuer des compétences au Tribunal constitutionnel, on court le risque de le transformer en un organe inutile et inefficace par le biais de la multiplication de ses fonctions[23] ». Certains y voient même non seulement une possible déconstitutionnalisation

---

[19] P. Cruz Villalón, « El control previo de constitucionalidad », *Revista de Derecho Público*, 1981, n° 82, p. 12.

[20] Article 147, alinéa 3, de la Constitution.

[21] Dite aussi LOTC.

[22] A. Renedo, « El recurso previo de inconstitucionalidad frente a proyectos de estatutos de autonomía y de su modificación », *Teoría y Realidad Constitucional*, 2016, n° 38, p. 683.

[23] *La Constitución española. Trabajos parlamentarios*, Madrid, Servicio de Publicaciones de las Cortes, vol. III, 1980, p. 2939.

de certaines matières, mais aussi la voie de possibles révisions constitutionnelles déguisées[24]. Par la suite, même si le législateur organique n'abuse pas de la latitude qui lui est laissée, le risque se réalise à l'occasion de l'adoption, le 3 octobre 1979, de la loi organique qui, conformément à l'article 165 de la Constitution, « régira le fonctionnement du Tribunal constitutionnel [...] ». Ainsi, le titre VI initial de cette loi était-il consacré au « contrôle préventif d'inconstitutionnalité ». Il regroupait deux chapitres : un chapitre premier relatif à la « déclaration sur la constitutionnalité des traités internationaux » et un chapitre second portant sur « le recours préventif d'inconstitutionnalité contre les projets de statuts d'autonomie et de lois organiques[25] ».

Une troisième critique se fait alors jour : le recours *a priori* ajouterait au sein de la procédure législative une exigence non consacrée par la Constitution, en même temps qu'il ferait courir un danger de politisation du Tribunal constitutionnel[26]. La doctrine espagnole relève, à cet égard, que

> Si presque tous les systèmes de contrôle de constitutionnalité ont opté pour un contrôle *a posteriori*, malgré les avantages apparents offerts par le principe « mieux vaut prévenir que guérir », c'est précisément pour cette raison : du fait de l'impossibilité quasi absolue, en pratique, pour un juge constitutionnel de ne pas tomber dans la tentation d'envahir la sphère du législateur[27].

---

[24] M. Aragón Reyes, « El control de la constitucionalidad en la Constitución española de 1978 », *Revista de estudios políticos*, 1979, n° 7, p. 178.

[25] Dans ce dernier, figuraient un article 79 : « 1. Sont susceptibles de recours d'inconstitutionnalité, de caractère préventif, les projets de statuts d'autonomie et de lois organiques. Le recours aura pour objet la contestation : a) du texte définitif du projet de statut qui devra être soumis à référendum sur le territoire de la Communauté autonome intéressée dans le cas prévu à l'article 151.2.3ªde la Constitution. Dans les autres cas, on considérera que le texte définitif du statut d'autonomie est celui qui, conformément au paragraphe suivant, est adopté comme un projet de loi organique. b) le texte définitif du projet de loi organique après son passage devant les deux chambres et une fois que le Congrès se sera prononcé, le cas échéant, sur les amendements proposés par le Sénat. 2. Peuvent introduire un recours en inconstitutionnalité contre les statuts d'autonomie et les lois organiques de l'État les personnes qui, conformément à la présente loi, ont le droit de former un recours en inconstitutionnalité. Le délai d'introduction du recours est de trois jours après l'adoption du texte définitif du projet de loi. L'introduction du recours suspend automatiquement la procédure d'examen et l'écoulement des délais. 3. Le recours est instruit selon les modalités prévues au chapitre II du titre II de la présente loi. 4. a) Lorsque le Tribunal juge que l'inconstitutionnalité alléguée est inexistante, la procédure correspondante se poursuit. b) Si, en revanche, il déclare l'inconstitutionnalité du texte contesté, il précise l'inconstitutionnalité et la ou les dispositions constitutionnelles méconnues. Dans ce cas, la procédure ne peut se poursuivre sans que ces dispositions aient été supprimées ou modifiées par l'organe compétent. 5. L'arrêt rendu dans le cadre du recours préventif ne préjuge pas de la décision du Tribunal dans le cadre des recours qui pourraient être introduits après l'entrée en vigueur avec force de loi du texte contesté dans le cadre du recours préventif. »

[26] *Cf.* les interventions de G. Peces-Barba Martínez, J. Solé Tura et M. Roca Junyent, *in Tribunal Constitucional. Trabajos parlamentarios*, Madrid, Servicio de Publicaciones de las Cortes, 1980, p. 225 et s.

[27] J. Pérez Royo, « Crónicade un error : el recurso previo de inconstitucionalidad contra leyes orgánicas », *Revista española de derecho constitucional*, 1986, n° 17, p. 137, spéc. p.158.

Et la pratique, pour partie, le confirmera. Avant d'y venir, exposons la racine de la critique : au début des années 1980, en Espagne est installée l'idée selon laquelle le contrôle de constitutionnalité *a priori* n'est pas un contrôle de nature juridictionnelle, mais bien plutôt politique, faisant intervenir la juridiction constitutionnelle au sein du processus législatif, c'est-à-dire lui attribuant une fonction « consultative ou quasi législative[28] ». Certains auteurs vont jusqu'à considérer que l'absence de contrôle *a priori* caractérise les systèmes de justice constitutionnelle « authentiques[29] ». De ce point de vue, en 1979, pour une grande partie de la doctrine espagnole, l'exemple français illustre justement ce caractère politique propre au contrôle de constitutionnalité *a priori*[30]. Ce type de contrôle de constitutionnalité ne serait juridictionnel ni au regard de son objet — il ne porte ni sur des normes ni sur des actes juridiquement parfaits —, ni au regard de ses effets — il ne purge pas un défaut affectant l'ordre juridique, mais écarte radicalement ce risque —. La procédure qui lui est applicable témoigne, d'ailleurs, de cette nature particulière puisque l'adoption de la future norme est suspendue et l'effet de la décision du juge consistera soit à permettre l'achèvement du processus législatif aboutissant à la création de la loi, soit de retirer de ce projet certaines dispositions afin que le futur texte ne les reprenne pas.

Ces observations débouchaient enfin, selon les commentateurs, sur un débat quant à l'encadrement procédural du recours *a priori*, de son déclenchement jusqu'à ses effets. En effet, la procédure suivie devant le juge constitutionnel se définissait-elle véritablement comme un procès ou une simple consultation[31] ? L'incertitude rejaillissait, également, sur la conciliation de ce recours avec la sanction et la promulgation par le Roi des textes législatifs qui, selon l'article 91 de la Constitution, doivent intervenir dans les quinze jours suivant l'approbation par les *Cortes Generales*[32]. Quant à la définition des autorités de saisine, elle n'échappait pas davantage à la critique, non seulement car elle y faisait figurer le Défenseur du peuple qui, en méconnaissance de sa fonction constitutionnelle, pouvait déclencher ici un

---

[28] A. J. Gomez Montoro, « El control previo de constitucionalidad de estatutos de autonomía y demás leyes orgánicas », *Revista española de derecho constitucional*, 1988, n° 22, p. 121 et s., spéc. p. 122.

[29] Pour être précis, Á. Gómez Montoro observe « la rareté du contrôle préventif dans les systèmes d'authentique justice constitutionnelle » : Á. J. Gómez Montoro, *op. cit.*, p. 127.

[30] J. Pérez Royo, « La regulación de algunos aspectos del recurso de inconstitucionalidad : su influencia sobre la naturaleza del Tribunal Constitucional en la Constitución española de 1978 », *in El Tribunal Constitucional*, vol. III, Madrid, 1981, Dirección General de lo Contencioso del Estado, p. 2191 ; dans le même sens, Á. J. Gómez Montoro, *op. cit.*, p. 130.

[31] F. Santaolalla López, « Problemas del recurso previo de inconstitucionalidad », *Revista de Derecho Político* (UNED), 1983, n° 18-19, p. 177-178.

[32] L. Parejo Alfonso, « Reflexiones sobre la sentencia del Tribunal Constitucional de 5 de agosto de 1983, relativa al proyecto de LOAPA », *Revista Española de Derecho Constitucional*, 1983, n° 9, p. 147, spéc. p. 183-184. Il est, notamment, difficile de dire qui du gouvernement ou des chambres doit prendre l'initiative de la modification des dispositions déclarées non conformes à la Constitution au sein du texte soumis au juge constitutionnel.

contrôle exercé à l'égard du Parlement étatique ou des assemblées législatives des Communautés autonomes, mais aussi la minorité parlementaire — cinquante députés ou cinquante sénateurs[33]. Manque de cohérence, mode de consécration discutable, caractère politique et modalités d'encadrement défaillantes, du point de vue de sa conception, le recours *a priori* réunissait contre lui de solides critiques. Sa mise en œuvre pratique en a confirmé certaines et fait surgir de nouvelles.

B. Le détournement concret

Une fois consacré, les modalités de mise en œuvre du contrôle *a priori* à l'égard des statuts d'autonomie et des autres lois organiques vont finir de condamner ce mécanisme. En effet, jusqu'à sa suppression en 1985, et en particulier lors de la seconde législature, c'est-à-dire à partir de novembre 1982, les lois organiques les plus importantes ont fait l'objet d'un recours préventif d'inconstitutionnalité. Pour tout dire, avant même le début de cette première législature socialiste, le premier recours *a priori*, formé contre le projet de loi organique d'harmonisation du processus « autonomie »[34], est salué par les commentateurs[35]. En effet, en portant sur le premier texte essentiel à formation de l'État des autonomies, il a permis d'identifier, notamment à la demande du gouvernement, de nombreuses inconstitutionnalités qui ont pu être corrigées, préventivement, par le Parlement espagnol. Mais l'époque était au consensus et, malgré son encadrement défectueux, « jusqu'à l'organisation des élections, le rapport des forces politiques au sein du Parlement et l'esprit de collaboration permirent que cette compétence du Tribunal constitutionnel opère comme un élément essentiel pour la résolution de conflits politico-constitutionnels[36] ». L'engagement tacite de la minorité socialiste de l'époque à ne pas utiliser le recours *a priori* à des fins dilatoires et l'acceptation raisonnable par l'UCD[37]

---

[33] J. Pérez Royo, « La regulación de algunos aspectos del recurso de inconstitucionalidad : su influencia sobre la naturaleza del Tribunal Constitucional en la Constitución española de 1978 », *op. cit.*, p. 1194.

[34] Le projet de *Ley Orgánica de Armonización del Proceso Autonómico*, dite LOAPA, du 30 juillet 1982, dont 14 des 38 articles furent déclarés non conformes à la Constitution par le Tribunal constitutionnel dans le cadre d'un recours d'inconstitutionnalité préventif. Les articles conformes furent repris par la loi 12/1983, du 14 octobre, relative au processus « autonomique » (*Ley 12/1983, de 14 de octubre, de Proceso Autonómico*).

[35] Il est tranché par l'arrêt STC (*sentencia del Tribunal constitucional*) 76/1983 du 5 août (STC 76/1983) qui censure de nombreuses dispositions et dénie au texte en cause tout caractère organique.

[36] A. S. de Vega Garcia, « Acerca del recurso previo de inconstitucionalidad », *Revista de las Cortes Generales*, 1991, n° 23, p. 53.

[37] L'UCD ou Union du centre démocratique (*Unión de Centro Democrático*) dispose, lors de la première législature (du 23 mars 1979 au 31 août 1982), d'une majorité simple au Congrès des députés. Adolfo Suárez et Leopoldo Calvo-Sotelo se succèdent au poste de président du gouvernement pendant cette période.

des questionnements soulevés par le parti socialiste à propos de la LOAPA offrirent l'occasion au Tribunal constitutionnel d'un examen apaisé et bienvenu de ce texte capital pour la mise en place et la construction constitutionnelle de l'État des autonomies. Ici le recours préventif a rempli son rôle d'épuration de l'ordre juridique avant même que des lois inconstitutionnelles ne produisent des effets.

Mais après les élections, la situation politique se renverse et avec elle la pratique du contrôle *a priori*. À cet égard, la conjonction de deux attitudes, celle du gouvernement socialiste, soutenu par une majorité parlementaire sans précédent, et celle de l'opposition[38], provoque rapidement la corruption de ce mécanisme. Deux facteurs se combinent pour participer à cette dérive : d'une part, l'effet suspensif automatique du recours et, d'autre part, la possibilité de saisine ouverte à cinquante députés ou cinquante sénateurs. Quelques rappels s'imposent. D'un côté, l'article 79, alinéa 2, *in fine*, de la loi organique relative au Tribunal prévoyait que la simple formation du recours préventif entraînait la suspension automatique de la procédure d'adoption du projet de texte. De l'autre, quant aux autorités susceptibles de saisir le Tribunal constitutionnel du recours *a priori*, le chapitre II du titre VI initial de la loi organique relative au Tribunal indique simplement que « Peuvent introduire un recours en inconstitutionnalité contre les statuts d'autonomie et les lois organiques de l'État les personnes qui, conformément à la présente loi, ont le droit de former un recours en inconstitutionnalité ». En d'autres termes, alors que durant la discussion de cette future loi organique n'était envisagée que la possibilité pour le gouvernement et les chambres du Parlement — c'est-à-dire la majorité législative — de former un recours *a priori*, le texte finalement adopté se contente de renvoyer aux règles procédurales relatives au recours d'inconstitutionnalité *a posteriori* pour déterminer les titulaires du droit de saisine. Ce n'est plus alors seulement le président du gouvernement, mais également le Défenseur du peuple, cinquante députés et cinquante sénateurs qui peuvent former un recours *a priori*. Loin d'apparaître comme une sorte de « consultation[39] » susceptible d'être déclenchée par la majorité parlementaire et son gouvernement, le recours *a priori* est ainsi organisé en véritable recours à la disposition des minorités parlementaires et des Communautés autonomes, non seulement à l'égard des projets de statuts d'autonomie, mais aussi et surtout à l'égard des projets de lois organiques.

Et le temps apportant son concours, la pratique, à partir de là, n'est plus que celle d'une obstruction parlementaire systématique puisque le Tribunal constitutionnel, débordé par l'accumulation des saisines de tous ordres, ne

---

[38] La deuxième législature s'ouvre le 18 novembre 1982 après la victoire socialiste aux élections générales du 28 octobre, avec une majorité absolue de 202 députés (sur 350) au Congrès des députés. Felipe González fut alors élu président du gouvernement espagnol par le Congrès des députés.

[39] Le mot est de J. Pérez Royo : « Crónica de un error: el recurso previo de inconstitucionalidad contra leyes orgánicas », *op. cit.*, p. 149.

cesse d'accumuler le retard dans le traitement des affaires au point que plus de quinze mois sont nécessaires pour trancher un recours *a priori*. Or pour ce chef de compétence, la dimension temporelle est peut-être plus importante encore que pour les interventions *a posteriori* du juge constitutionnel : contrairement à ce qui se passe dans ce dernier cas, avec le recours *a priori* l'entrée en vigueur du texte en cause est suspendue jusqu'à ce que le juge constitutionnel tranche. Le retard pris dans la mise en œuvre des textes adoptés devient une arme dans les mains des minorités les incitant à utiliser le recours *a priori* comme un instrument d'obstruction parlementaire. Certes, le délai d'introduction du recours n'est que de trois jours après l'adoption du texte définitif du projet de loi ; mais c'est plus de temps qu'il n'en faut au groupe du Parti populaire au Congrès des députés pour réunir cinquante signatures et répondre ainsi au mépris d'un gouvernement et d'une majorité socialistes qui ne cesse de l'ignorer tout au long des débats parlementaires. Le principal groupe parlementaire d'opposition va, ainsi, recourir à ce mécanisme pour en faire une sorte de véto suspensif, propre à freiner durablement l'entrée en vigueur de ces lois.

Une réalité remarquable et essentielle doit, alors, d'autant plus être soulignée : aucun statut d'autonomie n'a jamais fait, entre 1979 et 1985, l'objet d'un recours d'inconstitutionnalité *a priori* alors même que cette voie de droit avait été à l'origine introduite parmi les compétences du Tribunal constitutionnel précisément à destination de ces textes. Presque à rebours, ce sont environ 25 % des lois organiques adoptées entre 1982 et 1985 qui sont contestées par cette voie. C'est le cas, en particulier, des projets les plus importants : le projet de loi organique modifiant certains articles de la loi 39/1978 du 17 juillet relative aux élections locales[40] ; et le projet de loi organique relatif aux incompatibilités des mandats de députés et sénateurs du 20 décembre 1983[41]. Confirmant et illustrant le risque de politisation du Tribunal, l'arrêt 53/1985 du 11 avril tranchait, presque un an et demi après sa formation, le recours *a priori* formé contre le texte définitif du projet de loi organique de modification de l'article 417 *bis* du Code pénal de l'époque dépénalisant l'avortement dans certaines hypothèses. En effet, transgressant les limites de son office, le juge constitutionnel n'hésite pas à y indiquer au législateur les modifications qu'il doit introduire dans son projet afin de le

[40] Ce recours est tranché par l'arrêt STC 38/1983 du 16 mai. Il est rejeté au fond, aucun des griefs articulés par les députés requérants n'étant retenu par le juge constitutionnel. Cette affaire est également source d'une controverse car le projet, devenu la loi organique 6/1983 du 2 mars, fait l'objet d'une promulgation et d'une publication dès le 3, jour où le recours *a priori* est formé. Le Tribunal constitutionnel commence par constater la tardiveté de la saisine et à refuser son admission (par *providencia* rendue par sa 4e section). Saisi d'un recours en révision (*recurso en súplica*), face à la rapidité de la promulgation, son assemblée plénière accepte finalement de connaître de l'affaire : ATC (*auto*) du 21 mars 1983.

[41] Ce recours donne lieu à l'arrêt STC 72/1984 du 14 juin qui déclare l'ensemble du projet non conforme à la Constitution.

rendre conforme à la Constitution[42]. L'arrêt, par six voix contre six, censure l'ensemble du projet de loi, le président du Tribunal intervenant pour départager, tandis que cinq opinions séparées sont rendues publiques. De manière remarquable encore, le dernier recours formé avant sa disparition concerne précisément l'abrogation du chapitre II du titre VI de la loi organique relative au Tribunal, supprimant le recours *a priori*[43]. Mais cette compétence survit encore quelques mois puisque le retard dans le traitement des recours est tel qu'alors même que cette compétence a disparu de l'ordre juridique, deux recours *a priori* sons encore pendants devant le Tribunal[44].

C'est peu dire que la mise en garde de Francisco Rubio Llorente et Manuel Aragón Reyes n'a pas été entendue. À l'occasion de l'analyse du tout jeune système de justice constitutionnelle espagnol, ils avaient pourtant espéré que « la prudence politique de ceux qui sont en droit de saisir le Tribunal lui évitera d'exercer un pouvoir qui n'a que peu de rapport avec l'activité réelle qu'il est appelé à exercer »[45]. Le contrôle *a priori*, originellement imaginé pour ne pas être déclenché, ou l'être dans des cas limités à l'égard de règles de nature exceptionnelle — les statuts d'autonomie approuvés par référendum de l'article 151 de la Constitution —, tel que finalement consacré a produit les effets du contrôle *a priori* tout en étant mis en œuvre selon les modalités du contrôle *a posteriori*. Cette incohérence ne pouvait entraîner que des conséquences inacceptables, en particulier du point de vue de l'action politique, dans la mesure où cette combinaison encourageait l'obstruction. Au regard du temps nécessaire pour le trancher, tout recours *a priori* formé contre une loi organique adoptée entre la première et la deuxième année de la législature était presque immanquablement résolu à la veille de l'élection

---

[42] Le recours *a priori* était formé le 2 décembre 1983 ; l'arrêt est rendu le 11 avril 1985.

[43] STC 66/1985 du 23 mai. Le Tribunal y délivre un message, notamment à destination des groupes parlementaires : « Il est évident que les actes ou les normes émanant de pouvoirs légitimes bénéficient d'une présomption de légitimité qui, même si elle peut être remise en question par ceux qui estiment leurs droits enfreints par les actes ou les normes en question, oblige à considérer le caractère exceptionnel de la possibilité d'en suspendre l'effet ou le caractère exécutoire. Cette présomption est par ailleurs d'autant plus ferme que le lien entre l'organe et la volonté populaire est direct. C'est pourquoi elle parvient à son plus haut degré chez le législateur, qui a précisément cette qualité, étant donné qu'il est le représentant de cette volonté. Dans la mesure où le législateur est lié par la Constitution, la constatation que la loi a violé celle-ci détruit la présomption et ôte toute valeur à la loi, mais tant que cette constatation n'est pas intervenue, toute suspension de l'efficacité de la loi, en tant que contraire à une telle présomption, doit être réputée exceptionnelle. »

[44] Il s'agit, d'une part, du recours *a priori* formé contre le projet de loi organique réglementant le droit à l'éducation (qui donne lieu à l'arrêt STC 77/1985 du 27 juin censurant deux dispositions) et, d'autre part, sur saisine du gouvernement espagnol, du parlement basque et de cinquante députés, du recours *a priori* contre le texte du projet de loi organique relatif à la liberté syndicale (recours rejeté en totalité au fond par l'arrêt du 29 juillet 1985 STC 98/1985).

[45] F. Rubio Llorente et M. Aragón Reyes, « La jurisdicción constitucional », *in* A. Predieri et E. García de Enterría (dir.), *La Constituciónespañola de 1978. Estudio sistemático*, Madrid, Civitas,1980, p. 840.

générale suivante. Quant à ceux présentés à partir du milieu de la législature, ils étaient à coup sûr dénoués après son achèvement. Impossible pour une majorité de mettre en œuvre normalement son programme. L'altération des règles du jeu politique parlementaire était dangereuse et préoccupante. De cette façon, si l'anomalie trouvait son origine dans une conception juridiquement défectueuse, tant du point de vue de la définition des autorités de saisine que de celle des effets de cette saisine, le désordre ne donna sa pleine mesure que du fait du comportement des partis politiques.

La distorsion que suppose le contrôle préventif, *a priori*, dans un système conçu autour et pour le contrôle de constitutionnalité *a posteriori* est, d'ailleurs, soulignée par le préambule de la loi organique de 1985 qui supprime le recours *a priori* en abrogeant le chapitre II du titre VI de la loi organique relative au Tribunal constitutionnel. Car, la suppression de ce mécanisme s'est alors imposée comme la voie du rétablissement de la cohérence interne du système de contrôle espagnol. Discrédité, disparaissait après un peu plus de cinq années d'existence contestée, le recours préventif contre les statuts d'autonomie et les autres lois organiques. Si la possibilité de contestation *a priori* des projets de lois organiques avait paralysé une bonne part de la vie parlementaire, cette même faculté, ouverte à l'encontre des projets de statuts d'autonomie ou de leurs modifications, n'avait démontré aucun dysfonctionnement. Au contraire, sa suppression va rapidement mettre en évidence la dangereuse lacune qu'elle installe.

II. Apprendre de l'échec

L'échec du contrôle *a priori* en Espagne entre 1979 et 1985 ne doit pas être perçu comme l'échec et le rejet de toutes les modalités de contrôle préventif. Conçu originellement pour permettre de s'assurer de la conformité à la Constitution des projets de statuts d'autonomie, sa disparition de l'ordre juridique ne lui fait pas perdre pour autant son utilité à l'égard de ces normes. Au contraire, face à la persistance de cette préoccupation, l'échec initial va être analysé (A). Au point que, finalement, apprenant ici de son erreur, le législateur organique va intervenir pour traiter cette difficulté (B).

A. L'analyse de l'échec

C'est la persistance d'une préoccupation à l'égard d'une catégorie particulière de normes propres à l'ordre juridique espagnol qui pousse responsables politiques et doctrine à apprendre de l'échec initial du recours *a priori*. En effet, une fois supprimé, le débat autour du mécanisme du recours *a priori* ne s'éteint pas. Il se trouve même, pour tout dire, entretenu d'un double point de vue. Il resurgit, d'une part, alimenté par les circonstances et, plus particulièrement, par l'évolution de l'État des autonomies. La réflexion est, d'autre part, réactivée dès le moment de la suppression du recours par le biais de la décision du Tribunal constitutionnel du 23 mai 1985.

Commençons par-là : le juge constitutionnel crée peut-être les conditions d'une nouvelle conception autour du recours *a priori*. En effet, quelques semaines avant l'adoption de la loi organique qui fait disparaître le recours préventif, le Tribunal constitutionnel revient sur la nature de ce chef de compétence pour affirmer son caractère juridictionnel[46]. Sans mettre fin au débat qui au cours des années antérieures avait largement occupé la doctrine, cette prise de position relativise, néanmoins, un des principaux reproches articulés contre cette modalité de contrôle. Il participe, également, à la discussion en constatant la constitutionnalité de la suppression opérée. Ce qui n'est pas dans la Constitution, mais dans une loi organique, peut être modifié par une autre loi organique ; dès lors, introduit par le législateur organique, le même législateur peut évidemment supprimer ce chef de compétence, dont le Tribunal relève le caractère « *praeter* constitutionnel ». Ces affirmations, prudentes, n'en sont pas moins capitales : sans dire qu'il aurait été sage de conserver le recours *a priori* sous certaines modalités, et tout en se gardant bien de le considérer inconstitutionnel, ces observations lèvent tous les obstacles à une éventuelle réinstauration.

Poursuivons avec les circonstances, c'est-à-dire, pour ce qui nous intéresse ici, avec l'organisation territoriale espagnole puisque à partir de 2004 une vague de réforme des statuts d'autonomie se lève. Plus précisément, une quinzaine d'années après l'adoption des premiers statuts d'autonomie et la formation des dix-sept Communautés autonomes espagnoles, au sein des anciens territoires historiques — Pays basque et Catalogne —, le moment paraît venu de réformer les statuts. La rénovation envisagée se veut profonde puisqu'elle doit permettre, pour reprendre les termes de la Généralité, de parvenir à une autonomie politique de « meilleure qualité ». De sorte que la réforme va bien souvent supposer l'adoption de textes totalement nouveaux qui, lorsqu'ils concernent des Communautés autonomes constituées par la voie de l'article 151 de la Constitution — c'est-à-dire la Catalogne et le Pays basque —, nécessitent un référendum d'approbation des propositions des parlements de ces Communautés et l'approbation postérieure des *Cortes Generales*.

En d'autres termes, du côté des circonstances, ce sont les initiatives prises par le Pays basque et la Catalogne pour modifier leur statut d'autonomie, et les tensions institutionnelles et normatives qu'elles provoquent, qui réactivent et installent définitivement l'intérêt autour d'une éventuelle réinstauration d'un recours d'inconstitutionnalité *a priori* rénové car corrigé. Dans le cas du Pays basque, la difficulté, réelle, ne prospère pas. En effet, le « Statut politique de la Communauté d'Euskadi »[47], après une tentative de blocage de l'initiative

[46] STC 66/1985 du 23 mai, *préc.*, FJ (*fundamento jurídico* ; il s'agit de l'équivalent des motifs d'une décision juridictionnelle française) 2.

[47] Ce projet de réforme du statut d'autonomie du Pays basque de 1979 (dit aussi statut de Gernika) est présenté par le président du gouvernement basque, Juan José Ibarretxe, le 25 octobre

devant le parlement basque, est présenté au Congrès des députés espagnol qui le rejette sans discussion[48]. Toutefois, dans le même temps, s'ouvre la discussion autour d'un projet de nouveau statut catalan, approuvé par le parlement de cette Communauté autonome en octobre 2005. Et loin de s'éteindre, cette initiative ravive, notamment, l'attention à l'égard du recours d'inconstitutionnalité *a priori* formé contre les statuts d'autonomie. Pour bien en prendre la mesure, observons que le projet catalan, adopté par le parlement de la Généralité, source de vives controverses au sein des partis politiques régionaux, nationaux, mais aussi du gouvernement espagnol, est approuvé par le Parlement espagnol le 30 mars 2006, avant d'être soumis à référendum en Catalogne le 18 juin de la même année. Le « oui » l'emporte avec 73 % des suffrages, tandis que le 31 juillet, le Parti populaire, dans l'opposition, forme un recours d'inconstitutionnalité *a posteriori* contre ce nouveau statut[49]. Ces événements mettent alors clairement en évidence « l'objection démocratique », la « difficulté contre-majoritaire » dont ils sont porteurs, c'est-à-dire la tension entre démocratie et constitutionnalisme[50] : alors même qu'un vote populaire l'a approuvé, le texte du statut est susceptible de se voir remis en cause pas une instance juridictionnelle dépourvue d'une légitimité comparable et qui se voit, pourtant, investie de la lourde tâche de dire si le texte en cause est, ou non, conforme à la Constitution.

La réalité, dans ce cas particulier, montre que le Tribunal constitutionnel espagnol souffre encore aujourd'hui des fractures provoquées ou aggravées, notamment, par l'examen de ce texte. Sans s'y attarder, et en prenant plus de hauteur, un constat s'impose qui insiste sur les dangers d'un affrontement de deux légitimités, celle du corps électoral de la Communauté autonome, d'un côté, et celle des représentants de la souveraineté nationale, de l'autre. Pour le dire autrement, resurgit ce qui était la première inspiration du législateur organique, lorsqu'en 1979 il consacrait le recours *a priori* contre les statuts d'autonomie et les autres lois organiques : en introduisant ce recours, le législateur organique pensait que, de même qu'il existait un contrôle préventif pour les traités internationaux, ce mécanisme, directement lié à la spécificité de la norme en cause, méritait d'être étendu à ces autres normes exceptionnelles que sont les statuts d'autonomie. Plus précisément, au moment où les premiers statuts de la plupart des Communautés autonomes étaient en cours d'élaboration, le législateur avait conscience de la difficulté et de la gravité de la situation dans laquelle se trouverait un tout jeune Tribunal

---

2003. Il est, ainsi, parfois désigné sous l'expression « Plan Ibarretxe ». Il est approuvé par le parlement basque le 30 décembre 2004 et présenté au Congrès des députés en janvier 2005.

[48] Le préambule du projet de réforme du statut de Guernica de 1979 présentait cette initiative comme la matérialisation de « l'exercice du droit du peuple basque à décider de son propre futur ».

[49] Ce recours sera tranché un peu plus de quatre ans plus tard par l'arrêt 31/2010 du 28 juin.

[50] E. Fossas Espadaler, « El control de constitucionalidad de los estatutos de autonomía », *Revista catalana de derecho público*, 2011, n° 43, p. 17.

constitutionnel s'il devait déclarer inconstitutionnel un statut d'autonomie, particulièrement dans le cas où un tel texte aurait été approuvé par référendum. En 1985, au moment de la suppression du recours d'inconstitutionnalité *a priori*, tous les statuts d'autonomie ont été adoptés ou font, au moins, l'objet d'un accord. En d'autres termes, une fois intervenue la négociation des plus délicats de ces textes, le contrôle préventif perd de son intérêt, au moins à court terme. La nécessité originelle du recours préventif s'affaiblit, au point d'être négligée.

La réactivation de l'intérêt à l'égard de ce type particulier de recours est, ainsi, directement liée aux appréhensions et réserves générées par le processus de réforme des statuts d'autonomie. Le recours *a priori* revient à son inspiration première : résoudre les divergences susceptibles de surgir entre organes constitutionnels (ou une partie d'entre eux) quant à l'interprétation de certaines règles constitutionnelles[51]. Car la Constitution espagnole, dans son article 147, fait des statuts d'autonomie la norme institutionnelle de base, fondamentale, de toute Communauté autonome, consacrée par l'État et dont ce dernier est chargé d'assurer la sauvegarde en tant que partie intégrante de l'ordre juridique. De telle sorte qu'à l'image de la Constitution, mais dans le champ respectif de « sa » Communauté autonome, le statut d'autonomie est conçu comme le principe inspirateur et le fondement de l'ordre social et de la coexistence politique et civique. Difficile de nier l'importance, tout autant que le caractère exceptionnel, de ces textes au sein du système constitutionnel espagnol et, particulièrement, de l'organisation territoriale de l'État. Le statut de loi organique que la Constitution leur reconnaît n'en est qu'une illustration[52]. Et il est, dès lors, évident que les statuts d'autonomie doivent être soumis à la Constitution ; cette soumission est une garantie de stabilité et de concorde au sein de l'architecture de l'État.

Dans ce sens, le Conseil d'État espagnol, en 2006, indiquait que le « contrôle *a posteriori* n'est peut-être pas le plus approprié pour les sources normatives qui, comme les statuts d'autonomie, subordonnés à la Constitution, occupent la place la plus élevée dans la hiérarchie ordinaire de celle-ci. Afin de les libérer du soupçon d'inconstitutionnalité et, *a fortiori*, de l'accusation explicite d'inconstitutionnalité, on pourrait envisager l'opportunité de réintroduire le recours préventif d'inconstitutionnalité »[53].

---

[51] J. Pérez Royo, « Crónicade un error : el recurso previo de inconstitucionalidad contra leyes orgánicas », *op. cit.*, p. 147.

[52] Articles 146 (« Le projet de statut sera élaboré par une assemblée composée des membres de la *Diputación* ou de l'organe interinsulaire des provinces concernées et par les députés et les sénateurs élus dans chacune d'elles ; il sera transmis aux *Cortes generales* pour qu'il lui soit donné cours en tant que loi ») et 147 (« 1. Selon les termes de la présente Constitution, les statuts seront la norme institutionnelle de base de chaque Communauté autonome et l'État les reconnaîtra et les protégera comme partie intégrante de son ordre juridique ») de la Constitution.

[53] Consejo de Estado, *Informe sobre la reforma constitucional: texto informe e debates académicos*, Madrid, 2006, Centro de Estudios Políticos y Constitucionales.

D'ailleurs ici, le Conseil d'État manque peut-être de franchise ; est en cause non seulement la place des statuts d'autonomie dans la hiérarchie des normes, mais aussi, et peut-être surtout, leur importance au regard de l'autonomie politique dont jouissent les territoires. Et plus que la question de leur contrôle, de son existence et de son étendue, c'est le moment de la réalisation de ce contrôle qui mérite d'être au centre de la réflexion. Pedro Cruz Villalón synthétise ainsi la spécificité du contrôle *a priori* sur les statuts d'autonomie : le contrôle préventif des statuts d'autonomie

> obéit à une logique qui n'est finalement pas très différente de celle invoquée à propos des traités. Il s'agit, en fait, d'une norme qui fait intervenir plusieurs parties, deux parlements, ainsi que l'électorat. En ce sens, il s'agit de la réglementation espagnole la plus complexe [...] : un texte négocié, pour lequel, en outre, toute réforme, pour les plus importantes, doit être soumise à ratification par voie de référendum.

Finalement, une telle norme pose « le problème classique du contrôle de toute réglementation sur laquelle il y a eu une prise de position populaire directe[54] ».

In fine, c'est, ainsi, la défense (juridictionnelle) de la Constitution qui vient fonder la relecture d'un mécanisme dont la restauration devra intervenir avec un objet précisément plus restreint : il ne s'agit plus, désormais, de contrôler tous les projets de lois organiques, mais exclusivement cette catégorie particulière de projets de lois organiques que sont les projets de statuts d'autonomie et les projets de réforme de ces statuts. En outre, en écartant le risque d'une concurrence de légitimités, la réintroduction du recours *a priori* répondrait aussi à une crainte, sérieuse et fondée : face à l'impossibilité de parvenir au consensus indispensable à la révision de la Constitution, le risque est réel d'une tentative de modification du modèle territorial par la voie de la réforme statutaire plutôt que par la voie constitutionnelle. En d'autres termes, au lieu de modifier la Constitution avant d'adapter les statuts d'autonomie au nouveau cadre constitutionnel, et parce que la voie de la révision constitutionnelle, compte tenu du contexte politique, est fermée, l'horizon serait renversé.

Cette réflexion, ouverte paradoxalement par la suppression du recours préventif et largement stimulée par la situation politique autour de l'évolution du modèle territorial espagnol, pousse à concevoir, par un retournement de perspectives, le recours *a priori* comme le mécanisme propre à éviter les remises en cause constitutionnelles et institutionnelles et à participer d'une structuration rigoureuse de l'État. Et si cette réintroduction n'intervient pas avant 2015, cela ne signifie pas qu'elle n'est pas dans tous les esprits bien avant cette date. En particulier en 2007, à l'occasion de l'une des réformes les plus ambitieuses de la loi organique relative au Tribunal constitutionnel, la mesure n'est pas retenue simplement, car l'urgence de l'époque est celle du recours d'*amparo* et des difficultés autour de son fonctionnement. Difficultés

[54] P. Cruz Villalón, « El control previo, a los veinteaños de su supresión », *op. cit.*, p. 283.

qui, pour un temps, occupent les esprits, avant que le problème territorial n'impose de nouveau son rythme au débat.

B. Le traitement de l'échec

Après avoir pris acte de l'échec de l'organisation initiale du recours *a priori*, l'ordre juridique espagnol poursuit son analyse pour aller jusqu'à identifier les éléments à corriger en vue d'un rétablissement du mécanisme. Loin d'être définitivement écarté, il est analysé et disséqué jusqu'au point de voir dans ce chef de compétence un élément qui, réajusté, permettrait de répondre à une difficulté propre à l'ordre constitutionnel espagnol. Ainsi, au-delà de l'échec — premier échec —, le succès paraît être au rendez-vous avec l'adoption de la loi organique 12/2015 du 22 décembre[55]. Désormais, un titre VI *bis* intègre la loi organique relative au Tribunal constitutionnel qui reprend, dans un nouvel article 79, une grande partie des dispositions qui figuraient déjà dans l'article 79 originel de ce même texte. Le législateur organique a entendu rétablir le mécanisme en l'adaptant à la configuration actuelle de l'État, c'est-à-dire en limitant son champ, afin de gommer les reproches passés.

Le préambule de la loi organique 12/2015 en témoigne lorsqu'il insiste sur la limitation de l'objet du nouveau recours *a priori* : il ne portera, désormais, que sur les seules propositions de réformes statutaires pour, de cette façon, éviter le principal écueil dont il avait souffert. Et en 2015, le préambule de la loi organique ne fait référence à aucune des raisons que retenait celui de la loi organique de 1985 pour justifier la suppression du recours. La réintroduction de cette modalité de contrôle de constitutionnalité n'est explicitement fondée que sur la singularité des statuts d'autonomie, singularité qui tient à leurs conditions d'élaboration et d'adoption ; conditions qui, on l'a dit, font intervenir aussi bien les Communautés autonomes que l'État, mais aussi parfois le corps électoral des Communautés par référendum. Même si cela ne se produit que dans « certaines occasions », comme le souligne le préambule de la loi organique, cet élément est déterminant dans la réhabilitation du recours préventif. Car c'est, implicitement, mais certainement, à l'expérience du statut d'autonomie de la Catalogne qu'il est ici fait référence.

À cet égard, il aurait été incompréhensible que les pouvoirs publics ne prennent pas acte de cette difficulté, parfaitement susceptible de se reproduire à court ou moyen terme, et ne tentent pas d'y trouver une solution. À titre d'exemple, le parti nationaliste basque, en février 2016 à l'occasion de sa septième assemblée générale organisée à Pamplona en vue de mettre à jour sa doctrine, a évoqué la possibilité que le futur projet de statut d'autonomie, qui devrait se substituer au statut de Guernica, soit soumis à une « consultation d'autorisation » auprès de l'électorat de cette Communauté avant de débuter

---

[55] *Ley Orgánica 12/2015, de 22 de septiembre, de modificación de la Ley Orgánica 2/1979, de 3 de octubre, del Tribunal Constitucional, préc.*

son examen devant le parlement espagnol[56]. Il y aurait là une démarche visant à ce que le texte transmis au législateur national ne puisse pas être altéré, en contradiction avec la règle constitutionnelle de l'« accord commun » auquel les parlements, régional et national, doivent parvenir[57]. Une telle démarche alimenterait, par ailleurs, le risque d'un affrontement encore plus sévère que celui auquel a donné lieu l'actuel statut d'autonomie catalan. Plus largement encore, à partir de 2006, les hypothèses de consultation directe du corps électoral de la Communauté autonome à propos de la réforme de son statut d'autonomie se sont multipliées et des statuts dont la procédure d'approbation ou de modification ne comportait pas une telle exigence[58] l'ont intégrée comme condition de leur modification[59]. C'est précisément ce risque de confrontation de légitimités que la restauration du recours *a priori* espère écarter.

Au-delà de cette surenchère dans l'appel au peuple et au fondement démocratique, à laquelle peuvent être tentées de se livrer certaines Communautés autonomes, cette singularité des statuts d'autonomie existe depuis l'origine et constitue, sans doute, la raison essentielle de l'introduction du recours préventif en 1979. Avec des processus statutaires tels que celui prévu par l'article 151 de la Constitution, qui nécessite l'organisation d'un référendum dans le cadre de la procédure d'élaboration du statut, le mécanisme était plus que bienvenu, il était nécessaire[60]. En toute hypothèse, désormais les « projets de statuts », tels que visés par la loi organique 12/2015, recouvrent les premiers statuts adoptés, c'est-à-dire ceux qui donnent naissance à une nouvelle Communauté autonome[61]. En 2015, toutes les Communautés autonomes sont dotées d'un statut et il ne peut, en principe, s'agir que de la modification d'un statut « préexistant »[62], c'est-à-dire de la substitution à un statut antérieur de dispositions nouvelles, que l'innovation en cause soit totale ou partielle, c'est-à-dire quel que soit son volume. Et peu

---

[56] « El PNV reúne en Pamplona a su Asamblea General para actualizar su ideario », *Diario de Navarra*, 12 février 2016.

[57] Ainsi que le manifeste, par exemple, l'article 146 de la Constitution lorsqu'il dispose que (« Le projet de statut sera élaboré par une assemblée composée des membres de la *Diputación* ou de l'organe interinsulaire des provinces concernées et par les députés et les sénateurs élus dans chacune d'elles ; il sera transmis aux *Cortes generales* pour qu'il lui soit donné cours en tant que loi » ; ou encore, l'alinéa 3 de l'article 174 qui prévoit, quant à lui, que « Toute révision des statuts suivra la procédure établie par ceux-ci et exigera, en tout cas, l'approbation des *Cortes Generales*, au moyen d'une loi organique ».

[58] Il s'agit des Communautés autonomes constituées conformément aux dispositions des articles 143 et 146 de la Constitution.

[59] C'est le cas des statuts des Communautés autonomes de Valencia, d'Andalousie et d'Aragon.

[60] C. Aguado Renedo, *op. cit.*, p. 688.

[61] Selon l'une des procédures prévues aux article 143, 144, 146 et 151 de la Constitution.

[62] La loi organique 12/2015 évoque « les propositions de réforme » de statuts.

importe qu'une consultation populaire soit nécessaire ou souhaitée[63], réalisée ou écartée[64]. En réalité, dès lors que les statuts d'autonomie sont en cause, seul le contrôle de constitutionnalité *a priori* semble envisageable, du moins compte tenu des faits et de la réalité politique. En effet, il permet de prévenir la cote mal taillée qu'a constitué l'usage par le juge constitutionnel de l'interprétation conforme des règles statutaires. Là aussi, l'expérience du statut d'autonomie catalan a clairement mis en évidence le danger d'une utilisation excessive, voire abusive, de cette technique par le juge constitutionnel. À sa décharge, il a trouvé dans cette méthode un moyen habile d'éviter une déclaration d'inconstitutionnalité, plus logique, plus spontanée, mais aussi plus frontale. Certes, il revient au juge constitutionnel de dire ce qui n'est pas conforme à la Constitution. Cependant, lorsque les inconstitutionnalités sont très — trop — nombreuses, le risque d'un raidissement de la part de la Communauté autonome n'est pas négligeable, comme le cas de la Catalogne l'a montré[65].

Les aspects procéduraux du « nouveau » recours *a priori* sont donc à envisager au regard de sa finalité : assurer « la stabilité et l'absence de conflits dans l'architecture juridico-institutionnelle de l'État[66] ». De sorte que l'article 79 de la loi organique relative au Tribunal constitutionnel fixe, de nouveau, un délai très court trois jours pour l'introduction du recours[67]. Ce même article 79 précise, ensuite, les effets de la formation du recours — qui suspend automatiquement le traitement du projet de loi — et de la décision

---

[63] L'établissement d'une distinction à partir du critère de l'intervention dans la procédure d'adoption ou de réforme du statut d'un référendum introduirait selon le juge constitutionnel une forme de « privilège juridictionnel » (STC 163/1995 du 8 novembre, FJ 4).

[64] L'idée d'opérer une distinction entre les statuts d'autonomie pour lesquels un référendum est requis pour leur approbation ou leur modification et ceux pour lesquels une telle exigence n'est pas prévue, afin de n'ouvrir le recours *a priori* que pour les premiers, a été écartée. Ce fut la proposition du groupe *Izquierda Republicana Unida-Inciativa per CatalunyaVerds* en 2009. *Cf.* A. Renedo, *op. cit.*, p. 689. Une telle distinction, si elle était passée dans la pratique, aurait alimenté une des principales prétentions des forces nationalistes indépendantistes en soulignant une sorte de différenciation symbolique entre les Communautés autonomes s'appuyant sur des « nationalités » et celles s'appuyant sur des « régions », selon la distinction opérée par l'article 2 de la Constitution.

[65] Le jugement du recours d'inconstitutionnalité formé contre le statut d'autonomie de la Catalogne de 2006, par l'arrêt 31/2010, l'a brutalement mis en évidence. Dans son arrêt, le Tribunal a prononcé 14 déclarations d'inconstitutionnalité contre 27 interprétations conformes explicites, c'est-à-dire figurant dans le dispositif. Mais c'est sans compter les interprétations qui ne figurent que dans les motifs de l'arrêt, sans être reprises explicitement dans le dispositif.

[66] Pour reprendre la formule du préambule de la loi organique 12/2015.

[67] Pour le reste, la procédure est régie par les dispositions relatives du recours (*a posteriori*) d'inconstitutionnalité. L'objet du recours est de contester le texte définitif du projet de statut ou de réforme du statut après son adoption par les deux chambres du parlement espagnol (article 79, alinéa 2 : « Le recours aura pour objet la contestation du texte définitif du projet de statut ou de la proposition de modification d'un statut, une fois approuvé par les *Cortes Generales* (…). »)

faisant droit au recours[68]. Mais l'élément procédural le plus essentiel n'est pas là, car la véritable question, c'est-à-dire celle de l'effectivité du recours, réside dans la capacité du Tribunal constitutionnel à respecter le délai prévu pour statuer. Car on se souvient que le retard mis par lui pour trancher les recours *a priori* lors de la seconde législature avait largement participé de la perversion du mécanisme. Le législateur organique de 2015 en est bien conscient, qui a prévu, à la différence du système originel, un délai maximum de six mois pour se prononcer sur le recours, alors qu'en 1979 aucun délai n'était imposé. Cela sera-t-il suffisant ? Dans son alinéa 6, l'article 79 prend soin d'ajouter que ce délai est non prorogeable et fait même preuve d'un certain zèle à ce propos[69], illustrant peut-être les doutes, voire les inquiétudes, du législateur organique. La préférence dans le traitement du recours, consacrée par cette disposition, est sans doute l'illustration du caractère exceptionnel que doit conserver, selon les promoteurs de ce rétablissement, la formation du recours *a priori* : il doit rester exceptionnel puisque la préférence dont il bénéficie altère nécessairement le fonctionnement normal du Tribunal et de la résolution de ses autres chefs de compétence. Priorité doit être donnée sur toutes les affaires déjà admises ou déjà réparties entre les formations du Tribunal, excepté celles déjà en cours d'examen.

Pour autant, le risque demeure, car le Tribunal constitutionnel est aujourd'hui presque structurellement débordé. Outre la variété des chefs de compétence, *a priori,* mais surtout *a posteriori*, qui lui sont confiés, figure parmi ceux-ci le recours d'*amparo* constitutionnel, recours direct pour la protection des droits fondamentaux qui occupe 90 % de son temps[70]. Mais le pire n'est peut-être pas là puisque s'y ajoutent les difficultés de fonctionnement qu'il connaît depuis plusieurs années du fait de son instrumentalisation — nominations et récusations —, tant par le parti majoritaire que par les partis d'opposition, au point de voir son activité largement paralysée, plus encore lorsque la question territoriale est en cause[71]. Or la suspension d'une modification d'un projet de statut d'autonomie n'est

[68] Elle entraînera l'impossibilité de poursuivre la procédure tant que les projets de loi déclarés inconstitutionnels n'auront pas été supprimés ou modifiés par les *Cortes Generales*.

[69] « Le recours préventif d'inconstitutionnalité sera motivé conformément à la forme prévue au chapitre II du titre II de cette loi et devra être tranché par le Tribunal constitutionnel dans un délai non prorogeable de six mois à compter de la date de sa formation. Le Tribunal adoptera les mesures nécessaires afin d'assurer le respect effectif de cette règle, réduisant les délais ordinaires et donnant en toute hypothèse préférence au traitement de ces recours par rapport aux autres affaires en instance. »

[70] À titre d'illustration, pour 2021, le Tribunal constitutionnel a été saisi de 8370 affaires, dont 8294 recours d'*amparo* ; *cf.* Tribunal constitucional, *Memoria 2021*, 2021, Imprenta Nacional del *Boletín Oficial del Estado*, Cuadro n° 2.

[71] P. Cruz Villalón, « L'état du Tribunal constitutionnel », *in* P. Bon, *Trente ans d'application de la Constitution espagnole*, *op. cit.* ; L. Aguiar de Luque, « Le Tribunal constitutionnel dans le 40e anniversaire de la Constitution : histoire d'une trajectoire difficile », *in* H. Alcaraz et O. Lecucq, *Quarante ans d'application de la Constitution espagnole*, Paris, Institut francophone pour la justice et la démocratie, 2020, p. 133.

envisageable que pendant un délai déraisonnable, sauf à faire perdre tout son intérêt au mécanisme et à encourir de nouveau de sévères critiques. Le remède ne peut pas être pire que le mal.

Difficile à ce jour d'apprécier le succès — ou l'échec ? — de cette correction, c'est-à-dire des leçons tirées du premier échec, et cela même près de sept ans après la réintroduction du recours *a priori*. En effet, depuis lors, une seule modification de statut d'autonomie est intervenue, en 2018 aux Canaries[72]. Elle n'a pas fait l'objet d'un recours *a priori*. Les six autres modifications de statuts intervenues depuis 2006 l'ont toutes été avant 2015[73]. Quant à la limitation du champ d'application du recours *a priori* aux seuls statuts d'autonomie, là aussi, rien ne permet de considérer qu'elle a été inopportune, alors pourtant que l'extension du mécanisme à l'égard de cas « constitutionnellement sensibles », selon l'expression de P. Crúz, et relevant de la voie organique, avait été, un temps, évoquée[74]. L'éventuel succès, après l'échec initial, tiendra probablement à l'esprit autant qu'à la lettre. Or, les dernières années ont davantage été celles de la confrontation butée des forces politiques que celles de la concorde. Le scepticisme domine.

---

[72] *Ley Orgánica 1/2018, de 5 de noviembre, de reforma del Estatuto de Autonomía de Canarias*, adoptée le 5 novembre, cette loi a été publiée et est entrée en vigueur le lendemain, le 6.

[73] Le 10 avril 2006, la Communauté autonome de Valencia ; le 19 juillet 2006, la Catalogne ; le 28 février 2007, les Îles Baléares ; le 19 mars 2007, l'Andalousie ; le 20 avril 2007, l'Aragon et le 28 janvier 2011, l'Extrémadure.

[74] P. Cruz Villalón, « El control previo, a los veinteaños de su supresión », *op. cit.*, p. 288.

ÉCHEC PROGRAMME D'UNE LOI… TROP MAL ECRITE POUR ATTEINDRE SON OBJECTIF : L'ARTICLE 225-4-13 DU CODE PENAL, ISSU DE LA LOI N° 2022-92 DU 31 JANVIER 2022

Marie-Pierre BAUDIN-MAURIN

La « loi n° 2022-92 du 31 janvier 2022 interdisant les pratiques visant à modifier l'orientation sexuelle ou l'identité de genre d'une personne » semble vouée à un échec programmé du fait de sa rédaction beaucoup trop floue pour atteindre l'objectif du législateur.

On va le montrer à travers la présentation détaillée d'un des articles issus de cette loi, l'article 225-4-13 (nouveau) du Code pénal, qui crée un nouveau délit, dont le domaine d'application est défini dans des termes si vagues qu'ils englobent des champs bien plus vastes qu'il n'y paraît au premier abord, se jouant du principe de légalité des délits et peines.

L'objectif du législateur semblait pourtant largement consensuel. Selon les termes de la proposition de loi[1], la réforme était présentée comme visant à interdire et mieux réprimer les « pratiques » (très variées, pouvant aller jusqu'à des pratiques violentes, moralement, voire physiquement, comme des électrochocs, par exemple), « visant à modifier l'orientation sexuelle ou l'identité de genre d'une personne », souvent qualifiées de « thérapies de conversion ».

Cette loi, entrée en vigueur le 2 février 2022, a-t-elle atteint son objectif, ou a-t-elle une chance de l'atteindre avec le temps, ou bien est-ce un nouvel exemple d'échec normatif ? L'échec normatif nous semble inévitable pour des raisons techniques que l'on va développer.

Le libellé de l'article 225-4-13 du Code pénal, loin de les stigmatiser, nous semble au contraire banaliser les « thérapies de conversion », que le texte ne cite même pas expressément et qui sont assimilées aux simples « propos répétés » de parents inquiets, exposés aux mêmes peines, parfois aggravées à leur égard (au gré de circonstances aggravantes paradoxales) !

Une telle affirmation est si surprenante, non seulement en elle-même, mais aussi (voire surtout) au regard de la communication médiatique qui a été faite

[1] Proposition de loi n° 4021, 23/03/2021 ; Mission *flash* sur les pratiques prétendant modifier l'orientation sexuelle ou l'identité de genre d'une personne (par les députés L. Vanceunebrock et B. Lachaud), 11/12/2019.

autour de cette loi[2], qu'elle semble invraisemblable : elle doit être soigneusement démontrée[3].

Cette démonstration s'appuiera sur le libellé exact de l'article 225-4-13 (nouveau) du Code pénal, en version originale intégrale, puis en version tronquée « à destination parentale » :

Code pénal, *article* 225-4-13, version originale intégrale (en 1695 caractères[4] !) :

> Les pratiques, les comportements ou les propos répétés visant à modifier ou à réprimer l'orientation sexuelle ou l'identité de genre, vraie ou supposée, d'une personne et ayant pour effet une altération de sa santé physique ou mentale sont punis de deux ans d'emprisonnement et de 30 000 euros d'amende.
> Les faits mentionnés au premier alinéa sont punis de trois ans d'emprisonnement et de 45 000 euros d'amende lorsqu'ils sont commis :
> 1° Au préjudice d'un mineur ou lorsqu'un mineur était présent au moment des faits et y a assisté ;
> 2° Par un ascendant ou toute personne ayant sur la victime une autorité de droit ou de fait ;
> 3° Sur une personne dont la particulière vulnérabilité ou dépendance, due à son âge, à une maladie, à une infirmité, à une déficience physique ou psychique, à un état de grossesse ou à la précarité de sa situation économique ou sociale, est apparente ou connue de leur auteur ;
> 4° Par plusieurs personnes agissant en qualité d'auteurs ou de complices ;
> 5° Par l'utilisation d'un service de communication au public en ligne ou par le biais d'un support numérique ou électronique.
> L'infraction prévue au premier alinéa n'est pas constituée lorsque les propos répétés invitent seulement à la prudence et à la réflexion, eu égard notamment à son jeune âge, la personne qui s'interroge sur son identité de genre et qui envisage un parcours médical tendant au changement de sexe.
> Lorsque l'infraction est commise par une personne titulaire de l'autorité parentale sur le mineur, la juridiction de jugement se prononce sur le retrait total ou partiel de l'autorité parentale ou sur le retrait de l'exercice de cette autorité en application des articles 378 et 379-1 du Code civil ».

Code pénal, article 225-4-13, version tronquée « à destination parentale » :

> [Les pratiques, les comportements <u>ou</u>] les propos répétés visant à modifier ou à réprimer l'orientation sexuelle ou l'identité de genre, vraie ou supposée, d'une personne et ayant pour effet une altération de sa santé […] sont punis de deux ans d'emprisonnement et de 30 000 euros d'amende.
> Les faits mentionnés […] sont punis de trois ans d'emprisonnement et de 45 000 euros d'amende lorsqu'ils sont commis [*avec une des circonstances aggravantes suivantes*] :
> 1° Au préjudice d'un mineur ou lorsqu'un mineur était présent […] ;
> 2° Par un ascendant ou toute personne ayant sur la victime une autorité de droit ou de fait ;

---

[2] Adoptée une fois de plus en procédure accélérée, sur un sujet pourtant tellement grave, sans lien avec le Covid.

[3] *Idem est non esseaut non probari.*

[4] Encore un exemple de texte manquant de la concision et de la clarté requises dans un système de droit écrit.

> 3° Sur une personne dont la particulière vulnérabilité ou dépendance, due à son âge, [...] une déficience [...] ou [...] sa situation [...] est [...] connue de leur auteur ; [...]
> L'infraction [...] n'est pas constituée lorsque les propos répétés invitent seulement à la prudence et à la réflexion, eu égard notamment à son jeune âge, la personne qui s'interroge sur son identité de genre et qui envisage un parcours médical tendant au changement de sexe.
> Lorsque l'infraction est commise par une personne titulaire de l'autorité parentale sur le mineur, la juridiction de jugement se prononce sur le retrait total ou partiel de l'autorité parentale ou sur le retrait de l'exercice de cette autorité en application des articles 378 et 379-1 du Code civil.

Il est édifiant de voir que le texte original ne se trouve que très modérément allégé. Les parents apparaissent comme les principaux « délinquants en puissance » visés par ce texte, qui n'envisage qu'à la marge, quoique sur le même plan, les cas de harcèlement en groupe, voire en bande organisée (impliquant des auteurs et complices agissant de concert), ou de cyberharcèlement (avec l'aide du redoutable outil numérique), constituant respectivement les 4e et 5e cas de circonstances aggravantes, après les trois premiers ciblant surtout les parents[5].

La sévérité extrême de ce nouveau délit menaçant principalement les parents peut être révélée à partir d'une double approche : en premier lieu une approche globale de ce nouveau délit « d'exercice légal de l'autorité parentale » (dans ses conditions et ses effets) (I), puis, en second lieu, une approche spéciale centrée sur l'étude du cas d'exonération de ce délit (II).

I. Sévérité exagérée du nouveau « délit d'exercice légal de l'autorité parentale »

Cet intitulé volontairement provocateur veut alerter sur un délit radicalement innovant, qui bouscule dangereusement la trilogie classique du droit pénal, fondée sur la recherche des éléments matériel, moral et légal de l'infraction, pour justifier la peine associée (B). En effet, le domaine d'application de ce délit est délimité par des conditions alternatives, très larges, et disparates, qui le font encourir, à l'extrême, pour de simples propos répétés, qui vont exposer à des peines d'emprisonnement et d'amende, voire à un retrait de l'autorité parentale (A).

A. Recul dangereux de la liberté d'expression parentale par une pénalisation excessive

Selon l'article 225-4-13 du Code pénal, les parents qui auront voulu assumer leur responsabilité en acceptant d'écouter leur enfant (mineur, ou même majeur, le rôle de parent ne s'éteignant pas en soufflant sur les dix-huit bougies d'un gâteau d'anniversaire) exprimer ses convictions, ou ses doutes,

---

[5] Cumulant tous les critères d'autorité de droit et de fait, ou de connaissance de la vulnérabilité de leur enfant, remplis partiellement par d'autres personnes potentiellement concernées (ascendants, enseignants, par exemple).

sur son orientation sexuelle et/ou son identité de genre (« vraie ou supposée », selon les termes de la loi, invitant à l'envisager indépendamment du sexe biologique ou civil), et qui auront accepté d'en discuter avec lui, longuement et/ou à plusieurs reprises, pour l'aider dans son cheminement personnel, risquent, pour ces « propos répétés » de perdre leur pouvoir de le protéger, matériellement (potentiellement ruinés par l'amende de trente mille euros, hors de portée pour bien des ménages), ou moralement (emprisonnés loin de lui pendant deux ans).

On objectera que n'exposent à de telles conséquences pénales que certains types de propos répétés. Il faut qu'il s'agisse de propos « visant à modifier ou à réprimer » l'orientation sexuelle et/ou l'identité de genre « vraie ou supposée » de leur enfant. Supposons par exemple un jeune Léon qui informe ses parents qu'il se sent femme, et qu'il veut s'appeler Léontine. Si ses parents, par leurs propos, semblent freiner ce changement, on pourra leur reprocher de réprimer ce que Léon considère comme son identité de genre « vraie », indépendamment de la réalité « supposée » de son sexe biologique, tel qu'inscrit à l'état civil. Mais le texte est rédigé en des termes si larges qu'une attitude inverse serait tout aussi répréhensible. En effet, si, par leurs propos, les parents semblent accompagner favorablement la demande de changement de leur enfant (en lui indiquant par exemple des personnes ou organismes qui pourront l'aider dans ses démarches), on pourra leur reprocher de « modifier » son identité de genre actuelle, masculine dans notre exemple (au vu du sexe biologique, inscrit à sa naissance à l'état civil), que cette identité soit « vraie ou supposée » n'excluant pas l'incrimination prévue par la loi. Tout porte à croire que seuls les « propos répétés » admissibles sont ceux qui ne mènent à rien (voire ne riment à rien), du style des « cellules de soutien psychologiques » qui fondent leur mérite sur la seule écoute d'une personne, sans chercher à l'aider à trouver des réponses.

Les parents ont le droit (voire le devoir) d'écouter leur enfant, à condition de garder le silence, ou, à la limite, de parler… pour ne rien dire : curieuse conception du rôle parental.

On rétorquera que cette interprétation (pourtant littérale) est caricaturale, car elle omet que seuls les propos adressés à l'enfant « ayant pour effet une altération de sa santé » sont répréhensibles. Deux éléments importants fragilisent toutefois cette « restriction » légale.

D'une part, l'appréciation de l'altération de la santé (« physique *ou* mentale ») de l'individu concerné n'est soumise à aucune instance ou autorité médicale tierce. C'est donc vraisemblablement l'individu lui-même qui va apprécier si les propos qui lui ont été adressés l'ont blessé au point d'altérer sa santé mentale[6], renvoyant à une sorte de tautologie, puisqu'il n'agira contre ses parents que s'il souffre de se sentir rejeté, mal aimé, ou incompris[7].

D'autre part, et sans remettre en cause la bonne foi de celui qui s'estimera atteint dans sa santé psychique (par des propos ressentis comme trop répétés, trop insistants, trop directifs, ou insuffisamment — ou trop ? — accueillants, etc.), un enfant en proie au doute sur son identité (qu'elle soit ou non sexuelle, d'ailleurs) est déjà, par hypothèse, en état de fragilité psychique.

Le plus grave est que dans son incitation au délaissement parental (se taire, ou parler pour ne rien dire revient à cela), la loi ne distingue pas en fonction de l'âge de l'enfant au titre des conditions d'application du délit, et, quand elle le fait, à propos de ses effets, c'est pour en tirer des conséquences incohérentes, en créant des circonstances aggravantes paradoxales.

En effet, quand les propos répétés des parents, directifs voire dissuasifs des choix envisagés, concernent des enfants mineurs, par exemple pour les enjoindre à attendre d'être assez âgés pour revendiquer une orientation sexuelle ou un genre quelconque, le jeune âge éventuel[8] des intéressés, loin d'être exonératoire, aggrave la responsabilité pénale encourue.

Pour ces parents, les peines sont augmentées de moitié, tant pour l'amende, portée de trente mille à quarante-cinq mille euros, que pour l'emprisonnement, porté de deux à trois ans.

Mais les parents seront en réalité, dans tous les cas, systématiquement exposés à ces peines alourdies par leurs propos répétés (sur ces sujets déclarés implicitement tabous par la réforme), qu'ils aient été adressés à un mineur (Code pénal, article 225-4-13, alinéa 2, 1°) ou en sa présence (Code pénal, article 225-4-13, alinéa 2, 1°), par exemple pour des propos adressés à une sœur ou un frère aîné majeur, qui, en eux-mêmes, et même hors présence d'enfants mineurs, les exposeraient pareillement, dès lors qu'ils sont ses « ascendants » (Code pénal, article 225-4-13, alinéa 2, 2°).

Et, paradoxalement, pour les propos répétés d'un parent à son enfant mineur (Code pénal, article 225-4-13, alinéa 2, 1°), le texte semble inciter le juge à la plus grande sévérité, par le cumul des principales autres circonstances aggravantes alternatives prévues par la loi, lesdits propos émanant dans ce cas, par hypothèse, d'un « ascendant » (Code pénal, article 225-4-13, alinéa 2, 2°), investi, à l'égard de son enfant, d'une « autorité », non seulement « de droit » (l'autorité parentale), mais aussi « de fait » (Code pénal, article 225-4-13, alinéa 2, 2°), du fait de l'inévitable « vulnérabilité » et aussi (bien au-delà, là

[6] Comme pour « l'état de détresse » ressenti par la mère en matière d'IVG (hors contrôle médical ou du juge).

[7] Voire abandonné à ses doutes et « choix », ayant altéré sa santé physique, en cas de traitements irréversibles.

[8] V. par exemple la circulaire du 29/09/2021 « pour une meilleure prise en compte des questions relatives à l'identité de genre en milieu scolaire » destinée expressément aux « enseignements primaire et secondaire » (parue au *Bulletin officiel de l'Éducation nationale, de la Jeunesse et des Sports* — NOR : MENE2128373C).

encore, des exigences alternatives légales de l'aggravation de la peine) « dépendance » (économique, morale, etc.) « due à son âge » (moins — voire beaucoup moins — de dix-huit ans), ou à toute autre fragilité « physique ou psychique », ou « économique ou sociale », inévitablement « connue de son auteur », son parent (Code pénal, article 225-4-13, alinéa 2, 3° : un mineur est forcément dans une telle situation de vulnérabilité, surtout s'il est en difficulté dans sa perception de lui-même, de son genre, ou de son orientation sexuelle). Ses parents pourront même être frappés, en plus des peines aggravées d'amende et de prison, d'une peine complémentaire prévue pour eux seuls : le juge pourra prononcer le retrait (total ou partiel) de leur autorité parentale ou de l'exercice de cette autorité (Code pénal, article 225-4-13, alinéa 4).

B. Recul dangereux des principes protecteurs du droit pénal par une infraction évasive

L'élément moral ou intentionnel serait-il devenu indifférent ?... Cet élément n'est même pas mentionné par la loi. Quant aux circonstances aggravantes prévues, elles ne tiennent pas à l'intention de nuire, ni même aux modalités utilisées pour chercher à influencer la personne (par exemple le recours à des pratiques violentes, comme des électrochocs, ou d'autres « thérapies de conversion », qui ne sont même pas nommées). Cela donne le sentiment que l'élément moral est sous-entendu, voire présumé, en violation des principes liés aux droits de défense des parents et de leur présomption d'innocence (comme tout un chacun).

Le principe constitutionnel de légalité des délits et peines peut-il se satisfaire d'un élément légal si flou qu'il semble, comme on vient de le voir, permettre d'incriminer tout et son contraire (tout propos autre que purement neutre, d'écoute dite active semblant à éviter) ?

En effet, l'infraction repose sur des éléments matériels hétéroclites et contradictoires (article 225-4-13, alinéa 1er), qui exposent les parents quoi qu'ils fassent, ou même seulement disent.

Le cumul de conditions alternatives, matérialisées dans le texte par la multiplication de « ou » successifs, qui sont autant d'extensions du domaine d'application du nouveau délit[9], dessine des limites aussitôt gommées par des critères contradictoires, privant ce délit de véritable intérêt. Car les violences infligées à son enfant pour le contraindre à « rentrer dans le rang » par son comportement ou son image en matière d'identité sexuelle étaient déjà réprimées[10], et si ce texte vise à afficher une sévérité accrue par un élargissement de sanctions pénales très lourdes à des propos (voire des

---

[9] ... bien au-delà d'une simple contravention de police qui aurait pu être éventuellement encourue, et encore...

[10] V. J. Couard, « L'interdiction légale des thérapies de conversion », *Dr. fam.*, 2022, ét. 8 (spéc. n° 4).

comportements, comme le fait de conduire son enfant qu'on sent en souffrance et qu'on ne parvient pas à aider suffisamment, chez un médecin psychiatre ou un psychanalyste) qui peuvent traduire un souci d'aider et de protéger son enfant, il est contre-productif et dangereux, en exposant le mineur à un risque d'isolement.

En l'état actuel du texte, quoi que puissent faire ou dire, dans un sens ou dans l'autre, les parents, ils seront exposés au risque de condamnation au titre du nouveau délit, les incitant à ne rien faire, ni dire, à leurs enfants, surtout s'ils sont mineurs (!), les contraignant à une sorte d'abandon moral de leur famille, tout particulièrement dans les situations conflictuelles entre parents en cours de séparation, se disputant « la garde » de leurs enfants communs, qui pourraient être tentés d'utiliser des propos de l'autre pour faire exclure son autorité parentale, en « surfant » sur les circonstances aggravantes paradoxales de la loi qui aboutissent à priver injustement de son autorité le parent qui a pris le plus de risques pour assumer pleinement ce rôle, en se refusant à laisser passivement son enfant mineur (même très jeune) assumer seul (ou avec le seul « soutien » indifférent des réseaux sociaux, des médias, des politiques) des choix difficiles qui l'engageront bien plus profondément et durablement qu'il ne le réalise, parce que son jeune âge le rend vulnérable, et que son devoir de parent est de le protéger, même si cela le met en première ligne d'un risque d'être frappé, comme potentiel harceleur de son propre enfant, de peines aggravées autant, et même davantage, que celles prévues pour ceux qui ne manqueront pas de le harceler ensuite, en groupe et/ou en ligne (al. 2, 4° et 5°).

Voilà pourquoi ce texte semble voué à un échec vraisemblable, et souhaitable, car les juges refuseront sûrement de prononcer le retrait, même partiel, de l'autorité parentale (ou même de son exercice) pour un parent qui aura simplement assumé son rôle difficile, au lieu d'abandonner son enfant aux bons soins des médias, des réseaux sociaux, voire de l'État[11].

Pourtant, si on en croit les communiqués de presse gouvernementaux, ce qui vient d'être expliqué doit être nuancé voire relativisé au vu du cas d'exonération prévu par la loi.

II. Sévérité du délit aggravée par le cadre bien trop étroit du cas d'exonération légale

À l'opposé de ce qu'on a observé sur le champ d'application du délit encouru par les titulaires de l'autorité parentale, élargi au-delà des limites du raisonnable par un amas de conditions alternatives contradictoires, le cas d'exonération légal est enfermé dans un cadre si étroit (A) qu'il révèle *a contrario* une sévérité accrue, derrière l'assouplissement apparent (B).

---

[11] Par l'intermédiaire des dispositifs qu'il met en place au sein des écoles, secondaires, mais aussi primaires.

A. Un cas d'exonération rendu marginal par son cadre légal beaucoup trop étroit

Seuls seront exonérés du risque de poursuites délictuelles les parents qui, non seulement n'auront fait que parler avec leur enfant, mais en outre auront veillé à ce que leurs propos, même répétés, n'aillent jamais au-delà d'une simple incitation à la prudence, et à condition encore que l'enfant (surtout s'il est jeune) envisage un changement médical de sexe.

Le cumul des conditions cumulatives réduit « comme peau de chagrin » le domaine d'application de l'exonération, exceptionnelle, prévue par la loi, excluant seulement « l'infraction [...] lorsque les propos répétés invitent seulement à la prudence et à la réflexion, eu égard notamment à son jeune âge, la personne qui s'interroge sur son identité de genre et qui envisage un parcours médical tendant au changement de sexe » (Code pénal, article 225-4-13, alinéa 3).

En dehors de cette situation, finalement très marginale, d'un jeune mineur (sans âge minimal d'ailleurs prévu) souhaitant changer médicalement de sexe et rencontrant l'accueil d'une parole parentale bienveillante et ouverte, l'incitant simplement à la prudence (*sic !*), les juges se voient donc incités, dans toutes les autres situations que celle-ci, à sanctionner, *a contrario*, les parents délinquants avec toute la sévérité qu'ils méritent selon la loi nouvelle...

B. Une sévérité accrue révélée a contrario, derrière l'assouplissement apparent

L'interprétation *a contrario* de l'alinéa 3 relatif au cas d'exonération légale permet de tracer plus précisément le « profil » des « parents délinquants » selon la loi nouvelle, révélant plus clairement sa sévérité exagérée à l'égard des parents, et sa méconnaissance de leur rôle.

A contrario, en effet, l'infraction pourra être constituée, et les parents risquent d'être poursuivis, selon les circonstances et l'appréciation du juge, chaque fois que leur rôle ne se sera pas limité à des propos, par exemple quand, inquiets pour leur mineur et désemparés face à sa souffrance, ils auront pris rendez-vous pour l'enfant chez un psychologue, un psychiatre.

Même s'ils n'ont commis aucun acte et qu'ils s'en sont tenus aux paroles, l'infraction ne sera pas pour autant écartée si les doutes de l'enfant portent sur son orientation sexuelle, ou même sur son identité de genre, si l'enfant sollicite seulement des changements d'apparence (vestimentaires, ou de prénom, voire de pronom, pour « iel » selon les dernières directives ministérielles en ce sens), mais sans envisager de traitement (médical voire chirurgical).

Enfin, même dans l'hypothèse où leur enfant envisage un changement médical (voire chirurgical) de sexe, et qu'ils ont limité leur « action » ou réaction de parents responsables à des paroles, leurs propos pourront encore être constitutifs du délit nouveau s'ils ont dépassé une simple incitation à la prudence, par une incitation voire injonction à la patience, en invitant par exemple leur enfant à attendre d'avoir l'âge (de raison ?) pour l'envisager, cette interdiction, même temporaire, risquant fort d'être interprétée comme « visant à modifier l'orientation sexuelle ou l'identité de genre » ressentie comme « vraie » par leur enfant.

Derrière l'assouplissement apparent apporté par la cause d'exonération prévue, on découvre en réalité, *a contrario*, la gravité de l'entrave apportée par la loi à l'exercice normal de l'autorité parentale, réduite à une présence passive, voire fictive, incompatible avec les autres textes et principes la régissant, tant au niveau interne que sur le plan international.

Que reste-t-il de l'autorité parentale déjà si fragilisée par la loi, et pourtant toujours d'ordre public (C. civ., article 226), selon laquelle « les époux assurent ensemble la direction morale et matérielle de la famille. Ils pourvoient à l'éducation des enfants et préparent leur avenir » (C. civ., article 213) ? Que reste-t-il de l'« honneur » et du « respect » que « l'enfant, à tout âge, doit à ses père et mère » (C. civ., article 371 — texte inchangé depuis 1804) ?

S'il est clair que « l'autorité parentale est un ensemble de droits et de devoirs ayant pour finalité l'intérêt de l'enfant » (C. civ., article 371-1, alinéa 1), qui doit s'exercer « sans violences physiques ou psychologiques » (C. civ., article 371-1, alinéa 3[12]), comment les parents pourront-ils « le protéger dans sa sécurité, sa santé et sa moralité [...] et permettre son développement, dans le respect dû à sa personne » (C. civ., article 371-1, alinéa 2) si, sur des sujets aussi graves que sa perception de soi (y compris dans sa dimension sexuelle), on les prive de tout pouvoir de « décision », même en y associant l'enfant, selon son âge (article 371-1, alinéa 4).

Va-t-on vers une banalisation du retrait de l'autorité parentale, bien au-delà des faits graves normalement prévus, pour des parents condamnés, « comme auteurs, coauteurs ou complices » d'un crime ou d'un délit commis sur la personne de leur enfant, ou par leur enfant, ou sur la personne de l'autre parent (C. civ., articles 378, et 379-1 pour le retrait partiel) ?

Qui, hors de ces cas graves, sera chargé d'exercer l'autorité parentale, mieux que les parents, auxquels on reproche seulement d'avoir parlé ou agi dans l'intérêt de leur enfant ?

Le législateur n'est pas seulement trop sévère à l'égard des parents, il est injuste en les présumant maltraitants ou hostiles, et irresponsable en les traitant tels des délinquants quand ils refusent précisément de l'être en abandonnant leur enfant, surtout mineur, ou très jeune, à des choix difficiles qui ne sont pas de son âge. L'échec normatif est inévitable, et souhaitable.

[12] Loi du 10 juillet 2019, sur les Violences Éducatives Ordinaires (VEO) : déjà une défiance à l'égard des parents.

On dira que la loi n'est pas faite pour ça, ne veut pas dire ça. Mais c'est hélas ce qu'elle dit en réalité et donc « veut dire ». Le texte, écrit en des termes trop larges pour se limiter à la sanction pénale des pratiques de thérapies de conversions, les banalise par leur assimilation à de simples « propos » de parents, dont la « répétition » fait écho à leurs soucis légitimes. Loin des électrochocs ou d'autres pratiques traumatisantes, les conversations de parents face aux interrogations douloureuses de leur enfant peuvent les conduire en prison (ou à la ruine, vu le montant des amendes prévues !), ou même au retrait de leur autorité parentale (ou de son exercice), paradoxalement, pour avoir tenu leur rôle de parent ! Ce nouveau « délit d'exercice légal d'autorité parentale » est ou doit être voué à l'échec. « Les peuples se font justice des mauvaises lois… », disait Portalis. Praticiens et théoriciens devront y contribuer.

Comme les parents, les médecins consciencieux (et courageux, depuis le 2 février 2022), s'exposent à des peines de prison (de deux ans) et d'amende (de 30 000 euros), s'ils ont reçu en consultation (ou prescrit des traitements à) une personne en recherche ou revendication de son orientation sexuelle ou de son identité de genre (« vraie ou supposée », ce qui ouvre là aussi tout le champ des possibles… et leur contraire), sauf à se constituer la preuve qu'ils n'ont jamais entendu ni prétendu modifier ou réprimer cette orientation ou identité sexuelle.

Comme les parents invités à éluder de leur responsabilité vis-à-vis de leur enfant en gardant un silence ou un non-positionnement prudent, le médecin, quelle que soit sa spécialité, est incité, en violation du *Serment d'Hippocrate*, à se garder de tout conseil[13], ou traitement, en se limitant à une confortable invitation « à la réflexion et à la prudence » de son patient, avec les mêmes restrictions à son exonération (jeune envisageant un changement médical de sexe), une peine complémentaire spéciale (interdiction d'exercer la médecine pendant dix ans) et les mêmes circonstances aggravantes (si le patient est mineur ou d'une vulnérabilité connue du médecin, les peines encourues sont portées à 3 ans de prison et à 45 000 euros d'amende) !

Espérons que nos juges sauront museler aussi et vouer à un échec juridictionnel salutaire l'article L. 4163-11 du Code de la santé publique qui s'attaque à l'exercice légal de la médecine, marquant ainsi un nouvel échec normatif programmé de cette loi n° 2022-92.

---

[13] Que penserions-nous d'un avocat, d'un notaire, voire d'un commerçant qui nous refuserait ainsi ses conseils ?

L'ECHEC DE LA REFORME CONSTITUTIONNELLE HAÏTIENNE DE 2011 RELATIVE A LA CREATION DU CONSEIL CONSTITUTIONNEL

Kevin BOYER

« Une Constitution n'est pas une Bible inaltérable [...], elle est donc sujette à des révisions régulières. Telle est la situation actuelle[1]. »

La dictature des Duvalier. Au cours du XXe siècle, de nombreux pays, notamment en Amérique centrale et en Amérique du Sud[2], ont connu des périodes dictatoriales. Ces régimes politiques se caractérisaient le plus souvent par la concentration des pouvoirs de manière autoritaire entre les mains d'un seul individu ou d'un groupe d'individus, tandis que l'exercice de la justice n'était qu'un instrument au service d'un système étatique oppressif[3]. L'instrumentalisation de la justice a été également fréquente en Haïti durant la période de la dictature des Duvalier[4]. Cette dictature s'est distinguée par sa sanglante répression, ses arrestations arbitraires et ses exécutions sommaires. Elle s'est construite par la terreur en empêchant notamment les citoyens de s'exprimer librement. En d'autres termes, les droits et libertés fondamentaux n'étaient absolument pas protégés. Mais, à la suite vives protestations, Jean-Claude Duvalier fut contraint à l'exil dans la nuit du 6 au 7 février 1986.

L'adoption de la Constitution du 29 mars 1987. Quelques heures après le départ de Jean-Claude Duvalier pour l'exil, un Conseil national de gouvernement fut formé dans la journée et décida de confier rapidement aux constituants la tâche de rédiger une nouvelle Constitution. Elle fut adoptée le 29 mars 1987. Cette Constitution avait un double objectif : « d'une part, la volonté de rompre avec le passé, c'est-à-dire d'éviter un nouvel accaparement du pouvoir comparable à celui de la famille Duvalier, d'autre part

---

[1] M. Manigat, « Le Conseil constitutionnel : une nécessité pour Haïti », *Le Nouvelliste*, 9 octobre 2018.

[2] À titre d'illustration, il est possible de citer le Paraguay (1954), la Colombie (1957), le Brésil (1964), le Honduras (1972), le Chili (1973), l'Uruguay (1973) ou encore l'Argentine (1976).

[3] CourIDH, 17 septembre 1997, *Loayza-Tamayo c. Pérou*, Série C n° 33.

[4] La dictature dura une trentaine d'années, de 1957 à 1986. Elle débuta par l'accession au pouvoir de François Duvalier en 1957, puis par la désignation de son fils, Jean-Claude Duvalier, comme successeur en 1971.

l'instauration d'un régime républicain[5] ». Tout en consacrant de nombreux droits et libertés, la nouvelle Constitution mettait en place un mécanisme de contrôle constitutionnel. Elle paraissait ainsi répondre aux exigences démocratiques post-dictatoriales.

La complexité de l'échec de la Constitution du 29 mars 1987. La Constitution n'est cependant pas parvenue à garantir un équilibre institutionnel. Les instabilités politiques des années 1990 ont très rapidement freiné l'impulsion démocratique de la nouvelle Charte fondamentale. La XIVe journée de l'UMR permet de ce fait de mettre en perspective l'évolution constitutionnelle en Haïti. Si, au premier abord, la Constitution peut être qualifiée d'échec normatif, en ce sens qu'elle est le commencement de quelque chose qui n'est pas allé jusqu'au bout, il est nécessaire toutefois de relativiser la situation. En analysant les effets de la réforme constitutionnelle de 1987, le constat d'un tel échec est à nuancer. La situation est si complexe que la Constitution en elle-même ne peut être qualifiée d'échec total. Toutes les dispositions constitutionnelles n'ont pas connu exactement le même sort, certaines ayant eu moins d'effet que d'autres. Autrement formulé, l'élément déterminant de ce constat réside principalement dans le contenu de la Charte fondamentale. C'est la raison pour laquelle la complexité de l'échec normatif est à l'origine de la réforme constitutionnelle du 9 mai 2011.

La complexité de l'échec de la réforme du 9 mai 2011. Dans le cadre de la thématique de la XIVe journée de l'UMR, il a été mis l'accent sur un des contenus de la Constitution. Il s'agit du contrôle de constitutionnalité des lois. Afin d'assurer une meilleure protection des droits et libertés fondamentaux, la Constitution de 1987 a attribué ce contrôle à la Cour de cassation. Face à l'ineffectivité de ce mécanisme de protection de la Constitution, la réforme du 9 mai 2011 a cependant apporté d'importants ajustements au contentieux constitutionnel haïtien. Elle puise notamment dans l'échec normatif de 1987 pour créer entre autres un Conseil constitutionnel. Pourtant, en s'attardant sur les modifications de la réforme, il est possible de constater une nouvelle forme d'échec. La finalité de la récente version constitutionnelle semble n'avoir jamais été atteinte en raison des dysfonctionnements institutionnels.

La problématique de l'échec de la réforme du 9 mai 2011. La situation en Haïti permet d'inscrire l'analyse de l'échec de la réforme de 2011 dans le processus d'évolution du contentieux constitutionnel. Elle ne peut être dissociée du contexte dans lequel la réforme a été adoptée. Il est par conséquent nécessaire de s'attarder sur l'échec de la réforme du contentieux constitutionnel haïtien et la création inachevée du Conseil constitutionnel.

[5] J. Pierre-Louis, *Haïti et ses institutions*, Port-au-Prince, Henri Deschamps, 2005, p. 46.

L'évolution du contentieux constitutionnel haïtien. Depuis 1987, le contrôle de constitutionnalité a énormément évolué en fonction des différents échecs normatifs. L'enchevêtrement de ces échecs constitue d'une certaine manière le socle du contentieux constitutionnel actuel. Il peut être de ce fait considéré, avant la réforme de 2011, comme étant un échec normatif partiel caractérisé par un contrôle de constitutionnalité ineffectif (I). Cette évolution conduit à envisager également le contentieux constitutionnel haïtien, après la réforme de 2011, comme étant un échec normatif total caractérisé par un contrôle de constitutionnalité inexistant (II).

I. Le contentieux constitutionnel haïtien avant 2011 : un échec normatif partiel caractérisé par un contrôle de constitutionnalité ineffectif

À la chute du régime dictatorial, la réforme normative de 1987 avait réintroduit dans la Constitution haïtienne le contrôle de constitutionnalité des lois. Ce mécanisme de contrôle permettait une protection des droits et libertés fondamentaux grâce à l'intervention de la Cour de cassation. Cependant, le contentieux constitutionnel haïtien ne s'est pas véritablement développé et pourrait être qualifié de ce fait d'échec normatif partiel. Cette situation s'est caractérisée par une défaillance du rôle de la Cour de cassation (B) malgré le renouveau démocratique amorcé par la réforme de 1987 (A).

A. L'échec du contentieux constitutionnel à travers le renouveau démocratique haïtien de 1987

La disposition constitutionnelle consacrant le contrôle de constitutionnalité des lois présentait de nombreuses lacunes. Elle ne précisait pas notamment de manière claire les modalités de ce contrôle (1). La Constitution prévoyait uniquement que la Cour de cassation était chargée de se prononcer sur l'inconstitutionnalité des lois. Il a fallu attendre l'adoption du décret du 22 août 1995 pour avoir une meilleure compréhension du mécanisme de contrôle (2).

1. Une disposition constitutionnelle lacunaire réintroduisant le contrôle de constitutionnalité

Les causes de l'adoption de la Constitution du 29 mars 1987. Le 7 février 1986 constitue une date incontournable dans l'histoire contemporaine de Haïti. Elle marque la fin du régime dictatorial des Duvalier et le début d'une nouvelle ère démocratique. L'adoption de la Constitution du 29 mars 1987 permettait de concrétiser cette transition. Elle consacrait de manière explicite le pluralisme idéologique, l'alternance politique et les droits inviolables du peuple haïtien. Il était alors nécessaire d'« instaurer un régime gouvernemental basé sur les libertés fondamentales et le respect des droits humains, la paix sociale, l'équité économique, la concertation et la participation de toute la population aux grandes décisions engageant la vie nationale [...][6] ». La Constitution réaffirmait un certain nombre de droits et libertés qui n'étaient pas garantis durant la période de la dictature. Afin de consolider cette nouvelle base constitutionnelle, les constituants soutenaient l'importance de la protection de la Charte fondamentale à travers le contrôle de constitutionnalité.

Un contrôle de constitutionnalité confié à la Cour de cassation. Cette notion du contrôle de constitutionnalité a de ce fait été réintroduite dans la Constitution de 1987. L'article 183 disposait en ces termes que « la Cour de cassation, à l'occasion d'un litige et sur le renvoi qui en est fait, se prononce en Sections réunies sur l'inconstitutionnalité des lois ». La particularité du contentieux constitutionnel haïtien résidait dans le fait que ce contrôle était attribué à la Cour de cassation. À titre informatif, cette dernière est la plus haute juridiction de l'organisation juridictionnelle en Haïti. Elle chapeaute l'ensemble des juridictions civiles, répressives et administratives[7]. Les juges de cassation possédaient plusieurs casquettes. Au-delà de leurs compétences judiciaires et administratives, ils détenaient également des attributions en matière constitutionnelle.

Une disposition constitutionnelle lacunaire quant au contrôle de constitutionnalité. Malgré une volonté de consacrer un contrôle de constitutionnalité des lois, les dispositions de la Constitution du 29 mars 1987 demeuraient limitées dans ce domaine. Il n'existait effectivement qu'un seul article relatif concrètement au contentieux constitutionnel. L'article 183 déterminait uniquement les bases du contrôle de la conformité des lois à la Constitution en des termes assez lacunaires. Les constituants de 1987 n'ont pas apporté davantage de précisions quant à ce mécanisme. Ce constat paraît surprenant compte tenu du contexte dans lequel la Constitution a été adoptée. La rupture avec les pratiques dictatoriales aurait dû entraîner un renouveau démocratique et une consécration conséquente du contrôle de constitutionnalité. D'ailleurs, la Constitution, tout en restant muette sur certains aspects de ce contrôle, n'a fait que reprendre la formulation de l'article 139 de la Constitution du 27 août 1983 qui disposait que « la Cour de cassation, à l'occasion d'un litige et sur le renvoi qui lui est fait, se prononce en sections réunies sur l'inconstitutionnalité des lois. Le recours en inconstitutionnalité n'est soumis à aucune condition de cautionnement,

[6] Constitution du 29 mars 1987, ancien considérant 7.

[7] La Cour de cassation connaît des pourvois formés contre les ordonnances de référé, les arrêts des cours d'appel, les arrêts de la Cour supérieure des comptes et du contentieux administratif, et les jugements rendus en dernier ressort par les tribunaux de première instance. Elle ne se prononce pas sur le fond des affaires. Néanmoins, à l'occasion d'un second pourvoi relatif à une même affaire entre les mêmes parties, la Cour statue obligatoirement sur le fond de celle-ci.

d'amende ou de taxe. » Cette Constitution de 1983, adoptée trois ans avant la chute du régime des Duvalier, faisait suite à des revendications pour un assouplissement du régime. Cependant, ce contrôle de constitutionnalité n'était pas véritablement effectif. L'article 139 demeurait inapplicable en raison du contexte politique à cette époque en Haïti. L'assouplissement accordé par le pouvoir étatique n'avait pas été suffisant pour permettre une amélioration de la situation du pays. Le contrôle de constitutionnalité figurant dans la Constitution de 1983 n'avait aucun effet concret.

La complémentarité du décret du 22 août 1995. En l'absence de précisions supplémentaires dans la Constitution du 29 mars 1987 sur le fonctionnement de la juridiction constitutionnelle, il était nécessaire de se référer au décret du 22 août 1995 relatif à l'organisation judiciaire. Ce décret comblait les silences de la Constitution et organisait dans le détail le contentieux constitutionnel. Il ne s'agit nullement d'avancer l'idée que la Constitution devait régir l'intégralité de la procédure constitutionnelle. Cependant, l'article 183 aurait dû apporter une plus large compréhension du mécanisme de contrôle. La réforme de 1987 s'est circonscrite à l'adoption d'une formulation « déclarative » sans envisager des dispositions plus concrètes du contentieux constitutionnel.

2. Les dispositions normatives clarifiant le contrôle de constitutionnalité

La clarification du contrôle de constitutionnalité. Le fonctionnement du contrôle de constitutionnalité en Haïti ne pouvait s'apprécier sans les dispositions du décret du 22 août 1995 relatif à l'organisation judiciaire. Ce décret s'inscrivait dans la continuité de la réforme judiciaire entreprise dans les années 1990. Bien que le décret de 1995 réutilisât la trame principale de la loi du 17 janvier 1964 relative à l'organisation judiciaire, il clarifiait tout de même, entre autres, le mécanisme du contrôle de constitutionnalité. Il précisait, avant d'entrer dans les détails du mécanisme, que les Sections de la Cour de cassation réunies en audience solennelle connaissaient des demandes en inconstitutionnalité des lois[8].

La réaffirmation du rôle de la Cour de cassation dans le contentieux constitutionnel. La principale particularité du contrôle de constitutionnalité en Haïti résidait dans le fait que le contentieux relevait de la compétence de la Cour de cassation. Il n'existait donc pas une juridiction spécialement habilitée à traiter des demandes de conformité d'une loi à la Constitution. En étant la plus haute institution du système juridictionnel haïtien, la Cour contrôle l'application du droit par les juridictions inférieures (les juridictions civiles, pénales et administratives) et ne connaît pas du fond des affaires. Cependant,

[8] Décret du 22 août 1995 relatif à l'organisation judiciaire, article 141.

lors d'un second pourvoi en cassation portant sur une même affaire entre les mêmes parties, les juges de cassation ne prononcent pas de renvoi et statuent directement sur le fond en Sections réunies. La Constitution du 29 mars 1987 réattribuait à la Cour de cassation une compétence supplémentaire à ses prérogatives judiciaires et administratives. Elle pouvait être saisie en tout état de cause, et même pour la première fois, pour se prononcer sur une exception d'inconstitutionnalité. Les tribunaux de paix, les tribunaux de première instance, le tribunal terrien, les cours d'appel, ou la Section de la Cour de cassation régulièrement saisis de l'exception devaient surseoir à statuer et renvoyer les parties devant les Sections réunies de la Cour dans un délai d'un mois[9]. Le contrôle de constitutionnalité ne pouvait s'effectuer en dehors d'un litige soumis à un tribunal.

La procédure de saisine de la Cour de cassation. Le décret du 22 août 1995 détaillait la procédure à suivre en matière de contentieux constitutionnel. La partie qui souhaitait une vérification de la conformité d'une loi à la Constitution devait saisir les Sections réunies de la Cour de cassation par une requête signifiée à l'autre partie. Cette dernière faisait à son tour signifier sa requête en défense, soit à personne, soit au domicile réel ou élu dans le délai de quinzaine. Les pièces étaient déposées au greffe de la Cour par l'une ou l'autre partie. Bien que la procédure pût être mieux agencée, il n'en demeure pas moins qu'elle apportait une certaine clarification absente de la Constitution. Le décret permettait aux justiciables d'envisager les démarches à effectuer pour saisir la Cour de cassation dans ses attributions constitutionnelles. La saisine de la Cour de cassation respectait dans une certaine mesure les caractéristiques d'une procédure contradictoire. Les parties avaient la possibilité d'exposer contradictoirement leurs arguments relatifs à la demande d'inconstitutionnalité.

La décision d'inconstitutionnalité rendue par la Cour de cassation. Lorsque les juges de cassation déclaraient l'inconstitutionnalité d'une loi ou d'une disposition de loi, ils devaient adresser immédiatement l'arrêt au ministre de la Justice qui, après avoir informé le Conseil des ministres, le transmettait au pouvoir législatif[10]. La déclaration d'inconstitutionnalité n'entraînait pas une abrogation directe de la loi. La décision devait transiter par le pouvoir exécutif avant de parvenir au pouvoir législatif. Ce mécanisme reposait sur le fondement de la séparation des pouvoirs[11]. Les trois pouvoirs étant indépendants l'un de l'autre, aucun d'eux ne pouvait, sous aucun motif, déléguer ses attributions en tout ou en partie, ni sortir des limites qui sont

---

[9] Décret du 22 août 1995, article 143.
[10] Décret du 22 août 1995, article 148.
[11] Constitution du 29 mars 1987, ancien article 59.

fixées par la Constitution et par la loi[12]. Les attributions de la Cour de cassation se limitaient au contrôle de la conformité de la loi à la Constitution. Elle ne pouvait intervenir de quelque façon que ce soit dans le processus de législation. Seul le pouvoir législatif pouvait voter ou modifier une loi sur tous les objets d'intérêt public, même si l'initiative d'une loi appartient à chacune des deux chambres ainsi qu'au pouvoir exécutif[13]. Il était donc exclu, selon les termes de la Constitution de 1987, que le pouvoir législatif délègue en tout ou en partie ses attributions au pouvoir judiciaire. L'abrogation est un processus relevant en principe de la compétence exclusive du législateur haïtien. C'est la raison pour laquelle la loi déclarée inconstitutionnelle par la Cour de cassation n'était pas abrogée et était transmise au législateur.

La valeur de la décision d'inconstitutionnalité. D'une certaine façon, le décret du 22 août 1995 comblait les silences de la Constitution de 1987 sur le contentieux constitutionnel. Il organisait plus largement la procédure devant les juges constitutionnels et permettait une meilleure compréhension du mécanisme. Cependant, le texte réglementaire demeurait, selon nous, incomplet. Plusieurs aspects du contentieux n'étaient pas suffisamment détaillés. Si l'abrogation ne pouvait être prononcée par la Cour de cassation, les suites de l'inconstitutionnalité n'étaient pas claires. L'article 148 du décret du 22 août 1995 se limitait à préciser uniquement la transmission de la décision d'inconstitutionnalité au pouvoir législatif. Il ne faisait pas mention de la valeur de cette décision. Autrement dit, le législateur était-il dans l'obligation de suivre le positionnement des juges de cassation ? La formulation du principe de la séparation des pouvoirs consacré par la Constitution haïtienne pourrait sous-entendre que l'arrêt de la Cour de cassation n'ait pas de valeur contraignante. Le législateur pourrait, dans une telle situation, ignorer la position des juges constitutionnels, maintenir la loi dans l'ordonnancement juridique ou adopter une nouvelle loi inconstitutionnelle.

L'absence de consécration d'un contrôle *a priori* de constitutionnalité. Cette dernière remarque nécessite tout de même une précision. La Constitution de 1987 ne prévoyait que le contrôle *a posteriori* de constitutionnalité[14]. Le système juridictionnel haïtien n'envisageait pas de contrôle *a priori*. Les juges constitutionnels étaient dans l'incapacité d'effectuer un contrôle de la conformité des lois avant leur promulgation, tandis que le législateur pouvait voter une nouvelle loi contraire à la Constitution. Cette absence de contrôle *a priori* s'ajoute à l'échec du renouveau démocratique de la fin des années 1980. La chute du régime

[12] Constitution du 29 mars 1987, ancien article 60.
[13] Constitution du 29 mars 1987, ancien article 111.1.
[14] Constitution du 29 mars 1987, ancien article 183.

dictatorial n'a pas permis de donner une nouvelle impulsion au pays. La situation politique s'est très rapidement dégradée. Les coups d'État, les gouvernements provisoires, ou encore les interventions militaires étrangères ont contribué au dysfonctionnement institutionnel. À titre d'illustration, il est possible de citer l'adoption du décret du 22 août 1995. Elle a été effectuée au cours d'une période d'instabilité politique. Le parlement haïtien était dysfonctionnel, car la situation ne permettait pas aux députés de siéger. Il n'y avait donc aucune garantie que la Constitution soit respectée durant les phases d'élaboration des lois.

B. L'échec du contentieux constitutionnel à travers la défaillance du rôle de la Cour de cassation

Durant les années 1990, la Cour de cassation n'est pas parvenue à instaurer un véritable contrôle de constitutionnalité des lois. L'échec normatif du contentieux constitutionnel pourrait s'expliquer par l'inconstitutionnalité du décret du 22 août 1995 (1). L'adoption de ce décret n'avait pas respecté le principe de la séparation des pouvoirs consacré par la Constitution de 1987. Par ailleurs, l'échec du contentieux pourrait s'expliquer également par une activité jurisprudentielle inexistante (2).

1. L'échec du contentieux constitutionnel caractérisé par l'inconstitutionnalité du décret du 22 août 1995

Une adoption réglementaire tardive. Si le décret du 22 août 1995 relatif à l'organisation judiciaire avait pour objectif de réformer le système juridictionnel, il n'en demeure pas moins que plusieurs points sont à préciser quant à cet acte réglementaire. Le décret a été adopté en 1995, soit huit ans après l'entrée en vigueur de la Constitution de 1987. L'organisation du contentieux constitutionnel devant la Cour de cassation intervient tardivement compte tenu de l'importance du rôle de la Cour de cassation. Il n'existait pas une base normative permettant aux juges de cassation d'exercer leur fonction ou au justiciable d'intenter un recours constitutionnel. Pendant huit ans, la Cour de cassation était dans l'incapacité d'effectuer un contrôle *a posteriori* de constitutionnalité d'une loi. L'ineffectivité du contentieux constitutionnel contribuait à une insécurité juridique. D'une certaine façon, l'objectif des constituants lors de la réforme de 1987 a été temporairement freiné durant cette période. Les libertés et droits fondamentaux de la nouvelle Charte fondamentale ne bénéficiaient donc pas d'une garantie juridictionnelle suffisante.

Une adoption réglementaire inconstitutionnelle. Outre l'adoption tardive du décret du 22 août 1995, ce dernier présente un autre point à préciser. Les conditions d'entrée en vigueur de ce décret découlent de la situation particulière de Haïti au début des années 1990. L'instabilité politique de cette époque a conduit le gouvernement à prendre toutes les mesures visant le fonctionnement régulier des institutions[15]. Le pouvoir exécutif a profité du vide institutionnel pour adopter une norme juridique. Or, selon la Constitution de 1987, aucun pouvoir ne pouvait, sous aucun motif, déléguer ses attributions en tout ou en partie, ni sortir des limites de celles-ci. Comme le précise Me Patrick Laurent, « en Haïti, dans l'état actuel de notre législation et conformément à la Constitution en vigueur, la possibilité juridique de gouverner par décret n'existe pas, car le Sénat siégeant en permanence, l'Exécutif n'a pas la latitude d'adopter des décrets ayant force de loi[16] ». Le gouvernement a donc adopté une norme réglementaire en méconnaissance des dispositions constitutionnelles.

La méconnaissance de la hiérarchie des normes. Le dernier point à préciser quant à ce décret découle de la précédente remarque. Son adoption présente un autre aspect qui pourrait expliquer le dysfonctionnement du contentieux constitutionnel en Haïti. L'adoption du décret du 22 août 1995 par le gouvernement avait pour objectif de contribuer à la réforme judiciaire des années 1990. Cependant, cet acte de l'Exécutif modifiait la loi du 18 septembre 1985 qui régissait alors l'organisation judiciaire[17]. Selon la théorie de la hiérarchie des normes développée par Hans Kelsen, chaque norme inférieure doit être conforme à la norme supérieure. En d'autres termes, une norme inférieure ne peut modifier une norme supérieure. Un décret ayant une valeur juridique inférieure à une loi ne peut apporter de modifications à celle-ci. Pourtant, le processus d'adoption du décret de 1995 méconnaissait cette interdiction. Il modifiait malgré tout la loi du 18 septembre 1985. Cette caractéristique rendait de ce fait l'acte du gouvernement inconstitutionnel, car « dans un sens strict en Haïti, depuis l'adoption de la Constitution de 1987, on ne saurait parler de décret dans la nomenclature juridique[18] ». Cette inconstitutionnalité est d'autant plus préoccupante puisque le décret du 22 août 1995 existe toujours dans l'ordonnancement juridique et organise jusqu'à présent le fonctionnement des juridictions haïtiennes. Aucune initiative parlementaire n'a, depuis, tenté de mettre un terme à cette anomalie normative.

Une source juridique inadaptée. Cette situation a contribué à fragiliser la mise en place d'un contentieux constitutionnel. Le décret de 1995 a, dès sa promulgation, créé une base juridique inconstitutionnelle anéantissant le rôle de la Cour de cassation. Bien que le décret soit toujours en vigueur, il n'en demeure pas moins qu'il constitue une source juridique inadaptée. Les juges

---

[15] Décret du 22 août 1995, considérant 2.
[16] R. Geffrard, « Est-il légal et constitutionnel de diriger par décret ? Entretien avec Me Patrick Laurent », *Le Nouvelliste*, 3 septembre 2014.
[17] Décret du 22 août 1995, considérant 3.
[18] R. Geffrard, *op. cit.*

constitutionnels se trouvaient dans une situation incohérente. Leurs décisions auraient été prises sur le fondement d'une procédure inconstitutionnelle. D'ailleurs, il est nécessaire d'ajouter que cette situation juridique particulière a donné lieu à une jurisprudence constitutionnelle quasi inexistante. Les dysfonctionnements institutionnels du début des années 1990 ont participé à la paralysie de la Cour de cassation dans ses attributions constitutionnelles.

2. L'échec du contentieux constitutionnel caractérisé par une jurisprudence inexistante

De 1987 à 2011, le contentieux constitutionnel haïtien s'est peu développé. Il serait même possible de le qualifier d'inexistant. La Cour de cassation n'a été saisie en matière constitutionnelle qu'une seule fois durant cette période. Pourtant, les juges de cassation ne se sont pas véritablement prononcés dans le cadre d'un contrôle de constitutionnalité des lois. Ils ont exercé leur rôle de juge constitutionnel dans un tout autre domaine. Il faut ainsi distinguer deux situations. La Cour de cassation pouvait être amenée à effectuer, soit un « contrôle constitutionnel général » (a), soit un contrôle constitutionnel des lois (b). Ces deux points permettent d'illustrer l'absence d'intervention des juges de cassation dans la construction d'un contentieux constitutionnel.

a. Un contrôle de constitutionnalité général peu développé

Un contrôle constitutionnel issu d'un différend entre les pouvoirs exécutif et législatif. La Constitution haïtienne du 29 mars 1987 attribuait à la Cour de cassation des compétences pour se prononcer sur des désaccords entre le pouvoir législatif et le pouvoir exécutif. Si la Commission de conciliation[19], saisie à cet effet, échouait dans sa mission, elle transmettait un procès-verbal de non-conciliation aux deux parties et à la Cour de cassation[20]. Cette dernière se saisissait alors d'office du différend en Sections réunies[21]. Il s'agissait d'un « contrôle constitutionnel général ». Les juges de cassation ne se prononçaient pas sur la constitutionnalité d'une loi, mais sur le respect des dispositions constitutionnelles relatives au fonctionnement institutionnel. La Cour de cassation exerçait de ce fait un contrôle « général » de la Constitution issu d'un désaccord entre les deux autres pouvoirs.

[19] Constitution du 29 mars 1987, ancien article 206 : « La Commission de conciliation est appelée à trancher les différends qui opposent le pouvoir exécutif et le pouvoir législatif ou les deux branches du pouvoir législatif. »

[20] Constitution du 29 mars 1987, ancien article 111.5 et ancien article 111.6.

[21] Constitution du 29 mars 1987, ancien article 111.7 : « Dans la huitaine de la réception de ce procès-verbal, la Cour de cassation se saisit d'office du différend. La Cour statue en sections réunies, toutes affaires cessantes. La décision sera finale et s'impose aux hautes parties. Si entre temps, une entente survient entre les hautes parties, les termes de l'entente arrêteront d'office la procédure en cours. »

Une jurisprudence constitutionnelle peu développée. Cette compétence constitutionnelle particulière de la Cour de cassation a donné lieu à un unique arrêt rendu le 27 mars 1992[22]. Cette jurisprudence constituait pourtant une source juridique essentielle dans la construction d'un contentieux constitutionnel en Haïti. Bien qu'il ne s'agisse pas d'un contrôle relatif à la constitutionnalité d'une loi, l'arrêt de 1992 ouvrait toutefois la voie à ce type de contentieux. Les juges de cassation exerçaient pour la première fois leur rôle de gardien de la Constitution et contribuaient dans une certaine mesure à la mise en place de la nouvelle ère démocratique. Cette remarque découle de deux points relevés dans l'arrêt du 27 mars 1992.

La justification de l'intervention de la Cour de cassation. La Cour de cassation justifiait tout d'abord sa saisine de l'affaire en constatant que la loi relative au mode de fonctionnement de la Commission de conciliation n'avait pas été votée. La Commission n'avait alors pas été en mesure de fonctionner. Son absence

> ne saurait constituer une entrave à l'obligation pour la Cour de répondre au vœu de la Constitution. […] Il est un principe de droit fondamental que tout ce que peut faire un juge d'office peut lui être valablement demandé par l'une des parties litigantes, comme c'est le cas en l'espèce. […] Le différend étant constaté, la Cour, refuge suprême en la matière, ne peut sans déni de justice, se dérober à la mission à elle dévolue par la Charte qui est de donner la décision finale[23].

Les juges de cassation posaient ensuite les bases jurisprudentielles de leur intervention dans la protection de la norme fondamentale. Ils précisaient dans le même arrêt « qu'il n'est pas sans intérêt de souligner à cette place […] que les termes des articles 111.5, 111.6, 111.7 et 206 de la Constitution sont généraux et ne font aucune distinction sur les causes qui peuvent provoquer le désaccord entre l'exécutif et le législatif, et partant, justifier la saisine de la Cour[24] ». La Cour de cassation était parvenue à imposer son autorité dans le processus de contrôle du respect de la Constitution.

La violation du principe de la séparation des pouvoirs à l'origine du désaccord constitutionnel. La Cour de cassation avait été saisie en l'espèce dans ses attributions constitutionnelles par le gouvernement afin de trancher un différend l'opposant au Parlement, au motif que l'Assemblée nationale avait outrepassé ses fonctions et violé la Constitution. Un Protocole d'accord fut signé le 23 février 1992 à Washington DC[25] entre

> [le] sieur Jean-Bertrand Aristide, [les] sieurs Déjean Bélizaire et Alexandre Médard respectivement ex-président de la République, président du Sénat et de la Commission parlementaire de négociation, président de la Chambre des députés et vice-président de

---

[22] C. cass., 27 mars 1992, « Pouvoir exécutif c/ Pouvoir législatif ».

[23] *Ibid.*

[24] *Ibid.*

[25] Le protocole fut signé à Washington D.C., capitale des États-Unis d'Amérique.

> ladite Commission, contresigné des officiels de l'OEA[26] à titre de témoins ; que la présence de ces témoins étrangers ne saurait changer la nature de l'acte qui reste une convention privée intervenue entre Haïtiens[27].

Cependant, il se trouve que le 8 octobre 1991, après le départ du pays de l'ex-président Jean-Bertrand Aristide, Me Joseph Nérette fut investi par l'Assemblée nationale comme président provisoire de la République conformément à l'article 149 de la Constitution. Le 23 février 1992, Haïti disposait d'un Exécutif constitutionnellement désigné. Il ne revenait donc pas à l'ancien président et aux présidents des deux chambres de signer ce Protocole d'accord, puisque selon « l'article 139 de la Constitution, c'est le président de la République qui négocie et signe tous traités, conventions et accords internationaux, et les soumet à la ratification de l'Assemblée nationale[28] ». Ces parlementaires « n'étaient nullement autorisés à signer de leur propre chef, sans un mandat exprès de l'Exécutif, un accord pouvant lier l'État haïtien et son gouvernement[29] », car

> [l']article 98.2 prévoit que les pouvoirs de l'Assemblée nationale sont limités et ne peuvent s'étendre à d'autres objets que ceux qu'elle lui attribue spécialement ; que l'article 98.3 ne prévoit nullement la ratification d'une telle convention qui n'est pas un traité international ; il s'ensuit que la réunion des deux chambres en Assemblée nationale aux fins de ratifier éventuellement le Protocole d'accord heurte les principes découlant des dispositions de la Constitution[30].

L'inexistence du rôle de la Cour de cassation en matière constitutionnelle. Au-delà des tensions politiques des années 1990, l'élément essentiel de cet arrêt réside dans le fait que la juridiction constitutionnelle avait constaté une violation du principe de la séparation des pouvoirs établi par l'article 59 de la Constitution. Le Parlement haïtien avait empiété sur les attributions du gouvernement en matière de signature de traités internationaux. Cependant, le rôle de la Cour de cassation dans le cadre d'un « contrôle constitutionnel général » a été quasiment inexistant. À l'exception de cet arrêt du 27 mars 1992, elle ne s'est plus jamais prononcée sur un tel contentieux. Pourtant, les juges constitutionnels auraient pu contribuer à apaiser certaines instabilités institutionnelles. Il existe de nombreux domaines dans lesquels l'intervention des juges de cassation aurait été bénéfique. L'adoption du décret du 22 août 1995 relatif à l'organisation judiciaire est un acte réglementaire qui nécessiterait d'être contrôlé par la Cour. Ce décret avait été adopté en méconnaissance des dispositions constitutionnelles relatives aux attributions du Parlement haïtien[31]. En se référant aux motifs de l'arrêt du 27 mars 1992, il aurait été possible pour les juges de cassation d'effectuer un

---

[26] Organisation des États Américains.
[27] C. cass. ht., 27 mars 1992, préc.
[28] C. cass. ht., 27 mars 1992, préc.
[29] *Ibid.*
[30] *Ibid.*
[31] Constitution du 29 mars 1987, ancien article 111.

« contrôle constitutionnel général » et de constater également une violation du principe de la séparation des pouvoirs. Cette dernière remarque fait le lien avec le contrôle de la constitutionnalité des lois. Si la Cour de cassation s'est prononcée une seule fois dans ses attributions constitutionnelles pour trancher un désaccord entre les pouvoirs exécutif et législatif, sa jurisprudence relative au contentieux constitutionnel de la conformité des lois a été en revanche inexistante.

b. Un contrôle de constitutionnalité des lois inexistant

L'absence de contrôle de la constitutionnalité des lois par la Cour de cassation. La consécration par la Constitution de 1987 d'un contrôle de la constitutionnalité des lois et l'adoption d'une norme réglementaire détaillant le mécanisme de saisine des juges constitutionnels constituaient un outil supplémentaire pour assurer le respect de la Constitution. Cependant, la procédure de saisine de la Cour de cassation par voie d'exception n'a pas participé à enrichir la jurisprudence constitutionnelle de la Cour. Cette dernière n'a jamais été sollicitée dans ce domaine et n'a rendu aucun arrêt permettant de consolider les acquis démocratiques de 1987. Les juges de cassation ne sont pas parvenus à instaurer en Haïti un véritable contentieux constitutionnel.

L'ineffectivité du contrôle constitutionnel. À la chute du régime dictatorial, les constituants de 1987 avaient mis l'accent sur l'importance de la supériorité de la Constitution par rapport aux autres normes et de la nécessité de la respecter. Il était impératif de réaffirmer les droits et libertés fondamentaux des citoyens tout en les insérant dans un cadre protecteur. C'est la raison pour laquelle ce rôle avait été réattribué à la Cour de cassation qui bénéficiait dans le système juridictionnel haïtien d'une certaine autorité. Ses attributions et son expérience lui permettaient d'endosser la charge d'un contrôle de la constitutionnalité des lois. Mais la situation sociopolitique du pays a empêché le développement d'un contentieux constitutionnel. Les juges de cassation ont été dans l'incapacité à faire un contrôle régulier de la constitutionnalité des lois. Par conséquent, la finalité des dispositions de la Constitution haïtienne relatives à ce contentieux n'a pas été totalement atteinte. Compte tenu de l'échec normatif, la Constitution a fait l'objet d'une révision en 2011 afin d'améliorer le contentieux constitutionnel.

II. Le contentieux constitutionnel haïtien après 2011 : un échec normatif total caractérisé par un contrôle de constitutionnalité inexistant

Le constat, entre autres, de l'ineffectivité du contrôle de constitutionnalité des lois a incité le législateur haïtien à approuver la réforme constitutionnelle du 9 mai 2011 proposée par le pouvoir exécutif. Cette réforme avait pour objectif de modifier la Constitution de manière à améliorer le processus du contrôle des lois. Néanmoins, malgré les innovations de la réforme constitutionnelle, elle n'est pas arrivée à réadapter le contrôle de constitutionnalité. Il s'agit d'un nouvel échec normatif du contentieux constitutionnel (A) qui pourrait conduire à un troisième éventuel échec (B) découlant du projet de réforme de 2021.

A. De l'échec normatif du contentieux constitutionnel issu de la réforme du 9 mai 2011…

La nouvelle mouture de la Constitution haïtienne issue de la réforme du 9 mai 2011 (1) présente indéniablement des innovations majeures. Elle crée un Conseil constitutionnel, chargé spécifiquement du contrôle de la constitutionnalité des lois, mais dont les membres n'ont toujours pas été désignés. L'inexistence matérielle de ce Conseil participe à l'échec de la réforme de 2011 (2).

1. La nouvelle mouture du contentieux constitutionnel issue de la réforme du 9 mai 2011

La réforme constitutionnelle de 2011 a transféré les compétences constitutionnelles de la Cour de cassation au Conseil constitutionnel (a). Ce dernier est désormais chargé d'assurer le contrôle de constitutionnalité des lois et ses décisions ne sont susceptibles d'aucun recours. Il devient le seul organe habilité à veiller au respect des droits et libertés fondamentaux. Contrairement au contentieux constitutionnel des années 1990, il est nécessaire d'ajouter que la réforme a finalement consacré les deux types de contrôle de constitutionnalité des lois (b). Les juges constitutionnels peuvent dorénavant être saisis pour effectuer un contrôle *a priori,* mais aussi un contrôle *a posteriori* de constitutionnalité.

A. Le transfert de compétence de la Cour de cassation vers un Conseil constitutionnel

La nécessaire réforme de la Constitution de 1987. L'ineffectivité du contrôle de constitutionnalité des lois a conduit le législateur à envisager une refonte, le 9 mai 2011, de la Constitution du 29 mars 1987. Cette démarche découlait de l'initiative du pouvoir exécutif qui fut approuvée en septembre 2009 par le pouvoir législatif. Le législateur haïtien considérait que le texte de la Constitution nécessitait un suivi et une adaptation pour répondre à des besoins en évolution constante de renforcement du processus de démocratisation et des institutions représentatives dans le but de renforcer la cohésion et la solidarité sociales[32]. Comme le précise Madame la professeure Mirlande Manigat,

---

[32] Loi constitutionnelle du 9 mai 2011, considérant 4.

> [l']initiative des parlementaires qui ont élaboré les amendements répond à un besoin dans ce pays de construire la démocratie dont le pilier central est le respect de la loi mère. Parmi les justificatifs, on peut souligner la protection des droits fondamentaux solennellement égrenés dans la Constitution de 1987, le maintien de l'équilibre des trois pouvoirs établi depuis la Constitution de 1843, [et] le règlement des conflits de compétence qui peuvent surgir entre les institutions [...][33].

Après vingt-quatre ans de dysfonctionnements institutionnels, il était nécessaire de réformer le système en place. Si certaines critiques peuvent être émises à l'égard de la nouvelle version de la Constitution, il n'en demeure pas moins que la réforme a remodelé le visage du contentieux constitutionnel haïtien. À titre d'illustration, il est possible de citer les aménagements liés aux compétences de la Cour de cassation en matière constitutionnelle.

La création du Conseil constitutionnel haïtien. La réforme de 2011 a introduit une incontestable nouveauté dans le contentieux constitutionnel. Il s'agit de la création d'un Conseil constitutionnel inspiré du modèle français. Le constituant a jugé opportun de transférer les compétences de la Cour de cassation en matière constitutionnelle vers une institution chargée exclusivement de ce contentieux. Depuis la promulgation de la loi constitutionnelle, les juges de la Cour de cassation ne sont plus habilités à statuer sur les exceptions d'inconstitutionnalité. Les rédacteurs de la nouvelle version de la Charte fondamentale ont inséré dans le titre VI de cette dernière, relatif aux « institutions indépendantes » un chapitre I s'intitulant « Du Conseil constitutionnel ». Le premier article de cette nouvelle partie définit le rôle de cette institution qualifiée d'« indépendante » en disposant que « le Conseil constitutionnel est un organe chargé d'assurer la constitutionnalité des lois. Il est juge de la constitutionnalité de la loi, des règlements et des actes administratifs du pouvoir exécutif. Ses décisions ne sont susceptibles d'aucun recours[34] ». La création du Conseil constitutionnel est une conséquence directe de l'échec de la Cour de cassation à effectuer un contrôle de la constitutionnalité des lois.

La concentration du contrôle de constitutionnalité entre les mains du Conseil constitutionnel. La mise en place d'une juridiction exclusivement chargée d'assurer la constitutionnalité des lois a permis de soulager d'une certaine manière la Cour de cassation dans ses différentes missions. Bien que les juges de cassation pussent être en mesure de poursuivre cette tâche, compte tenu de sa longue expérience juridictionnelle, il n'en reste pas moins que son contrôle du respect de la Constitution était totalement dilué dans les autres domaines de contrôle judiciaire et administratif. En transférant cette compétence à un Conseil constitutionnel, le constituant a concentré le contrôle entre les mains d'une juridiction dont le rôle se limiterait uniquement à ce

[33] M. Manigat, *op. cit.*
[34] Constitution du 29 mars 1987, article 190 *bis*.

contentieux. L'objectif de cette réforme était de rendre plus claire la procédure, d'inciter davantage de justiciables à solliciter la juridiction constitutionnelle et d'accroître les interventions de cette dernière dans ce domaine. La création du Conseil constituait une solution aux difficultés rencontrées par les juges de cassation. Les nouveaux membres de cette institution interviendraient plus aisément dans le contrôle des libertés fondamentales et se borneraient à la « vérification de la constitutionnalisation de la vie politique et sociale du pays, source de sa double vertu : la stabilité et la continuité[35] ».

La composition du Conseil constitutionnel. Les juges de cassation n'étant plus en charge de l'examen de la conformité des lois à la Constitution, les constituants de 2011 ont introduit dans la nouvelle version de la Constitution un article précisant la composition du Conseil constitutionnel. Ce dernier est composé de neuf membres. Afin de préserver l'équilibre institutionnel, trois de ces membres sont désignés par le pouvoir exécutif, trois par l'Assemblée nationale et trois par le Conseil supérieur du pouvoir judiciaire[36]. Il est possible d'ajouter à cela que les membres du Conseil constitutionnel haïtien sont inamovibles et la durée de leur mandat a été fixée à 9 ans. Contrairement au contentieux des années 1990, les constituants ont opté pour une composition diversifiée. Désormais, le Conseil constitutionnel ne comprend pas uniquement des magistrats. L'article 190 *bis* 1 précise à cet effet que la juridiction constitutionnelle est composée de 3 magistrats ayant une expérience de dix ans au moins, de 3 juristes de haut niveau (professeurs ou avocats) ayant une expérience de dix ans au moins et de 3 personnalités de grande réputation professionnelle ayant une expérience de dix ans au moins.

L'avantage d'une composition diversifiée. Cette caractéristique démontre une volonté d'impliquer plusieurs secteurs dans le processus décisionnel. Les différents parcours des membres enrichiraient la jurisprudence du Conseil et permettraient une meilleure analyse de l'exception d'inconstitutionnalité. La conformité d'une loi à la Constitution ne reposerait pas uniquement sur le contrôle de magistrats, mais également sur celui de juristes et de non-juristes. L'intérêt d'une telle composition réside notamment dans le nouveau mode de contrôle de constitutionnalité introduit par la réforme de 2011. La saisine du juge constitutionnel a de ce fait été ouverte à davantage de personnes qu'auparavant. Les champs d'intervention du Conseil sont ainsi plus larges que ce que prévoyait l'ancienne version de la Constitution de 1987.

---

[35] M. Manigat, *op. cit.*

[36] Constitution du 29 mars 1987, article 190 *bis* 1.

b. La consécration du double contrôle de constitutionnalité

Le double contrôle de constitutionnalité. Contrairement à la Constitution élaborée en 1987, la réforme de 2011 consacre expressément un double contrôle de constitutionnalité des lois. Elle articule le rôle du Conseil constitutionnel autour du contrôle *a priori* et du contrôle *a posteriori*. Ce double contrôle permet d'« assurer la conformité à la Constitution d'une loi en gestation ou déjà votée par le Parlement [...]. Autrement dit, de confirmer l'authenticité juridique des décisions qui sont adoptées[37] ». L'insertion de ces deux modes de contrôle dans la Constitution permet d'accroître sa protection et les libertés qui y sont garanties. Les juges constitutionnels élargissent par ces moyens leur champ de contrôle d'une loi.

Le contrôle *a priori* de constitutionnalité des lois. Le premier champ de contrôle du Conseil constitutionnel haïtien concerne les dispositions législatives avant leur promulgation. La réforme de 2011 a clairement inclus dans la nouvelle version constitutionnelle le contrôle *a priori* de constitutionnalité des lois. La Constitution prévoit désormais que « le Conseil constitutionnel veille et statue lorsqu'il est saisi sur la constitutionnalité des lois avant leur promulgation[38] ». Il peut être saisi dans le cadre de cette attribution par le président de la République, le président du Sénat, le président de la Chambre des députés, un groupe de quinze députés ou un groupe de quinze sénateurs. L'ouverture de la saisine à ces différents acteurs permet de renforcer la vie démocratique et d'assurer une meilleure stabilité politique en Haïti. Cette précision a toute son importance dans le contexte haïtien, car le pouvoir législatif détient toujours la faculté de faire des lois sur tous les objets d'intérêt public[39]. Même si l'initiative des lois appartient tant au pouvoir législatif qu'au pouvoir exécutif, les dysfonctionnements institutionnels entravent souvent le processus d'adoption d'une loi. Par conséquent, ce mode de saisine instaure un système de contre-pouvoir supplémentaire à la disposition des deux pouvoirs. À la différence des moyens employés par le passé pour empêcher le vote d'une loi, les députés, les sénateurs et le président de la République peuvent dorénavant utiliser une voie constitutionnelle pour contester la conformité d'une loi à la Constitution. D'ailleurs, il est nécessaire de souligner que l'élément majeur de ce contrôle *a priori* repose sur l'intervention du Conseil constitutionnel. Ce dernier constitue l'un des piliers d'une construction démocratique en Haïti. Il joue le rôle d'un gardien habilité à se prononcer éventuellement dans le processus d'adoption d'une loi et surmonter les différends démocratiques.

---

[37] M. Manigat, *op. cit.*

[38] Constitution du 29 mars 1987, article 190 *ter* 5.

[39] Constitution du 29 mars 1987, article 111.

Les délais du contrôle *a priori* de constitutionnalité des lois. Une autre remarque peut en outre être ajoutée à ce nouveau mode de contrôle de constitutionnalité des lois. La réforme de 2011 a inséré dans la Constitution un article 190 *ter* 6 dans lequel sont précisés les délais du contrôle. La particularité de cette disposition constitutionnelle réside dans le fait qu'il existe différents délais répondant à des situations déterminées. Elle hiérarchise les délais en ce sens que plus l'éventuelle violation de la Constitution est importante plus le délai de traitement est réduit. Le Conseil constitutionnel doit statuer dans le délai d'un mois après avoir été saisi d'un texte de loi ordinaire. En revanche, le délai est réduit à quinze jours pour toute loi ou tout texte portant sur les droits fondamentaux et les libertés publiques. Enfin, lorsqu'il y a urgence[40] à statuer sur une disposition législative, le délai est ramené à huit jours à la demande du gouvernement, du tiers du Sénat ou du tiers de la Chambre des députés. La hiérarchisation des délais de traitement illustre l'objectif des constituants haïtiens de combler les lacunes du contentieux constitutionnel. La priorité de la réforme de 2011, au-delà de ses autres aspects, est de renforcer la protection des droits fondamentaux et des libertés publiques. À travers la réduction du délai d'un mois à quinze jours puis à huit jours, les rédacteurs de la réforme tentent de constitutionnaliser davantage le système haïtien. Le Conseil constitutionnel pourrait à long terme devenir une institution incontournable lors du vote des lois. Cette éventualité est dans la continuité des discussions ayant abouti à l'adoption de la Constitution de 1987, c'est-à-dire rompre avec les pratiques de la dictature des Duvalier.

Le contrôle *a posteriori* de constitutionnalité des lois. Le second champ de contrôle du Conseil constitutionnel haïtien concerne les dispositions législatives après leur promulgation. La réforme de 2011 a réintroduit dans la nouvelle version constitutionnelle le contrôle *a posteriori* de constitutionnalité des lois. Contrairement à la formulation de l'ancien article 183 de la Constitution, l'article 190 *ter* 8 est légèrement plus détaillé. Il dispose en ces termes que

> lorsqu'à l'occasion d'une instance en cours devant une juridiction, il est soulevé une exception d'inconstitutionnalité, le Conseil constitutionnel peut en être saisi sur renvoi de la Cour de cassation. Si la disposition est déclarée inconstitutionnelle, le Conseil constitutionnel la renvoie au Parlement qui statue souverainement sur le cas. La nouvelle disposition est promulguée.

[40] Malgré la hiérarchisation des délais du contrôle *a priori*, le terme d'« urgence » utilisé dans l'article 190 *ter* 6 est pourtant ambigu. La nouvelle version de la Constitution ne définit pas ce terme. Il est pour l'instant impossible de déterminer les situations qui entreraient dans le cadre d'une urgence. Il faudra sans doute attendre le vote de la loi organique relative au fonctionnement du Conseil constitutionnel ou la jurisprudence du Conseil afin d'avoir une meilleure compréhension de l'application de ce troisième délai.

Cet article contient, malgré la réaffirmation du contrôle *a posteriori* de constitutionnalité, plusieurs zones obscures. Cependant, dans le cadre de l'analyse de l'échec normatif du contentieux constitutionnel, il sera relevé principalement les dernières lignes de l'article 190 *ter* 8.

L'ambiguïté de la déclaration d'inconstitutionnalité. La Constitution haïtienne semble effectivement être évasive lorsque « la disposition est déclarée inconstitutionnelle », et que « le Conseil constitutionnel la renvoie au Parlement qui statue souverainement sur le cas ». La confusion provient de l'adverbe « souverainement ». La formulation de cet article laisserait penser que les décisions du Conseil n'auraient pas réellement autorité de chose jugée, puisque le Parlement « statue souverainement » sur la déclaration d'inconstitutionnalité qui lui est transmise. L'article 190 *ter* 8 accorde un trop large pouvoir au Parlement qui dispose d'une certaine façon du « dernier mot ». En contestation de la décision du Conseil constitutionnel, il pourrait adopter la même disposition ou la remanier, ce qui décrédibiliserait le rôle de la nouvelle juridiction. Il serait même possible d'imaginer la situation dans laquelle le législateur considère qu'il n'y aurait pas de contrariété entre la loi et la Constitution, et refuse de voter un nouveau texte. Un tel cas aboutirait certainement à une impasse institutionnelle et la décision du Conseil n'aurait dès lors aucune autorité[41]. Bien que certains aspects du contrôle *a posteriori* puissent être améliorés, il n'en reste pas moins que la réforme de 2011 n'a pas véritablement atteint tous ses objectifs dans le cadre de ce contentieux.

Un contrôle large exercé par le Conseil constitutionnel. Outre les deux types de contrôle de constitutionnalité, la nouvelle version de la Constitution confie au Conseil constitutionnel une compétence assez large. Le contrôle du Conseil s'exerce également sur la constitutionnalité des règlements intérieurs du Sénat et de la Chambre des députés avant leur mise en application, ainsi que sur la constitutionnalité des arrêtés. En d'autres mots, les juges constitutionnels s'assurent de la conformité d'autres actes juridiques à la Constitution. Ils ne se limitent pas au contrôle de la constitutionnalité des lois. Cette consécration donne un poids supplémentaire au rôle du Conseil constitutionnel et étend ses domaines d'intervention. Le Conseil est chargé par

[41] Les remarques effectuées sur la déclaration d'inconstitutionnalité du Conseil constitutionnel rejoignent d'une certaine façon celles sur la valeur de la décision d'inconstitutionnalité de la Cour de cassation (v. *supra* § 16 et 17). Il existe ainsi de fortes similitudes entre ces deux points. Le législateur haïtien conserve un rôle important, malgré la réforme du 9 mai 2011, dans le processus d'élaboration d'une nouvelle norme législative à la suite d'une inconstitutionnalité. Cette réforme n'a pas procédé à des améliorations en ce sens. Il n'est remis en cause ni les attributions du Parlement ni le principe de la séparation des pouvoirs, cependant des interrogations subsistent quant aux agencements à faire dans le fonctionnement de ces deux organes. Les décisions du Conseil constitutionnel devraient bénéficier d'une certaine autorité, sans pour autant empiéter sur la compétence du Parlement, lorsqu'une loi est considérée contraire à la Constitution.

ailleurs « de veiller que des aspérités contenues dans la Constitution elle-même et qui n'étaient pas perceptibles au moment du vote de celle-ci n'affectent pas la régularité des fonctions de l'État[42] ». Il peut être de ce fait « appelé à se prononcer sur les conflits qui opposent le pouvoir exécutif et le pouvoir législatif ou les deux chambres du pouvoir législatif. De même, il se prononce sur les conflits d'attribution entre les tribunaux administratifs, les tribunaux électoraux et les tribunaux judiciaires[43] ». L'élargissement des compétences du Conseil tente d'introduire durablement en Haïti la nécessité selon laquelle la démocratie doit reposer sur le respect de la Constitution. Cependant, 11 ans après la réforme constitutionnelle, les citoyens sont face à une nouvelle désillusion. Le Conseil constitutionnel n'est jamais parvenu à participer à la constitutionnalisation de la vie politique et sociale du pays.

2. L'échec du contentieux constitutionnel à travers l'inexistence du Conseil constitutionnel

Le Conseil constitutionnel : une création constitutionnelle inachevée. La désillusion issue de la réforme de 2011 pourrait s'expliquer par de multiples causes. Mais la principale raison de ce sentiment provient de l'absence des juges constitutionnels. Le Conseil constitutionnel n'a jamais été mis en place malgré sa consécration dans la Constitution haïtienne. Cette juridiction est mentionnée dans la Charte fondamentale, sans pour autant que sa création ait été concrétisée.

Une création retardée par le tremblement de terre de 2010. Les dysfonctionnements institutionnels, les difficultés économiques et le manque de moyens humains et matériels ont contribué à retarder la désignation de ces nouveaux juges. Il est nécessaire d'ajouter également, à titre de précision, que la création officielle du Conseil est intervenue quelques mois après le tremblement de terre du 12 janvier 2010. Cette catastrophe naturelle avait sévèrement touché la région de la capitale haïtienne. De nombreuses institutions publiques et privées ont été détruites ce jour-là. Le palais de justice de Port-au-Prince, certains tribunaux, ou encore le ministère de la Justice n'ont pas été épargnés par les secousses. Il est tout à fait compréhensible que l'installation de la juridiction constitutionnelle n'ait pas eu lieu rapidement après sa création. D'ailleurs, la reconstruction des zones touchées ne s'est pas effectuée aisément. Le Conseil constitutionnel était alors inopérant durant un certain temps pour participer à la vie démocratique du pays.

Une création retardée par manque de volonté politique. Si cette remarque peut être retenue pour les mois qui ont suivi le tremblement de terre, il est en revanche surprenant de constater qu'aucune initiative n'est prise

---

[42] M. Manigat, *op. cit.*

[43] Constitution du 29 mars 1987, article 190 *ter* 7.

11 ans après la réforme pour installer le Conseil constitutionnel. Ce retard est aussi issu d'un manque de volonté politique. Le respect des objectifs de 2011 ne semble pas être la priorité pour certaines personnes. À titre d'exemple, il est possible de souligner que la loi organique[44] devant déterminer l'organisation et le fonctionnement du Conseil constitutionnel n'a toujours pas été votée. De même, une comparaison peut être faite avec le Conseil supérieur du pouvoir judiciaire (CSPJ). Cet organe, chargé en Haïti de l'administration, du contrôle, de la discipline et de la délibération du pouvoir judiciaire, a été créé par la loi du 13 novembre 2007. Cependant, ce n'est qu'en 2012 que ses membres sont entrés en fonction, soit cinq ans après sa création. D'autres illustrations similaires pourraient être citées pour appuyer ce propos. Il existe en Haïti des périodes au cours desquelles des avancées institutionnelles ne sont pas mises en place ou prennent des années avant d'être mises en œuvre. La conséquence d'une telle situation est la création d'un vide institutionnel.

La création d'un vide institutionnel. L'inexistence matérielle du Conseil constitutionnel a entraîné un vide institutionnel en Haïti. Depuis 2011, aucun organe n'est en mesure de contrôler la constitutionnalité des lois. Le retard pris dans la mise en place du Conseil constitutionnel ne fait qu'accroître les risques de violation de la Constitution. Le contrôle *a priori* de la conformité des lois à la Charte fondamentale est totalement ineffectif. Ainsi, le pouvoir législatif et le pouvoir exécutif sont dans l'incapacité matérielle d'envisager cette « voie de recours ». Les risques sont d'autant plus importants qu'Haïti fait actuellement face à une nouvelle crise politique et institutionnelle. Une succession d'événements a enlisé le pays dans une instabilité juridique qui fragilise la Constitution. Le non-renouvellement de la Chambre des députés, le dysfonctionnement du pouvoir judiciaire, ou encore l'assassinat du président de la République en 2021, a conduit à une situation contraire à la Constitution. Le gouvernement haïtien est, depuis le mois de juillet 2021, le seul organe étatique à diriger le pays. En l'absence de président de la République et de députés, il prend toutes les initiatives à cet effet. Des dispositions normatives sont adoptées en méconnaissance de la Constitution[45]. Or, cette dernière prévoit qu'en cas de vacance présidentielle, le Premier ministre exerce le pouvoir exécutif pour une période allant de soixante à cent vingt jours, le temps d'organiser des élections présidentielles[46]. Le Premier

[44] Constitution du 29 mars 1987, article 190 *ter* 10.

[45] Selon l'article 111 de la Constitution, seul le pouvoir législatif est habilité à voter des lois.

[46] Constitution du 29 mars 1987, article 149 : « En cas de vacance de la présidence de la République soit par démission, destitution, décès ou en cas d'incapacité physique ou mentale permanente dûment constatée, le Conseil des ministres, sous la présidence du Premier ministre, exerce le pouvoir exécutif jusqu'à l'élection d'un autre président. Dans ce cas, le scrutin pour l'élection du nouveau président de la République pour le temps qui reste à courir a lieu soixante (60) jours au moins et cent vingt (120) jours au plus après l'ouverture de la vacance, conformément à la Constitution et à la loi électorale.

ministre n'est, en principe, en charge que des affaires courantes et de l'organisation des élections. Pourtant, la situation actuelle démontre le contraire et l'importance du Conseil constitutionnel qui aurait pu constater la violation flagrante de la Constitution.

Une jurisprudence constitutionnelle inexistante. Cette inexistence matérielle du Conseil constitutionnel a entraîné inévitablement un vide jurisprudentiel. L'absence de juges constitutionnels pour statuer sur les contrôles de constitutionnalité n'a pas favorisé l'émergence d'une jurisprudence constitutionnelle. Tout comme dans les années quatre-vingt-dix, le contentieux constitutionnel haïtien est inexistant. L'impossibilité de produire des décisions caractérise la désillusion de la réforme de 2011. Cette dernière n'a pas réussi à combler les lacunes du précédent contentieux et garantir une meilleure protection des libertés fondamentales. C'est en ce sens qu'il serait possible de conclure à l'échec normatif de la réforme constitutionnelle haïtienne. Malgré la consécration des deux modes de contrôle de conformité des lois à la Constitution et d'une véritable juridiction constitutionnelle, ces deux objectifs n'ont jamais connu d'application concrète. Le vide institutionnel a aggravé les dysfonctionnements étatiques. Il n'existe aucun moyen actuellement en Haïti de protéger la Constitution et d'établir un contentieux constitutionnel. La réforme de 2011 constitue par conséquent un nouvel échec normatif qui est à l'origine du projet de réforme constitutionnelle en cours d'élaboration.

B. Vers un éventuel échec normatif du contentieux constitutionnel issu du projet de réforme de 2021

Une éventuelle seconde réforme constitutionnelle. En octobre 2020, le gouvernement annonça la mise en place d'un Comité consultatif indépendant (CCI) qui avait pour objectif l'élaboration d'un projet de nouvelle Constitution[47]. Il devait, par ce biais,

> préserver les acquis démocratiques […] du peuple haïtien, garantir solennellement les droits fondamentaux de la personne humaine et exprimer clairement les droits et devoirs du citoyen, renforcer les mécanismes de l'État de droit, rationaliser et préciser la nature du régime politique, clarifier et rééquilibrer les pouvoirs de l'État dans leur organisation et dans leur fonctionnement […][48].

Cette initiative découlait du fait que la Constitution de 1987 constituait une source d'instabilité, car « le type d'échafaudage institutionnel, et des

« Dans le cas où la vacance se produit à partir de la quatrième année du mandat présidentiel, l'Assemblée nationale se réunit d'office dans les soixante (60) jours qui suivent la vacance pour élire un nouveau président provisoire de la République pour le temps qui reste à courir. »

[47] Décret du 28 octobre 2020 portant création du Comité consultatif indépendant pour l'élaboration du projet de la nouvelle Constitution.

[48] Comité consultatif indépendant, « Avant-projet de Constitution », CCI, janvier 2021, p. 5.

modalités de fonctionnement et d'interaction de ses diverses instances, créent au sommet de l'État des jeux de croisement et d'affrontement d'acteurs liés à des groupes d'intérêts divergents [...]. En conséquence, c'est la faillite de l'État attestée par une insécurité totale[49] ». En mai 2021, ce Comité consultatif présenta la deuxième version de l'avant-projet de révision constitutionnelle[50].

La transformation du Conseil constitutionnel en Cour constitutionnelle. Bien que les raisons de l'initiative de la réforme soient davantage politiques que juridiques, il n'en demeure pas moins que le Comité consultatif indépendant prévoit un remaniement de la juridiction constitutionnelle. Il propose de modifier la dénomination du Conseil constitutionnel en Cour constitutionnelle. Cette modification a en réalité une portée plus symbolique que pratique. En utilisant le terme de « Cour constitutionnelle », le CCI cherche à affirmer le caractère juridictionnel de l'institution. L'une des critiques qu'il était possible d'émettre à l'égard de la réforme de 2011 concernait la catégorie dans laquelle se trouvait le Conseil constitutionnel. Le constituant à cette époque considérait le Conseil comme une « institution indépendante ». Or, ses prérogatives démontraient le contraire. Il suffit de se référer à la version de la Constitution du 29 mars 1987 et au décret du 22 août 1995 pour comprendre que l'objectif a toujours été d'instituer en Haïti une véritable juridiction constitutionnelle. Il existait dans les années quatre-vingt-dix une procédure permettant de saisir les juges constitutionnels. Le choix fait au cours de la réforme de 2011 pouvait surprendre, mais la volonté de renforcer le contentieux constitutionnel était primordiale. Le projet de réforme de 2021 parvient donc à clarifier la situation. Haïti possédera dans les années à venir « une Cour constitutionnelle chargée d'assurer le respect de la Constitution[51] ».

La nomination des membres de la Cour constitutionnelle. Le projet de réforme présenté en mai 2021 propose par ailleurs des changements quant à la nomination des membres de la juridiction constitutionnelle. Ils seront certes toujours au nombre de neuf, mais contrairement à la réforme de 2011[52] les membres seraient désormais désignés par le président de l'Assemblée nationale, le président de la République et le président de la Cour de

---

[49] *Ibid.*

[50] Le 9 septembre 2021, une nouvelle version du projet de réforme constitutionnelle a été présentée au gouvernement. Faute d'accès pour l'instant à l'ensemble de cette version, il sera fait mention uniquement de la version de mai 2021.

[51] Projet de réforme constitutionnelle, article 186.

[52] Constitution du 29 mars 1987, article 190 *bis* 1 : « Le Conseil constitutionnel est composé de neuf membres, dont trois sont désignés par le pouvoir exécutif, trois par l'Assemblée nationale à la majorité des deux tiers des membres de chacune des deux chambres, trois par le Conseil supérieur du pouvoir judiciaire. »

cassation[53]. Cet éventuel nouveau mode de désignation découle des changements proposés par le CCI. Il est nécessaire de préciser pour une meilleure compréhension que le projet de réforme supprime le Sénat. Le pouvoir législatif serait exercé par l'Assemblée nationale composée de députés[54]. De même, le projet remanie le pouvoir exécutif de sorte qu'il serait institué dans le pays un régime présidentiel[55]. Même si ces points nécessiteraient davantage de développements, la critique à l'égard de la nomination des membres de la Cour constitutionnelle se limitera à la prérogative du président de la Cour de cassation. À la différence de la réforme de 2011 qui implique dans le processus de désignation le Conseil supérieur du pouvoir judiciaire, le Comité consultatif propose de le remplacer par le président de la Cour de cassation. Or, la loi du 13 novembre 2007 avait pour objectif de renforcer l'indépendance du pouvoir judiciaire à travers l'existence du CSPJ et d'impliquer ce dernier dans la vie démocratique. Le projet de réforme de 2021 semble pourtant réduire les attributions du Conseil[56]. Cette remarque expliquerait la formulation de l'article 187 du projet de réforme. Cependant, pour un meilleur équilibre démocratique, il aurait été préférable de maintenir le Conseil supérieur du pouvoir judiciaire dans le processus de désignation des membres de la Cour constitutionnelle.

Le caractère obligatoire du contrôle *a priori* de constitutionnalité des lois. Le contentieux constitutionnel proposé par la réforme de 2021 se caractérise également par une modification qui n'est pas négligeable. Le Comité consultatif indépendant considère que les projets et les propositions de loi, les décrets et le règlement de l'Assemblée nationale devraient faire l'objet d'un contrôle obligatoire avant leur vote ou adoption[57]. Les juges constitutionnels seraient systématiquement saisis pour vérifier la conformité des lois à la Constitution. Bien que le projet ne précise pas les modalités du contrôle, il n'en reste pas moins que cette proposition contribuerait à renforcer la constitutionnalisation de la vie politique et sociale du pays. L'ensemble des normes ferait l'objet d'un contrôle avant leur promulgation ce qui diminuerait le risque qu'une loi méconnaisse les droits et libertés prévus par la Constitution. Cela impliquerait un meilleur contrôle de l'action des pouvoirs publics et permettrait de rassurer les citoyens.

L'élargissement du contrôle *a posteriori* de constitutionnalité des lois. Outre le contrôle *a priori*, la proposition de réforme de 2021 apporte des modifications au contrôle *a posteriori* de la constitutionnalité des lois. Elle prévoit, en ces termes :

---

[53] Projet de réforme constitutionnelle, article 187.
[54] Projet de réforme constitutionnelle, article 102.
[55] Projet de réforme constitutionnelle, article 133.
[56] Projet de réforme constitutionnelle, article 182.
[57] Projet de réforme constitutionnelle, article 191.

> lorsqu'à l'occasion d'une instance en cours devant une juridiction, il est soutenu qu'une disposition législative ou réglementaire ou que la stipulation d'un traité, convention ou accord international est contraire à la Constitution, la Cour constitutionnelle peut être saisie directement par la partie qui a soulevé l'exception. Les exceptions en inconstitutionnalité à l'occasion d'un litige sont traitées en urgence sans remise ni tour de rôle[58].

Malgré une volonté d'élargir concrètement les prérogatives de contrôle de la juridiction, la formulation de l'article 192 présente davantage d'ambiguïté. La mise en œuvre de ce contrôle ne paraît effectivement pas claire. À titre d'illustration, il est possible de reprendre le fait qu'un traité, une convention ou un accord international puisse faire l'objet d'un contrôle de conformité à la Constitution. Or, selon l'article 129 du projet, les traités, accords et conventions internationaux sont ratifiés en conformité avec la Constitution sous forme de loi. De plus, le contrôle *a priori* obligatoire de l'article 191 impose la saisine de la Cour constitutionnelle avant le vote d'une loi. De ce fait, il semble surprenant qu'avec ces deux dispositifs il puisse subsister dans l'ordonnancement juridique des traités qui soient contraires à la Constitution[59].

La viabilité du projet de réforme constitutionnelle ? En dépit des propositions faites par le projet de réforme, une importante observation est à soulever quant à sa viabilité. Le pouvoir exécutif prévoyait d'organiser un référendum constitutionnel[60] qui aurait lieu au moment des élections présidentielles et législatives[61]. Pourtant, selon la Constitution du 29 mars 1987, « toute consultation populaire tendant à modifier la Constitution par voie de référendum est formellement interdite[62] ». En d'autres termes, le gouvernement ne peut procéder à une réforme constitutionnelle en passant par la voie du référendum. La crise institutionnelle que traverse actuellement Haïti ne permet pas de déterminer à l'avance les conditions dans lesquelles s'effectuera la révision de la Constitution. Cependant, en persistant dans la voie du référendum, le pouvoir exécutif risque de mettre en place une Charte fondamentale qui ne saurait être viable. Toutes ses dispositions seraient contraires au processus de réforme. Dans une telle circonstance, l'application des dispositions relatives au contentieux constitutionnel produirait une instabilité juridique et ne permettrait pas l'émergence d'une protection suffisante de la Constitution. De ce fait, les objectifs du projet de réforme de 2021 ne seraient pas totalement atteints. Il est nécessaire tout de même de prendre du recul quant à cette dernière remarque, car la réforme est toujours

[58] Projet de réforme constitutionnelle, article 192.

[59] Cette formulation ambiguë pourrait certes concerner d'anciens traités internationaux entrés en vigueur durant une période de crise institutionnelle. Si tel est le cas, la formulation de la proposition serait à revoir de manière à clarifier la situation.

[60] Décret du 5 janvier 2021, article 1er.

[61] Ces élections avaient été fixées dans un premier temps au mois de septembre 2021.

[62] Constitution du 29 mars 1987, article 284-3.

au stade de discussion et de travail. Aucun élément ne permet d'affirmer avec certitude que ce projet sera un échec.

L'inapplication concrète de la réforme constitutionnelle de 1987. À la chute du régime dictatorial, la Constitution du 29 mars 1987 avait réintroduit dans le système juridictionnel haïtien l'importance d'un contrôle de constitutionnalité des lois. Elle réaffirmait la nécessité de la protection des droits et libertés fondamentaux des citoyens. Cependant, les crises politiques des années 1990 sont à l'origine des dysfonctionnements institutionnels. Elles ont eu inévitablement des effets sur la construction d'un contentieux constitutionnel en Haïti. La Cour de cassation, en ses attributions constitutionnelles, n'est pas parvenue à instaurer une protection effective de la Constitution. La réforme de 1987 n'a donc pas répondu à toutes les attentes démocratiques. Les dispositions constitutionnelles encadrant le contentieux n'ont pas totalement été suivies d'application concrète. Elles ont été partiellement appliquées. Il serait, par conséquent, possible de caractériser la réforme constitutionnelle comme étant un échec normatif partiel. Une autre lecture de cet échec normatif pourrait en revanche être envisagée à travers la réforme constitutionnelle de 2011.

L'inapplication concrète de la réforme constitutionnelle de 2011. La réforme de 1987 pourrait également être caractérisée d'échec partiel en ce que le concept du contentieux constitutionnel a été réutilisé dans la réforme constitutionnelle du 9 mai 2011. Cette dernière est intervenue pour faire face à l'échec de la Constitution de 1987. Tout en préservant la nécessité d'un contrôle de constitutionnalité des lois, la réforme de 2011 apporte des modifications notables au contentieux constitutionnel haïtien. Elle crée notamment un Conseil constitutionnel chargé exclusivement de ce contentieux. Cependant, le tremblement de terre de janvier 2010 et les crises politiques ont à nouveau eu des répercussions sur le contentieux constitutionnel haïtien, de telle sorte que la réforme de 2011 n'a jamais eu d'application concrète. L'exemple le plus marquant est celui de l'inexistence matérielle du Conseil constitutionnel. Aucun organe n'assure actuellement, en Haïti, un contrôle de la constitutionnalité des lois. Sauf évolution prochaine, la réforme n'a pas atteint ses objectifs. Les dispositions constitutionnelles encadrant le contentieux n'ont pas été suivies d'application concrète. Elles ont été totalement inappliquées. Il serait alors possible de caractériser la réforme constitutionnelle comme étant un échec normatif total. Encore une fois, une autre grille de lecture de l'échec est envisageable, car il peut être complet si le texte est totalement rejeté sans que rien de son contenu n'ait été maintenu.

Un échec normatif nuancé. Si la réforme de 2011 peut être qualifiée d'échec normatif total, il n'en demeure pas moins que deux nuances sont à avancer quant à cette affirmation. D'une part, le contentieux constitutionnel issu de la récente réforme n'est pas encore arrivé à son terme. L'échec ne serait, de ce fait, que temporaire. Il est tout à fait possible que, dans un avenir proche, la réforme soit finalement appliquée et que les membres du Conseil constitutionnel soient désignés pour exercer le contrôle de constitutionnalité des lois. D'autre part, le projet de réforme constitutionnelle de 2021 ne rejette pas nécessairement tout le contenu de la réforme de 2011. Il réadapte le mécanisme du contrôle tout en prenant en considération l'inapplication de cette réforme. L'exemple le plus marquant est celui de la transformation du Conseil constitutionnel en une Cour constitutionnelle. Pourtant, malgré cette observation, il est nécessaire de préciser que l'existence même de la réforme de 2021 pourrait être remise en cause. Les modalités de son adoption aboutiraient à un éventuel échec normatif dans sa globalité.

L'évolution du contentieux constitutionnel haïtien. En définitive, l'échec du contentieux constitutionnel haïtien est assez complexe. Il serait réducteur de caractériser une réforme constitutionnelle d'échec total ou partiel sans mettre en perspective l'évolution du contentieux. C'est en ce sens qu'il faudrait également nuancer le terme d'échec normatif en Haïti. Bien que les inapplications concrètes soient tangibles, les réformes successives (1987, 2011 et 2021) puisent toutefois dans les échecs normatifs pour améliorer la protection de la Constitution. Le contentieux constitutionnel haïtien se construit en partie sur la défaillance des réformes constitutionnelles. Il extrait « du négatif » ce qui peut échafauder du « positif ». L'évolution du contentieux n'est pas pour autant totalement linéaire. Elle oscille tant bien que mal entre les échecs et les avancées constitutionnels.

TITRE II

LA NORME INCERTAINE

L'ECHEC D'UNE CODIFICATION

Rémy CABRILLAC

La codification, cette « façon si sublime de cultiver la législation », selon le mot de Gérard Cornu[1], exacerbe naturellement jusqu'à son paroxysme le destin que connaît toute norme. Le succès d'un Code civil sera plus éclatant, ou son échec plus cuisant, que ceux d'un obscur arrêté municipal organisant la collecte des ordures ménagères dans une petite commune…

Il y a ainsi des codes réussis, ceux qui perdurent et frappent l'imaginaire des juristes à travers les siècles : Code d'Hammourabi, Loi des XII tables, *Corpus juris civilis*, Code civil français… Leurs dispositions, gravées dans le marbre, finissent par acquérir une dimension symbolique, les nimbant d'une aura quasi spirituelle. « Ne laissons pas s'éteindre les symboles, s'écrie Jean Carbonnier, ils nous éclaireront, sur nos routes de juristes, longtemps après que le flash des dispositions instrumentales se sera évanoui[2]. »

Ces codifications emblématiques ne doivent pas masquer une réalité quotidienne moins heureuse. Si l'histoire des pays de droit continental s'attache justement à ces réussites, elle est aussi parsemée de multiples tentatives de codifications abandonnées, de nombreux projets de codes rejetés. De rares codifications à l'insolente pérennité ne doivent pas ainsi masquer que les cimetières normatifs sont encombrés de codes mort-nés, dont les fantômes ne manquent pas de venir parfois nous hanter.

Pourquoi tant d'échecs ? Certains ont des causes purement contingentes, la codification constitue un processus humain et en épouse les aléas. Mais au-delà, d'une manière plus générale, une codification réussie constitue la rare alchimie d'une volonté politique et d'un besoin social, traduite par des choix techniques efficaces[3]. Dès lors, une codification risquera, à l'inverse, d'être vouée à l'échec si elle n'est pas soutenue par une volonté politique forte (I), n'est pas adaptée à la société pour laquelle elle est conçue (II), ou ne procède pas de choix techniques pertinents (III).

---

[1] G. Cornu, « Codification contemporaine : valeurs et langage », *in L'art du droit en quête de sagesse*, Paris, PUF, 1996, p. 337.

[2] J. Carbonnier, « Le Code civil », *in* P. Noral (dir.), *Les lieux de mémoire*, II, La Nation, 2. Le territoire, l'État, le patrimoine, Paris, Gallimard, 1986, p. 305.

[3] Cf. R. Cabrillac, *Les codifications*, Paris, PUF, coll. « Droit, éthique et société », 2002, spéc. p. 68 et s.

I. L'échec d'une codification par faiblesse politique

L'élaboration et le destin du Code civil français illustrent parfaitement l'importance déterminante de la volonté politique dans le processus de codification, ayant entraîné l'échec des projets qui n'étaient pas soutenus par un pouvoir politique fort.

Au XVIIIe siècle, sous l'influence de la Philosophie des Lumières, fleurit une véritable codicomanie. Rousseau, Diderot ou Leibnitz proposent des projets de codes à des monarques européens éclairés, plusieurs juristes publient également sous le nom de codes des travaux scientifiques très divers[4]. Parallèlement, les libelles et les pamphlets se multiplient avec la dégradation du climat politique et l'idée de codification est brandie comme un rempart contre l'absolutisme monarchique. Ainsi par exemple, Arbaud, avocat au Parlement de Provence, stigmatise le « despotisme du magistrat » qui ne peut être combattu que par « un code général… que l'on suivrait dans tout le royaume[5] ».

Pourtant, les dernières initiatives normatives notables de l'autorité royale pouvant s'apparenter à une codification datent des ordonnances adoptées dans les années 1730 sous l'influence du chancelier d'Aguesseau, le pouvoir de Louis XVI étant trop affaibli pour permettre l'adoption d'un Code civil.

La Révolution reprend à son compte cette volonté de codification puisqu'une loi du 16 août 1790 sur l'organisation judiciaire dispose qu'« il sera fait un code général de lois simples, claires et adaptées à la Constitution » (article 19). Malgré ce, aucune codification civile ne pourra éclore durant toute la période révolutionnaire, les historiens parlant à juste titre d'« impossible Code civil[6] ». En effet, chacun des trois projets avancés par Cambacérès durant cette période se trouvera en décalage avec le contexte politique du moment, ne sera pas soutenu par les assemblées révolutionnaires et restera ainsi lettre morte.

Le premier projet comportant 719 articles, présenté en août 1793, est rejeté par la Convention comme excessivement juridique et trop complexe. Un second projet, se bornant alors à énoncer des axiomes généraux en 297 articles, est également rejeté en 1794, intervenant à contretemps alors que s'amorce la réaction thermidorienne. Cambacérès soumet alors au Directoire un troisième projet, plus long puisqu'il comporte 1104 articles, ne dédaignant pas les références au droit romain et aux anciennes coutumes, mais il est également abandonné, dépassé par l'accélération de la conjoncture politique.

Seul le Consulat offre à la France une période de stabilité politique permettant de mettre fin à cette série d'échecs.

Un siècle et demi plus tard, en 1945, le Code civil est menacé de devenir un monument de droit mort, les règles positives ayant proliféré en dehors de

---

[4] R. Cabrillac, *op. cit.*, p. 30.
[5] *Dissertation critique et politique sur nos loix*, Aix, 1790, p. 23.
[6] Cf. J.-L. Halpérin, *L'impossible Code civil*, Paris, PUF, 1992.

sa structure, la jurisprudence multipliant les créations audacieuses. Les pouvoirs publics mettent alors en place une commission de révision présidée par Julliot de la Morandière qui s'efforce d'élaborer un projet en phase avec la société nouvelle[7]. Mais la faiblesse du pouvoir politique qui caractérisait la IVe République, engluée dans de picrocholines querelles politiciennes, n'a pas permis à cette recodification d'aboutir[8]. La suite est bien connue, la rénovation de notre Code civil est intervenue grâce au soutien politique sans faille que le général de Gaulle a apporté aux projets de réforme du droit des personnes et de la famille préparés sous la direction de Jean Carbonnier à partir des années soixante. Comme a pu le constater Jean Foyer, efficace relais entre les deux hommes, « les œuvres législatives les plus géniales n'ont aucune chance de succès si elles ne sont pas soutenues par un pouvoir politique qui veille à les faire aboutir[9] ».

L'échec d'une codification peut aussi être lié à son inadaptation à la société pour laquelle elle a été conçue.

II. L'échec d'une codification par inadaptation sociale

Selon la formule célèbre de Portalis, le législateur « ne doit point perdre de vue que les lois sont faites pour les hommes, et non les hommes pour les lois ; elles doivent être adaptées au caractère, aux habitudes, à la situation du peuple pour lequel elles sont faites[10] ». On reconnaît là l'influence de la théorie des climats de Montesquieu, qui allait se prolonger dans la pensée de Savigny si clairement formulée à propos de sa controverse avec Thibaut sur l'opportunité d'adopter un Code civil unique dans l'Allemagne libérée du joug de Napoléon. Un code doit correspondre à un besoin social, être le fruit de l'histoire d'un peuple et non procéder du seul coup de baguette magique d'un législateur, au risque d'être condamné à l'échec.

De nombreux exemples de projets de codes ainsi abandonnés, car ils n'étaient pas adaptés aux besoins de la société à laquelle ils étaient destinés parsèment l'Histoire, mais une illustration contemporaine nous semble particulièrement topique, l'échec des projets de Code européen des contrats, voire de Code civil européen.

Comme le constatait Max Weber, « le besoin de pacifier des structures politiques ethniquement hétérogènes exige impérativement la fixation du droit

---

[7] Cf. R. Houin, « Les travaux de la commission de réforme du Code civil », *RTDCiv.*, 1954, p. 34 et s.

[8] En ce sens, par ex., G. Braibant, « Utilité et difficultés de la codification », *Droits*, n° 24, 1997, p. 68.

[9] Rapport de synthèse, *in Le Nouveau Code de procédure civile : vingt ans après*, Paris, La Documentation française, 1998, p. 331.

[10] Discours préliminaire prononcé lors de la présentation du projet de la commission du gouvernement, *in* P.-A. Fenet, *Recueil complet des travaux préparatoires du Code civil*, Paris, Videcoq, 1836, t. I, p. 466.

effectivement en vigueur[11] ». La réunion de populations au sein d'un État s'accompagne souvent de l'adoption d'un code, ce besoin juridique constituant le gage d'une codification réussie : sans remonter jusqu'au Code d'Hammourabi qui doit notamment son succès à la réunion des populations d'Akkad et de Sumer sous une même bannière juridique, l'adoption du Code civil italien en 1865, du Code civil roumain la même année ou du BGB en 1896 parachèvent l'unification politique de l'Italie, de la Roumanie ou de l'Allemagne. Ne peut-on imaginer un processus similaire dans le cadre européen ?

Depuis la fin de la Seconde guerre mondiale, a été commencée une unification politique de l'Europe, incontestable facteur de paix et de prospérité sur le continent. Des projets de codification ont été avancés pour accompagner ce processus. À partir des années quatre-vingt, des groupes académiques se sont mis en place pour proposer des projets de Code européen des contrats. Un juriste danois, Ole Lando a réuni des universitaires des différents pays membres de l'Union européenne pour élaborer les *Principles of Europen contract law, Principes du droit européen des contrats.* Un second groupe de travail a été réuni sur le même modèle à l'initiative du professeur italien Guiseppe Gandolfi, l'Académie des privatistes européens, qui a rédigé un projet de Code européen des contrats. Les institutions européennes n'ont pas manqué de relayer ces initiatives. Ainsi, le Parlement européen a encouragé l'adoption d'un Code civil européen, déclarant par exemple dans une résolution du 26 mai 1989 qu'il est nécessaire de « parvenir le plus rapidement possible à la rédaction d'un Code européen de droit privé[12] ». Un juriste allemand, Monsieur Von Bar, a proposé en ce sens l'adoption d'un Code civil européen qui se substituerait aux différents droits nationaux[13]. Face à de virulentes résistances émanant de juristes de nombreux pays européens soucieux de conserver leur droit national, la Commission a adopté une démarche plus prudente. Par une communication du 11 octobre 2004[14], elle a en ce sens encouragé l'adoption d'un *Common frame of référence*, un Cadre commun de référence, diffusé en 2009, projet de Code européen des contrats qui constituerait simplement un instrument optionnel, c'est-à-dire ne remplacerait pas les différents droits nationaux, mais s'ajouterait à eux. En 2011, une proposition de règlement relatif à un droit commun européen de la vente a été avancée, également conçue comme un instrument optionnel, véritable canevas pour un éventuel Code européen des contrats. Aujourd'hui ces différents projets de Code civil européen ou de Code européen des contrats

---

[11] *Sociologie du droit*, Paris, PUF, 1986, trad. J. Grosclaude, p. 1998.

[12] *JOCE*, 1989, p. 158-400.

[13] C. Von Bar, « Le groupe d'études sur un Code civil européen », *RIDComp.*, 2001, p. 127 et s.

[14] Communication C-651 du 11 octobre 2004.

ont été abandonnés, les pouvoirs publics encourageant plutôt l'adoption d'un Code européen des affaires[15].

Comment expliquer de tels échecs répétés ? Sans doute parce que le rapprochement des différents peuples au sein de l'Union européenne ne s'est pas encore concrétisé dans la constitution d'une Nation européenne, comme les adversaires de la codification européenne ont eu beau jeu de le relever[16]. Les pouvoirs publics européens ont péché par un optimisme naïf : la réunion politique doit précéder l'élaboration d'une codification civile, condamnant tout projet prématuré à l'échec. Le processus constitutif de la Nation européenne s'étale dans la durée et ne peut procéder d'une simple décision politique. L'exemple du Code civil français ne doit pas être trompeur : il doit son succès, au-delà de la volonté politique de Bonaparte de l'imposer, au long processus d'unification de la Nation française entamé depuis plusieurs siècles et dont il constitue l'aboutissement.

Si l'absence d'une volonté politique forte et l'inadaptation à la société à laquelle elle est destinée constituent des raisons fréquentes de l'échec d'une codification, celui-ci peut également provenir d'une imperfection technique.

III. L'échec d'une codification par imperfection technique

L'élaboration d'un code nécessite de nombreux choix techniques, choix d'une méthode de codification, d'une structure, d'un contenu ou d'un périmètre, qui peuvent se révéler malheureux voire désastreux. D'une manière générale, ceux-ci vont plutôt nuire à la qualité du code que conduire à son échec. Mais un choix technique a pu entraîner fréquemment l'échec d'une codification, celui de ses rédacteurs.

Le schéma d'une plume codificatrice unique qui pouvait prévaloir dans l'Antiquité ou les Temps modernes s'est aujourd'hui effacé au profit d'un organe codificateur, qui serait seul à même de pouvoir répondre à la complexification et à la spécialisation du droit à l'époque contemporaine.

Le développement de ce schéma d'instauration d'un organe codificateur constitue sans doute une des causes principales d'échec de codifications projetées.

La principale raison tient dans l'ambiguïté du statut de ces commissions de codifications, dominées par des préoccupations scientifiques, mais ne pouvant s'abstraire de considérations politiques, devant combiner selon une heureuse formule, « les propriétés d'un laboratoire intellectuel avec celles d'un Conseil

---

[15] R. Cabrillac, « Un Code européen des affaires, une chance pour la construction européenne », *D.*, 2019, 1191.

[16] Cf. par ex. P. Malaurie, « Le Code européen des obligations et des contrats », *JCP*, 2022, I, 110, n° 11 : « Or, l'Europe n'est pas une nation, elle n'a pas et ne peut avoir une constitution civile, même limitée aux obligations. Les réalités culturelles l'empêchent. »

d'un Prince[17] ». Le lien de ces commissions avec l'autorité compétente pour adopter en dernier ressort le code, le Parlement dans un régime démocratique, est à l'origine de fréquents échecs de projets de codification. Le code élaboré demeure à la merci de l'instance politique chargée de l'adopter, de ses hésitations, de ses caprices ou simplement de son instabilité, qui paralyse l'entreprise de codification.

Schématiquement, l'autorité compétente pour adopter le code peut ne pas lui permettre de voir le jour ou le rejeter pour des raisons indépendantes de ses qualités.

La première situation a pu fréquemment se rencontrer dans le cadre des codifications à droit constant adoptées sous l'égide de la Commission supérieure de codification instaurée en 1989 et chargée de mener à bien un ambitieux programme de codification. La partie législative des projets de code préparés par la Commission doit être adoptée par le Parlement. Or, le gouvernement, qui maîtrise l'inscription à l'ordre du jour des textes discutés devant le Parlement (article 48 de la Constitution), poursuit des préoccupations souvent plus politiques, comme a pu le relever Guy Braibant : « on préfère créer une loi qui éventuellement portera le nom d'un ministre, plutôt que de s'engager dans une grande œuvre de codification, qui sera peut-être saluée plus tard si elle continue, mais qui n'est pas médiatique au quotidien[18] ». C'est ainsi que des projets de codes ont pu rester en attente plusieurs années au risque de devenir obsolètes et de devoir être abandonnés au profit d'un nouveau projet. Tel a par exemple été le cas du projet de Code rural présenté dans les années quatre-vingt : resté en panne plus de trois ans, la plupart de ses dispositions ont été modifiées et le projet n'étant plus à jour a été abandonné. Ce risque de discordance entre la Commission supérieure de codification et le Parlement a été explicitement invoqué pour justifier que le gouvernement se fasse habiliter par le Parlement pour adopter les codes élaborés par la Commission par voie d'ordonnance[19].

Seconde hypothèse, l'autorité compétente pour adopter le Code peut également le rejeter pour des raisons indépendantes de ses qualités intrinsèques, raisons qui tiennent souvent à une divergence de vue entre les codificateurs et cette autorité. L'Histoire fourmille d'exemples de codes ainsi rejetés aux oubliettes. À la fin du XIXe siècle, le Japon s'ouvre à la modernité, c'est l'ère Meiji. Dès 1869, le gouvernement japonais ordonne la traduction des codes français. En 1873, Gustave Boissonnade, professeur à la faculté de

---

[17] P. Poncela et P. Lascoumes, *Réformer le Code pénal, Où est passé l'architecte ?*, Paris, PUF, 1998, p. 97.

[18] G. Braibant, « La problématique de la codification », *RFAP*, 1977, n° 82, p. 167.

[19] A. Vidalies, *JOAN*, séance du 23 novembre 1999, p. 9997 : « Cette œuvre considérable ne doit surtout pas risquer de se périmer avant même de voir le jour. Or cela pourrait arriver si les codes achevés ne sont pas adoptés avant que des modifications de textes qu'ils rassemblent n'interviennent. C'est pour éviter cela que le gouvernement vous demande de l'habiliter à adopter la partie législative de neuf codes déjà prêts. »

droit de Paris, est chargé de rédiger un Code pénal et un Code d'instruction criminelle, qui sont adoptés en 1880 et entrent en vigueur à partir de 1882. Gustave Boissonnade élabore également un projet de Code civil, marqué par un esprit comparatiste, mené à bien en 1891, mais ce projet sera refusé par la Diète japonaise qui le trouve trop éloigné des mœurs traditionnelles japonaises[20].

Dans le même esprit, l'unité allemande réalisée par Bismarck en 1871 suscite une aspiration générale pour une codification conduisant à un droit unifié. Une première commission est réunie dès 1874 pour élaborer un projet de Code civil prêt en 1888. Celui-ci est critiqué, en particulier parce qu'il négligerait les exigences pratiques et les impératifs sociaux. Ce projet ne prenait pas suffisamment en compte les évolutions de la société allemande nées de la Révolution industrielle. Le projet a été abandonné et une nouvelle commission a été mise en place pour rédiger ce qui deviendra le BGB, adopté en 1896 et entré en vigueur le 1er janvier 1900.

Au terme de ce trop bref et nécessairement incomplet panorama, ne convient-il pas de céder au découragement ?

Tant d'échecs ne prouvent-ils pas que la codification constituerait une forme dépassée de législation ? L'interrogation a pu fleurir au mitan du XXe siècle[21], mais l'insolente santé de la codification en ces débuts de XXIe siècle suffit à l'écarter.

Tant d'échecs ne conduisent-ils pas à renoncer à tout projet de codification ? La désillusion envahit ainsi le prince André, héros de *Guerre et paix* de Tolstoï, que Spéranski, premier ministre du tsar Alexandre Ier avait chargé de préparer un Code militaire :

> Il se rappela ses démarches, ses sollicitations, toute l'histoire de son projet de code militaire, accepté pour examen et sur lequel on s'efforçait de faire le silence, uniquement parce qu'un autre mémoire, très inférieur, avait déjà été présenté à l'empereur… et la honte le prit en songeant à ses choses. Il fut surpris d'avoir pu consacrer un temps si long à un travail si vain[22].

Les différents projets de Code civils avancés par Cambacérès ou les multiples tentatives d'élaboration d'un code européen des contrats ne constituent-ils pas un immense gaspillage de temps et d'intelligence ?

L'optimisme doit au contraire prévaloir.

D'abord, ces différents projets traduisent une formidable effervescence intellectuelle, reflet de la vitalité de la doctrine dont on ne peut que se réjouir.

Ensuite, les projets qui ne deviennent pas droit positif ne sont pas définitivement perdus, constituant un inépuisable réservoir de textes pour les

---

[20] Y. Noda, « La réception du droit français au Japon », *RIDComp.*, 1953, p. 543 et s.

[21] « La codification, forme dépassée de législation ? », XI congrès international de droit comparé, Caracas, 1982, spéc., R. Sacco, Italian comunication, p. 65. Ad. F. Siebeneichler de Andrade, *Da codificaçao, Cronica de un concepto*, ed. Do avogado, Brasil, 1997.

[22] *Guerre et paix*, trad. H. Mongault, Paris, Gallimard, coll. « Bibliothèque de la Pléiade », 1952, p. 602.

projets à venir. Pour reprendre l'exemple des projets de Cambacérès, ils ont nourri le Code civil de 1804, comme en témoigne clairement la rapidité du délai de quatre mois pendant lequel l'avant-projet a été rédigé.

Enfin, l'échec d'aujourd'hui nourrit la réflexion et peut éviter celui de demain.

L'OMISSION LEGISLATIVE COMME ECHEC NORMATIF. REFLEXIONS A PARTIR DE L'EXPERIENCE ITALIENNE

Anna Maria LECIS COCCO ORTU

Qu'est-ce qu'un « échec normatif » du point de vue du droit constitutionnel et, plus particulièrement, du point de vue du contrôle de constitutionnalité de la loi ? Tout d'abord, la norme inconstitutionnelle est certainement un échec. Puisque la Constitution est la norme suprême qui s'impose à tous les pouvoirs publics, le Parlement est censé être le premier garant de la constitutionnalité des lois : adopter une disposition contraire à la Constitution, dès lors, signifie faillir dans cette mission et constitue sans doute une forme d'échec.

Il existe toutefois plusieurs formes d'échec en raison d'une violation de la Constitution. Le Parlement peut porter atteinte aux normes constitutionnelles non seulement par l'adoption d'une disposition qui leur serait contraire, mais aussi par la non-adoption d'une disposition nécessaire à la mise en œuvre de ces dernières. La présente contribution se focalisera sur ce dernier type d'échec, à savoir l'omission législative qui résulte non de l'action du législateur, mais de son inaction[1]. Plus précisément, l'omission législative peut consister à : 1) ne pas abroger des dispositions inconstitutionnelles, ce qui est la conséquence de la première forme d'échec, à savoir l'adoption d'une norme inconstitutionnelle[2] ; 2) ne pas adopter des dispositions nécessaires

[1] Si les origines de la notion peuvent être retracées en Allemagne (voir A.S. BRUNO, « Le radici europee dell'omissione legislativa e il nuovo ruolo delle Corti costituzionali: tra tecniche giudiziali e principio di(s)leale collaborazione tra Poteri », *Federalismi.it*, n° 1, 2016 ; la doctrine sur l'omission législative est aujourd'hui très développée notamment dans la littérature hispanophone. Voir notamment J. J. Fernandez Rodriguez, *La inconstitucionalidad por omisión: Teoría general. Derecho comparado. El caso español*, Madrid, Civitas, 1998 ; M. Carbonell (dir.), *En busca de las normas ausentes. Ensayos sobre la inconstitucionalidad por omisión*, Instituto de investigaciones juridicas, Serie Doctrina juridica, n° 135, Mexico, Universitad Nacional Autonoma de Mexico, 2003, en accès libre en ligne ; F. Fernandez Segado, *La justicia constitucional. Una visión de derecho comparado*, Tome I, Madrid, Dykinson, 2009, p. 834 ; V. Bazán, *Control de las Omisiones Incostitucionales e Inconvencionales (Recorrido por el derecho y la jurisprudencia americanos y europeos)*, Konrad Adenauer Stiftung, 2014. Voir aussi l'ouvrage en anglais du professeur vénézuélien A. R. Brewer-Carias, *Constitutional Courts as Positive Legislators. A Comparative Law Study*, Cambridge University Press, 2017, précieuse autant pour l'analyse de son auteur que pour les rapports nationaux qui seront souvent cités par la suite. Dans la littérature française, voir notamment G. Tusseau, *Contentieux constitutionnel comparé*, Paris, LGDJ-Lextenso, 2021, p. 834 s.

[2] C'est en ce sens que l'expression a initialement été utilisée dans la doctrine italienne, lorsque la Cour constitutionnelle italienne, dans la première phase de son activité (entre 1956 et 1970)

pour la mise en œuvre de normes constitutionnelles ; 3) adopter des dispositions constitutionnellement nécessaires, mais « de manière partielle, incomplète, imparfaite du point de vue constitutionnel[3] ». Dans la mesure où la première hypothèse découle en réalité de premier abord d'une action (l'adoption d'une disposition inconstitutionnelle) et seulement accessoirement d'une omission (sa non-abrogation), il convient de s'intéresser aux deux dernières hypothèses, en tant qu'échecs dérivés d'une conduite d'omission. Afin de mieux préciser ses contours, l'omission législative peut alors se définir comme la non-adoption ou l'insuffisante adoption par le législateur « de normes pour la mise en œuvre de normes constitutionnelles dont le développement concret est obligatoire, de manière que leur application effective est entravée[4] ». Sur le socle de cette distinction, la doctrine a ainsi distingué entre l'omission absolue, qui consiste en l'inaction du législateur face à son devoir de mettre en œuvre des normes constitutionnelles, et l'omission relative, qui est l'adoption de dispositions incomplètes[5].

L'analyse se concentrera non sur l'omission législative en soi, mais sur sa possible sanction et donc sur ses conséquences dans les relations entre le

---

a sanctionné à plusieurs reprises l'« omission du législateur républicain » consistant à ne pas abroger la législation fasciste incompatible avec les principes constitutionnels inscrits dans la Constitution de 1948 : voir C. Mortati, « Appunti per uno studio sui rimedigiurisdizionalicontrocomportamentiomissividellegislatore », *Il Foro italiano*, n° 9, 1970, p. 153. Néanmoins, il ne s'agit pas de la sanction d'une conduite omissive du législateur au sens strict, car l'objet de la sanction est la norme adoptée, non pas sa non-abrogation : voir les considérations de L. Iannuccilli, « Profilistorici e teorici », *in Problemi dell'omissione legislativa nella giurisprudenza costituzionale. Quaderno predisposto in occasione della conferenza delle corti costituzionali europee, Vilnius 2-7 giugno 2007*, htp://www.cortecostituzionale.it.

[3] A. R. Brewer-Carias, *Constitutional Courts as Positive Legislators*, *op. cit.*, p. 126. Ainsi, dans le système français, on peut considérer comme une omission l'incompétence négative du législateur qui ne va pas au bout de sa compétence réservée et laisse au gouvernement l'adoption de dispositions réglementaires dans des matières réservées à la compétence parlementaire : en ce sens J. Arlettaz, « L'incompétence négative à l'étranger », *NCCC*, 46 (1), 2015, p. 55. Le Conseil constitutionnel emploie parfois la notion d'omission lorsqu'il sanctionne l'incompétence négative : voir, décision n° 2000-433 DC dans laquelle on peut lire « qu'en omettant de préciser les conditions de forme d'une telle saisine… le législateur a méconnu la compétence qu'il tient de l'article 34 de la Constitution ».

[4] J. J. Fernandez Rodriguez, *La inconstitucionalidad por omisión: Teoría general. Derecho comparado. El caso español*, Madrid, Civitas, 1998, p. 114.

[5] Distinction que, à notre connaissance, on doit au juriste et juge de la Cour constitutionnelle allemande Wessel (1952), et qui ensuite a été largement développée par la doctrine sud-américaine et d'autres pays : voir notamment N. Trocker, « Le omissioni del legislatore e la tutela giurisdizionale dei diritti di libertà (studio comparativo sul diritto tedesco) », *Archivio Giuridico Serafini*, 1970, p. 127 ; F. Fernandez Rodriguez, *La inconstitucionalidad por omisión*, *op. cit.* ; F. Fernández Segado, « El control de constitucionalidad de las omisiones legislativas », *in* A. Pugiotto, G. Brunelli, P. Veronesi (dir.), *Scritti in onore di L. Carlassare*, vol. IV, *Dei giudici e della giustizia costituzionale*, Naples, 2009, p. 1633 ; A. R. Brewer-Carías, *Constitutional Courts as Positive Legislators. A Comparative Law Study*, *op. cit.*, p. 125 s.

Parlement et le juge constitutionnel[6]. L'omission étant la violation d'une obligation de faire, parler d'omission législative présuppose la reconnaissance d'une obligation d'agir qui s'imposerait au législateur[7], ce qui place le thème au cœur de la question des relations entre juge constitutionnel et législateur, entre principe de constitutionnalité et principe démocratique. Les difficultés que ce thème suscite pour le constitutionnaliste se traduisent dans les grandes questions suivantes : le Parlement souverain peut-il être assujetti à l'obligation d'adopter une loi, et ainsi se voir sanctionné par le juge constitutionnel, le cas échéant, pour son inaction ? Et, dans le cas contraire, la garantie des droits et des principes constitutionnels nécessitant une intervention du législateur pour leur mise en œuvre peut-elle rester lettre morte sans possibilité de sanction pour sa non-application[8] ? La justice constitutionnelle est née avec l'objectif de contrôler l'action du législateur et de remédier à l'adoption de dispositions qui iraient à l'encontre des normes constitutionnelles par l'annulation. Or, si la mission du juge constitutionnel en tant que « législateur négatif » consiste à *défaire ce que le législateur a fait*, le contrôle de l'omission peut-il le conduire à *faire ce que le législateur ne ferait pas* ?

Un regard aux expériences étrangères montre que, dans certains systèmes, des véritables mécanismes de contrôle de l'omission législative ont été mis en place. Des exemples se retrouvent dans la Constitution de l'ex-Yougoslavie de 1974, au Portugal, dans les Constitutions de 1976 et de 1982[9], en Hongrie en vertu de la révision constitutionnelle de 1989[10], et dans plusieurs pays d'Amérique du Sud, à l'image du Brésil[11], du Costa Rica[12], de l'Équateur[13], du Venezuela[14]. Si les exemples cités font plutôt état d'exception, même dans les pays dans lesquels un mécanisme *ad hoc* de contrôle des omissions n'a pas

[6] Nous laisserons en revanche de côté la question de l'action des juges ordinaires pour pallier les omissions du législateur, sur laquelle voir G. Sorrenti, « *Il giudicesoggetto alla legge... in assenza di legge: lacune e meccanismiintegrativi* », *Costituzionalismo.it*, n° 1, 2018, p. 87.

[7] Voir *contra* A. Vidal-Naquet, « Le droit du silence. "Les silences interdits ou la norme imposée" », *RDP*, 2012, p. 1089.

[8] Le contrôle de constitutionnalité des omissions du législateur « s'inscrit en même temps dans le nœud problématique de l'effectivité des garanties des droits constitutionnels » : L. Cassetti, « Corte costituzionale e silenzi del legislatore: le criticità di alcuni modelli decisori nel controllo di costituzionalità sulle lacune legislative e il ruolo dei giudici », *in* L. Cassetti, A.S. Bruno (dir.), *I giudici costituzionali e le omissioni del legislatore. Le tradizioni europee e l'esperienza latino-americana*, Turin, Giappichelli, 2019, p. 1 ss.

[9] Article 283 de la Constitution. Voir aussi J. Miranda, « L'inconstitutionnalité par omission dans le droit portugais », *Revue européenne de droit public*, 4 (1), 1992, p. 39.

[10] Article 49 de l'amendement constitutionnel de 1989.

[11] Article 103 § 2 de la Constitution brésilienne du 5 octobre 1988.

[12] Article 73 de la loi du 11 octobre 1989 relative à la juridiction constitutionnelle.

[13] Article 11 § 8 et article 436 § 10 de la Constitution de la République équatorienne du 20 octobre 2008.

[14] Article 336 de la Constitution de la République bolivarienne du Venezuela de 1999. Sur les expériences citées, voir aussi A. R. Brewer-Carias, *Constitutional Courts as Positive Legislators. A Comparative Law Study*, p. 126 et s.

été créé, les cours constitutionnelles ont été confrontées à des situations de violation découlant d'une omission du législateur et ont pu développer par voie prétorienne des techniques décisionnelles pour la sanctionner[15]. Il est d'ailleurs significatif que la Conférence des cours constitutionnelles européennes ait consacré son congrès de 2007 aux « problèmes de l'omission législative dans la jurisprudence constitutionnelle[16] ». Les rapports nationaux ont ainsi montré qu'un grand nombre de cours européennes exercent en tel contrôle même si « dans leur grande majorité, [elle] tirent leur droit d'examiner et d'apprécier l'omission législative de la régulation constitutionnelle implicite[17] ».

C'est le cas de l'Italie, sur laquelle se concentrera cette analyse, qui constitue un exemple de voie prétorienne au contrôle de l'omission législative. Même si un mécanisme de contrôle de l'omission à proprement parler n'existe pas en Italie[18], des formes de contrôle et de sanction de l'omission du législateur ont pu se développer, oscillant entre phases de plus grand *self-restreint* et d'activisme, avec une intensité différente selon le type d'omission. Des techniques jurisprudentielles ont vu le jour assez rapidement, en effet, pour sanctionner l'omission relative et, si elles ont soulevé quelques critiques, n'ont pas rencontré de grandes résistances. Plus délicates ont été, en revanche, les expérimentations de techniques pour sanctionner les omissions absolues. Dans le premier cas, il y a une disposition résultant d'une action du législateur que le juge constitutionnel peut sanctionner, en la « corrigeant » en voie interprétative. Mais dans le second, le juge constitutionnel peut-il, face à

---

[15] Voir F. J. Diaz Revorio, « El control de constitucionalidad de las omisiones legislativas relativas en el derecho comparado europeo », *Revista Española de Derecho Constitucional*, 61 (1), 2001, p. 81, où l'auteur analyse les expériences autrichienne, allemande, italienne, espagnole et portugaise. Dans le continent américain, c'est encore le cas du Tribunal constitutionnel bolivien (voir P. Dermizaky Peredo, « Efetos de las sentencias constitucionales en Bolivia », *Anuario Iberoamericano de Justicia Constitucional*, n° 12, 2008, p. 78 et s.) ou de la Cour suprême mexicaine, qui a néanmoins abandonné cette jurisprudence pour revenir à une approche de *self-restraint* à l'égard des omissions législatives à partir de 2006 : voir. E. Ferrer Mac-Greggor, « The Mexican Supreme Court as Positive Legislator », *in* A. R. Brewer-Carias, *Constitutional Courts as Positive Legislators*, *op. cit.*, p. 623 et s.

[16] Voir le Rapport général du XIVe Congrès de la Conférence des Cours constitutionnelles européennes sur les problèmes de l'omission législative dans la jurisprudence constitutionnelle, en ligne : https://www.venice.coe.int/files/Bulletin/SpecBull-legislative-omission-f.pdf.

[17] *Ibid.*, p. 26 et s. Si seule la Constitution portugaise prévoit explicitement une procédure de contrôle de l'omission législative, des techniques jurisprudentielles de contrôle de l'omission relative ont été développées en Autriche, en Espagne, en Italie, en Lituanie, en Pologne, en Roumanie, en Suisse et en Turquie, ainsi qu'en Allemagne, en Hongrie et en République tchèque, où un contrôle de l'omission absolue existe également.

[18] Deux mécanismes de contrôle de constitutionnalité de la loi existent en Italie : l'un, par voie principale, sur recours du président du Conseil contre les lois régionales et du président du Conseil régional contre les lois de l'État qui empiéteraient sur les compétences des Régions ; l'autre, par voie incidente, lorsqu'une question de constitutionnalité est soulevée par un juge dans le cadre d'un litige. Voir F. Gallo, « Le modèle italien de justice constitutionnelle italienne », *NCCC*, n° 42, 2014.

l'omission absolue, sanctionner l'inaction, l'absence de disposition, le néant normatif ? De quelle manière peut-il sanctionner une disposition qui n'existe pas, tout en restant dans les limites de sa fonction et sans empiéter sur la compétence du législateur, sachant que, comme l'a relevé le juge constitutionnel sud-africain dans une décision célèbre, « une omission ne peut, conceptuellement, être réparée par suppression[19] » ?

La question est particulièrement d'actualité, même au-delà des frontières italiennes, à un moment où l'évolution du constitutionnalisme, accompagnée par une désormais consolidée « crise des parlements », place de plus en plus souvent les juges (constitutionnels et ordinaires) dans un rôle de législateurs. Or, si la justice constitutionnelle, lors de son extraordinaire diffusion au cours du XXe siècle, a fondé sa légitimité sur son rôle de législateur négatif en tant que rempart contre les débordements des parlements, elle doit aujourd'hui être en mesure de relever ces nouveaux défis, tout en préservant sa légitimité face aux contestations qui reproposent l'ancienne question de la « difficulté contre-majoritaire » sous un nouveau jour. À la croisée des relations entre les pouvoirs, l'effectivité de la protection des droits et la légitimité de la justice constitutionnelle, le contrôle des omissions est dès lors « une des [questions les] plus épineuses et en même temps des plus fascinantes de notre temps[20] ».

Deux enseignements sont à tirer de l'expérience italienne. D'une part, une omission relative peut être constatée et sanctionnée par voie interprétative, dans le cadre du contrôle de la norme « incomplète » (I). D'autre part, face aux omissions absolues, alors que leur contrôle était longtemps resté sans sanction, une nouvelle technique processuelle permettant de les sanctionner a récemment vu le jour, soulevant avec force l'ancienne question de l'équilibre entre garantie juridictionnelle de la Constitution et principe démocratique (II).

I. La sanction de l'omission relative : le contrôle de l'action incomplète du législateur

Pour sanctionner l'action incomplète du législateur, qu'on a qualifiée d'omission relative, le champ d'action du juge constitutionnel italien s'ouvre à des mécanismes fondés sur la distinction entre disposition et norme. Cette démarche permet d'abord de contrôler les normes tirées de la disposition incomplète et de constater ainsi l'absence d'un élément qui aurait été constitutionnellement nécessaire (A) et ensuite de sanctionner cette absence,

---

[19] Décision de la Cour constitutionnelle sud-africaine, CCT 10/99, du 2 décembre 1999, dont une traduction a été publiée aux *Cahiers du Conseil constitutionnel* n° 9 (Dossier : Afrique du Sud) — février 2001 avec notamment un commentaire par D. Ribes, « Le juge constitutionnel peut-il se faire législateur ? À propos de la décision de la Cour constitutionnelle d'Afrique du Sud du 2 décembre1999 », *ibid.*

[20] G. Ferreira Mendes, « O controle da omissao inconstitucional », *in* J. G. Schäfer (dir.), *Temas polêmicos do constitucionalismo contemporâneo*, Conceito Editorial, Florianópolis, 2007, p. 137, cité par F. Fernandez Segado, « El control de constitucionalidad de las omisiones legislativas », *op. cit.*, p. 1633.

en corrigeant non pas l'énoncé normatif, mais la norme inconstitutionnelle tirée de cet énoncé (B).

A. La constatation d'une inconstitutionnalité par omission relative

Le contrôle de l'omission relative présuppose dans un premier temps la constatation d'une « obligation constitutionnelle de faire » qui s'imposerait au législateur et, ensuite, la constatation de l'insuffisance de l'intervention législative. Puisque ce contrôle concerne des normes nécessitant une action du législateur pour leur mise en œuvre, c'est sans surprise que le problème s'est d'abord posé par rapport aux dispositions constitutionnelles impliquant l'introduction de prestations sociales à la charge de l'État[21]. Le développement du contrôle de l'omission est ainsi lié à la reconnaissance des droits sociaux et, de manière plus générale, à la diffusion du constitutionnalisme comme modèle visant à une transformation profonde de l'ordre social[22], dans lequel les dispositions constitutionnelles ne se limitent pas à poser des limites à l'action des pouvoirs publics et du législateur en particulier, mais leur assignent des objectifs à atteindre, qu'ils doivent réaliser. Cela explique d'ailleurs pourquoi le contrôle de l'omission s'est particulièrement développé dans des systèmes constitutionnels nés avec l'ambition d'une profonde transformation sociale, notamment en Amérique du Sud[23].

En Italie aussi, le contrôle de l'omission relative s'est tout d'abord affirmé en matière de droits sociaux. Or, en ce qui concerne la constatation de l'existence d'une obligation de faire incombant au législateur, il faut savoir qu'un débat a existé sur la portée contraignante ou seulement programmatique de certaines normes de principe nécessitant une action du législateur pour leur mise en œuvre. Ce débat[24], qui est au cœur des différentes solutions jurisprudentielles sur le contrôle des omissions législatives dans grand nombre

---

21 J. Tajadura Tejada, « La inconstitucionalidad por omisión y los derechos sociales », *in* M. Carbonell (dir.), *En busca de las normas ausentes. Ensayos sobre la inconstitucionalidad por omisión*, *op. cit.*, p. 287.

22 G. Tusseau, *Contentieuxconstitutionnel comparé*, *op. cit.*, p. 834.

23 F. Fernandez Segado, *La justicia constitucional. Una visión de derecho comparado*, Tomo I, *op. cit.*, p. 974.

24 S'agissant particulièrement des dispositions en matière de droits sociaux, ce débat a été le prolongement des discussions dans le cadre de l'Assemblée constituante entre, d'une part, ceux qui souhaitaient leur inscription uniquement au sein d'un Préambule de valeur programmatique et dépourvu de portée juridique contraignante et, d'autre part, ceux qui voulaient une pleine constitutionnalisation de ces droits. Parmi les premiers, Calamandrei en particulier pointait du doigt les risques produits par la constitutionnalisation des droits sociaux avec la contextuelle introduction d'un système de justice constitutionnelle, qui aurait conduit à une judiciarisation de ce dernier, avec un juge constitutionnel habilité à prendre des décisions « de caractère politique sur toute la législation présente et future » ; Calamandrei nuancera plus tard sa position en faveur d'une inscription « des exigences individuelles et collectives essentielles dans les domaines économiques et sociaux » : voir *Attidell'Assemblea costituente*, vol. VII, Rome, 1970, p. 44 et s.

de systèmes étrangers[25], s'est résolu très tôt en Italie. Suivant la position de Vezio Crisafulli[26], la Cour constitutionnelle, depuis sa première décision en 1956, a considéré la distinction entre normes programmatiques et nomes impératives comme non pertinente aux fins du contrôle de constitutionnalité de la loi, puisque l'inconstitutionnalité pouvait également découler de la violation d'une norme constitutionnelle de principe nécessitant l'intervention du législateur[27].

Ce contrôle doit néanmoins tenir compte des limites à l'action du juge constitutionnel découlant du respect du pouvoir discrétionnaire du législateur. C'est la raison pour laquelle le contrôle de l'omission relative, dans le champ des droits sociaux comme dans d'autres, est rarement fondé uniquement sur la violation des normes nécessitant l'action du législateur. Le plus souvent, la norme de référence du contrôle est le principe d'égalité (article 3 de la Constitution), mobilisé seul ou en combinaison avec la norme de principe. Ainsi, la Cour reconnaît le pouvoir discrétionnaire du législateur dans le choix des modalités d'application d'une norme constitutionnelle, mais lorsque le législateur décide de la mise en œuvre d'une garantie, il doit le faire dans le respect du principe d'égalité, et donc sans exclure du champ d'application de la norme des situations qui auraient dû bénéficier des mêmes garanties.

Une fois constatée l'existence de l'obligation, comment constater son non-respect par l'adoption d'une norme incomplète, dans un système permettant de contrôler une disposition, mais pas son absence ? Ce contrôle se fonde sur la distinction entre disposition et norme, chère à la doctrine italienne[28]. L'objet du contrôle est une disposition, qui doit être considérée comme un énoncé linguistique à partir duquel on peut tirer différentes significations, qui constituent les normes. L'application jurisprudentielle de cette distinction doctrinale a pu être rattachée à un fondement littéral à travers l'interprétation de l'article 136 de la Constitution, qui donne à la Cour la compétence de déclarer inconstitutionnelle non pas la disposition, mais « une norme de loi ou

---

[25] J. Arlettaz, « L'incompétence négative à l'étranger », p. 55, spéc. 67-68.

[26] V. Crisafulli, « Le norme "programmatiche" della Costituzione », *in* Id., *La Costituzione e le sue disposizioni di principio*, Giuffré, Milan, 1952, p. 68 et s. Sur la conception de norme programmatique dans la pensée de Vezio Crisafulli, voir aussi A. D'Atena, « Teoria delle fonti, teoria dell'atto e problematicismo nel pensiero di Vezio Crisafulli », *in* AA.VV., *Il contributo di Vezio Crisafulli alla scienza del diritto costituzionale*, CEDAM, Padoue, 1994, p. 91 ss., p. Grossi, « Intervento », *in Atti della Giornata in ricordo del Giudice emerito della Corte costituzionale Vezio Crisafulli (Palazzo della Consulta, 5 novembre 2010)*, Rome, 2011, p. 3-4.

[27] Cour constitutionnelle, décision n° 1/1956 en matière de délit d'opinion en violation de la liberté d'expression inscrite à l'article 21 Constitution. Si cette jurisprudence concernait une norme de principe dans un autre domaine, le même raisonnement s'applique à toute norme constitutionnelle de principe, y compris en matière de droits sociaux (bien qu'une jurisprudence plus récente en matière de statuts régionaux, très critiquée par la doctrine, ait remis en question le caractère contraignant de ces normes).

[28] Et que l'on doit aussi à V. Crisafulli, « Atto normativo, Disposizione [e norma] », *Enciclopedia del Diritto*, vol. XIII, Milano, 1964, p. 195.

d'un acte ayant force de loi[29] ». La Cour affirme, dès lors, qu'elle « juge les normes, mais se prononce sur les dispositions[30] ». Ainsi, puisque d'une même disposition plusieurs normes peuvent être tirées, la technique des décisions interprétatives (équivalent des réserves d'interprétation) peut être utilisée pour agir sur le contenu normatif des dispositions sans en modifier la formulation textuelle[31]. De cela découle la possibilité de sanction non pas seulement à travers l'annulation de toute ou d'une partie de la disposition, mais aussi à travers sa modification, par des décisions manipulatives ou additives[32]. Comme l'a souligné le Professeur Di Manno, « par cette technique non prévue par les textes et purement prétorienne, le Conseil constitutionnel s'affranchit du carcan du schéma décisionnel binaire, pour agir directement sur la substance normative de la loi afin de la mettre en harmonie avec les exigences constitutionnelles[33] ». La constatation de l'inconstitutionnalité peut ainsi frapper la disposition « incomplète » en ce qu'elle comprend une norme qui exclut, interdit ou empêche la mise en œuvre d'un principe constitutionnel.

B. Les remèdes contre l'omission relative

Par cette démarche, la voie au constat d'une omission est ouverte même dans les systèmes ne prévoyant pas de mécanisme *ad hoc*. Le juge constitutionnel peut donc juger la disposition inconstitutionnelle non pas pour ce qu'elle prévoit, mais pour ce qu'elle ne prévoit pas. Mais peut-il remédier lui-même à cette inconstitutionnalité par omission ? Le juge constitutionnel comme « législateur négatif » pouvait bien répondre aux exigences d'un État de droit encore centré sur la garantie des droits et libertés de première génération et donc reposant sur des mécanismes de protection contre les limitations éventuelles de ces droits par des lois liberticides[34]. La norme inconstitutionnelle est, dans cette perspective, celle qui limite les droits et libertés constitutionnels et la sanction consiste en l'annulation de la norme liberticide. Mais comment garantir le respect et l'effectivité des normes constitutionnelles qui présupposent une action du législateur pour leur mise en œuvre ?

---

[29] Article 136 de la Constitution.

[30] Cour constitutionnelle, décision n° 84/1996.

[31] Voir à ce sujet l'étude incontournable de Th. di Manno, *Le juge constitutionnel et la technique des "décisions interprétatives" en France et en Italie*, Paris–Aix-en-Provence, Economica-PUAM, 1997.

[32] Pour une définition, voir *infra*.

[33] Th. di Manno, « L'influence des réserves d'interprétation », *in* G. Drago, B. François et N. Molfessis (dir.), *La légitimité de la jurisprudence du Conseil constitutionnel*, Paris, Economica, 1999, p. 189 et s.

[34] F. Fernández Segado définit le contrôle des omissions législatives comme une véritable « rupture » par rapport aux principes fondamentaux de l'État constitutionnel libéral prônant la suprématie des parlements et la marge d'appréciation large des parlements dans la mise en œuvre des préceptes constitutionnels : F. Fernández Segado, « El control de constitucionalidad de las omisiones legislativas », *op. cit.*, p. 1635 et s.

Sur cet aspect, les solutions en droit comparé sont variées. Dans certains pays, le contrôle de l'omission débouche en une sorte d'avis adressé au législateur pour qu'il intervienne pour pallier la lacune[35]. Même dans les pays où ce contrôle est expressément prévu, il peut ainsi se heurter à des problèmes d'effectivité, la sanction se limitant parfois à la formulation de jugements déclaratoires, d'avis ou de recommandations au législateur dont l'exécution est donc laissée au bon vouloir de ce dernier. Il en va ainsi au Portugal, où la Constitution donne au Tribunal constitutionnel le pouvoir de constater une omission avec une décision au caractère déclaratoire, sans qu'il puisse formuler la norme absente ou fixer un délai au législateur[36]. En Croatie, la révision de 2002 habilite la Cour à adopter des rapports adressés au Parlement sur tout type d'inconstitutionnalité[37]. En Équateur, en revanche, la Constitution habilite explicitement la Cour constitutionnelle, lorsqu'elle constate une inconstitutionnalité par omission, à établir la règle ou à exécuter l'acte nécessaire pour la pallier, mais « dans le respect de la loi[38] ». Au-delà du cas équatorien qui demeure assez exceptionnel, dans d'autres expériences de justice constitutionnelle, les juges ont développé des techniques prétoriennes pour remédier aux omissions[39]. Elles s'inscrivent dans une tendance plus générale au basculement du juge constitutionnel vers un rôle de « législateur positif[40] », qui le conduit à ne pas sanctionner les violations de la

[35] C'est le cas de l'Espagne, comme l'explique l'ancienne Présidente du Tribunal constitutionnel Maria Emilia Casas Baamonde : « De manière générale, le Tribunal constitutionnel a considéré que le lien entre inconstitutionnalité et nullité n'est pas nécessaire dans les cas d'inconstitutionnalité par omission, c'est-à-dire quand "le motif de l'inconstitutionnalité du précepte réside, non pas dans une détermination textuelle de celui-ci, mais dans son omission", le législateur étant chargé d'établir la nouvelle réglementation dans le cadre de sa liberté de configuration normative découlant de sa position constitutionnelle, et en dernière instance, de sa liberté démocratique spécifique » (décisions 45/1989 du 20 février 1989, 222/1992 du 11 décembre 1992, 96/1996 du 30 mai 1996, 235/1999 du 20 décembre 1999, 138/2005 du 26 mai 2005 et 236/2007 du 7 novembre 2007) » : M. E. Casas Baamonde, « Le contrôle de constitutionnalité, l'expérience espagnole », *Cahiers du Conseil constitutionnel, hors-série - Colloque du Cinquantenaire*, 3 novembre 2009.

[36] Par ailleurs, le recours envers les omissions est limité à des autorités publiques : le Président, l'*Ombudsman* (*Provedor de Justiça*) et les présidents des assemblées régionales lorsque les prérogatives des régions autonomes sont en jeu : article 283 Constitution du précité. Voir aussi A.R. Brewer-Carias, p. 127 et s., ainsi que le *Rapport national* par J. de Sousa Ribeiro, E. Mealha, *ibid.*, spéc. 729 et s.

[37] Voir le *Rapport national* par S. Barić, P. Bačić, *ibidem*, p. 407 et s.

[38] Article 436 alinéa 10 précité. Voir A. R. Brewer-Carias, *Constitutional Courts as Positive Legislators. A Comparative LawStudy*, *op. cit.*, p. 132 et M. Naval Alvear, A. Barahona Nejer, « El control constitucional de la omisión normativa en Ecuador », *Federalismi.it*, n° 1, 2016.

[39] S'agissant des cours des pays membre du Conseil de l'Europe, voir le *Rapport général du XIV*e *Congrès de la Conférence des Cours constitutionnelles européennes*, précité, p. 25 et s.

[40] A. R. Brewer-Carias, *Constitutional Courts as Positive Legislators. A Comparative Law Study*, *op. cit.*, p. 125. Et ce, malgré le fait que cette formule soit rarement cautionnée par les juges constitutionnels eux-mêmes : voir le *Rapport général du XIV*e *Congrès de la Conférence des Cours constitutionnelles européennes*, précité, p. 22 et s.

Constitution par des annulations, mais par des interprétations conformes à la norme constitutionnelle.

L'Italie s'inscrit dans cette seconde catégorie. Menant jusqu'au bout les potentialités des réserves d'interprétation, la Cour constitutionnelle a développé la technique des « décisions additives ». Par cette technique, la Cour déclare inconstitutionnelle une disposition « dans la partie où elle ne prévoit pas » un contenu normatif qui aurait dû être inclus en vertu de la Constitution et « ajoute » en voie d'interprétation l'élément normatif manquant pour satisfaire aux exigences constitutionnelles[41]. Par exemple, dans la décision n° 190 de 1970, la Cour a déclaré inconstitutionnelle la disposition qui prévoyait la présence du procureur de la République lors de l'interrogatoire de l'accusé. Or, la raison de l'inconstitutionnalité ne consistait pas en ce que la disposition prévoyait — la présence du procureur — mais en ce qu'elle ne prévoyait pas — la présence du défenseur — pour assurer la garantie de son droit constitutionnel à la défense. Ainsi, la Cour a ajouté cet élément par une réserve d'interprétation additive.

Toutefois, un problème non négligeable se pose par rapport aux « droits coûteux[42] », lorsque l'omission constatée consiste en l'exclusion d'une catégorie du champ d'application de la norme. Le remède se traduirait donc par une décision « additive de prestation » qui élargirait le nombre des bénéficiaires (et donc des coûts pour le budget de l'État). En fait, si le juge constitutionnel ne devait pas tenir compte des limites budgétaires, l'objectif de garantie des droits fondamentaux devrait toujours suggérer une péréquation « vers le haut », qui conduirait à étendre le nombre de bénéficiaires d'un droit-service[43]. Cependant, confrontée au problème des contraintes budgétaires pesant sur le législateur, la Cour a dû se résoudre à reconnaître

> qu'il existe la limite des ressources disponibles et qu'[...] il appartient au Gouvernement et au Parlement d'introduire des modifications aux législations sur les dépenses [...] et qu'il revient au législateur, dans l'exercice équilibré de son pouvoir

---

[41] Sur ce type de décisions, voir notamment, en français : Th. Di Manno, *Le juge constitutionnel et la technique des "décisions interprétatives" en France et en Italie*, Paris–Aix-en-Provence, Economica-PUAM, 1997 ; F. Gallo, « Le modèle italien de justice constitutionnelle italienne », *op. cit.* ; A. Pizzorusso, « Présentation de la Cour constitutionnelle italienne », *Cahiers du Conseil constitutionnel*, n° 6, 1998.

[42] En particulier, les décisions n° 495/1993 et n° 240/1994 en matière de retraites ont entraîné pour l'État une dépense de milliers de milliards d'euros, suscitant une profonde réflexion sur la question des décisions d'inconstitutionnalité « coûteuses » : voir T. Groppi , « La quantificazione de glioneri finanziari derivanti dalle decisioni della Corte costituzionale: profili organizzativi e conseguenze sul processo costituzionale », *in* P. Costanzo (dir.), *Organizzazione e funzionamentodella Corte costituzionale*, Giappichelli, 1996, p. 269 et s. Voir encore récemment M. Picchi, « La mancanza di strumenti efficaci di raccordo fra Corte costituzionale e Parlamento. Recenti sviluppi nella giurisprudenza costituzionale sui diritti sociali che "costano" », *Federalismi.it*, n° 15, 2020, p. 15.

[43] Néanmoins, la Cour a pu parfois procéder à des péréquations vers le bas, lorsque « un privilège injustifié » a été supprimé : voir Cour constitutionnelle, décision n° 421/1995.

discrétionnaire et tenant compte des exigences fondamentales de politique économique, de concilier tous les facteurs juridiquement importants[44].

S'agissant particulièrement des droits sociaux, elle considère ainsi qu'il s'agit de dispositions constitutionnelles qui imposent des objectifs de résultats, mais qu'il revient au législateur d'en déterminer les modalités et les moyens. Il s'agit ainsi de droits « conditionnés », soumis à la condition de mise en œuvre de la part du législateur, compte tenu des limites objectives posées par les ressources financières[45].

Dans tous les cas, lorsque la Cour procède à une décision additive pour remédier à une omission, elle prend soin de justifier son intervention, et de légitimer par là son action créatrice. Ces décisions sont ainsi caractérisées par des motivations riches visant à montrer : que la confrontation entre la norme tirée de la disposition et la Constitution révèle une inconstitutionnalité ; que l'inconstitutionnalité peut être palliée en voie jurisprudentielle, par une interprétation conforme à la Constitution allant jusqu'à l'ajout de l'élément manquant pour satisfaire aux exigences constitutionnelles ; que cet ajout n'est pas le fruit d'un choix discrétionnaire du juge constitutionnel, mais la seule solution possible, voire imposée par les principes constitutionnels et par une interprétation systémique de la Constitution[46]. Cette limite à l'action créatrice de la Cour constitutionnelle est définie comme la théorie des décisions « à bouts-rimés », à « rimes obligées » (« *a rime obbligate* » selon la traditionnelle expression italienne proposée par Crisafulli[47]), selon laquelle le juge constitutionnel peut remédier à l'omission du législateur par voie jurisprudentielle uniquement lorsque la Constitution laisse place à une seule solution additive possible permettant de satisfaire aux exigences constitutionnelles et que tout choix politique, qui relèverait de la compétence du législateur, est donc exclu[48].

---

[44] Cour constitutionnelle, décision n° 99/1995.

[45] Cour constitutionnelle n° 455/1990.

[46] « Une décision additive n'est permise [...] que lorsque la solution adéquate ne doit pas être le résultat d'une appréciation discrétionnaire mais découle nécessairement du contrôle de constitutionnalité de la norme, de sorte que la Cour procède effectivement à une interprétation extensive logiquement nécessaire ». En revanche, « lorsqu'une pluralité de solutions est possible [...], l'intervention de la Cour n'est pas admissible, puisque le choix [parmi les différentes solutions possibles] n'appartient qu'au législateur » : Cour constitutionnelle, décision n° 109/1986.

[47] V. Crisafulli, *Lineamenti di diritto costituzionale*, vol. II, parte 2, Padoue, CEDAM, 1984, p. 408.

[48] S'il n'est pas possible d'identifier une solution unique suggérée par une lecture systémique des normes constitutionnelles, la Cour se limite alors à des techniques de constatation de l'inconstitutionnalité moins effectives sur le plan de la sanction, qui sont les décisions « additives de principe » et les décisions « monitorie ». Par les premières, à partir de 1988 (décision n° 215/87) mais avec une augmentation importante à partir de 1996, la Cour énonce non pas des règles détaillées pour combler la lacune, mais un principe, toujours déduit du système constitutionnel, que les juges ordinaires, l'administration publique ainsi que le législateur devront mettre en œuvre : F. GALLO, « Le modèle italien de justice constitutionnelle italienne », *op. cit.*

Cette démarche est possible face à une action du législateur, bien qu'incomplète, que le juge constitutionnel peut « corriger ». Mais que se passe-t-il face à une omission absolue, qui présuppose le contrôle de — et le remède à — l'absence de toute action de la part du législateur[49] ?

II. Les hésitations juridictionnelles face à l'omission absolue, ou de l'ancienne question de l'équilibre entre garantie de la constitution et principe démocratique

Le contrôle de l'omission absolue pose d'abord le problème de l'accès au prétoire, pour demander au juge constitutionnel de se prononcer sur l'absence d'une norme, et ensuite le problème de la sanction, qui devrait aboutir à la création de la norme manquante. Or, en l'absence de procédure *ad hoc*, c'est la créativité des différents acteurs du contentieux constitutionnel qui a permis, avec des résultats variables, de remédier au problème de l'accès. C'est ensuite la Cour constitutionnelle qui, par sa créativité, s'est efforcée de trouver des remèdes aux omissions absolues. Sans vouloir s'octroyer un véritable pouvoir de sanction, elle a d'abord expérimenté un « remède dialogique », qui s'est traduit par une forme de *weak judicial review* (A). Insatisfaite de cette approche et des suites données par le législateur à ses appels « dialogiques », la Cour a récemment essayé de nouveaux remèdes. On a assisté alors au retour d'une *strong form of judicial review* qui a l'inconvénient de l'exposer à des critiques de *judicial activism* et d'empiètement sur le rôle du législateur (B).

A. Les décisions « monitorie » : un remède dialogique à l'effet limité

Dans un système fondé sur le contrôle d'une disposition existante, il est difficile que les omissions absolues accèdent au prétoire constitutionnel. Elles y parviennent à l'occasion du contrôle d'une disposition, souvent prise comme « prétexte », qui exprime implicitement l'interdiction ou l'exclusion de la norme absente de l'ordre juridique, faisant ainsi obstacle à la mise en œuvre d'un principe constitutionnel. Par exemple, pour contester la non-introduction d'une législation à garantie du droit à la vie familiale des couples de personnes du même sexe, des questions d'inconstitutionnalité ont porté sur les

---

Quant aux dernières, s'agissant de décisions largement utilisées aussi pour sanctionner les omissions absolues, elles feront l'objet du paragraphe suivant.

[49] Même s'il faut reconnaître que, aussi claire qu'elle soit en théorie, la frontière entre les deux est floue en pratique, d'autant que, lorsque l'absence d'une *norme* nécessaire pour la mise en œuvre d'une exigence constitutionnelle découle d'une *disposition* quine la prévoit pas explicitement, il peut être parfois difficile d'établir si cette disposition constitue une omission relative (parce que le législateur a voulu donner application à la norme constitutionnelle en question, mais l'a fait de manière incomplète) ou bien une omission absolue (parce que le législateur n'a pas visé, par la disposition en question, à mettre en œuvre telle exigence constitutionnelle) : voir C. Mortati, « Appunti per uno studio sui rimedigiurisdizionalicontrocomportamentiomissivideliegislatore », *op. cit.*, p. 153.

dispositions en matière de mariage qui, selon le droit vivant, étaient interprétées de manière à interdire le mariage entre personnes de même sexe[50].

Dans ce genre de situations, la Cour constitutionnelle a pu constater l'inconstitutionnalité des dispositions en vigueur « dans la partie où elles ne prévoyaient pas » le contenu constitutionnellement nécessaire que le législateur aurait dû inclure. Néanmoins, face à une omission absolue, il est plus rare que les conditions des « bouts-rimés » soient réunies pour que la Cour puisse combler la lacune par voie interprétative grâce à une décision additive, alors qu'il n'y a même pas un principe d'action de la part du législateur et que plusieurs solutions sont possibles pour satisfaire aux exigences constitutionnelles. Par ailleurs, la Cour constitutionnelle n'a pas le pouvoir de différer dans le temps les effets de sa décision pour déclarer l'inconstitutionnalité d'une disposition tout en laissant un délai au Parlement pour la remplacer avant que sa disparition prenne effet, afin d'éviter un vide juridique. Ainsi, pour ne pas empiéter sur le pouvoir discrétionnaire du législateur, la Cour constitutionnelle s'est longtemps bornée à constater dans la motivation de sa décision qu'il y avait un « problème », voire carrément une inconstitutionnalité. Elle ne déclarait pas la disposition inconstitutionnelle pour autant, se limitant à adresser un reproche, une « mise en garde » (« *monito* » en italien) au législateur, en l'invitant à intervenir au plus vite pour ôter l'inconstitutionnalité constatée[51]. Face à cette typologie de décision dite « *monitoria* », le législateur est ainsi censé être averti que, s'il ne modifie pas les dispositions en question pour les rendre conformes aux exigences constitutionnelles, il s'expose au risque de les voir déclarées inconstitutionnelles et annulées par la Cour dans l'hypothèse où une question portant sur les mêmes dispositions parviendrait au prétoire constitutionnel. Dépendant des aléas de l'accès au juge constitutionnel par voie incidente, ces décisions « *monitorie* » avaient néanmoins une efficacité très faible, voire nulle contre l'inaction du législateur, puisque les dispositions inconstitutionnelles pouvaient rester en vigueur pour un temps indéterminé si aucune autre question de constitutionnalité n'était soulevée et renvoyée à la Cour. Il suffit de regarder l'exemple du reproche adressé au législateur dans l'affaire précitée en matière de reconnaissance des unions entre personnes de même sexe : alors que la Cour avait constaté une violation du droit à la vie privée et familiale des couples de personnes de même sexe par une décision

---

[50] Voir Cour constitutionnelle, décision n° 138/2010.

[51] Même en Allemagne, dans les années 1970, le *Bundesverfassungsgericht* avait développé une technique décisionnelle par laquelle il adressait des « appels au législateur » (selon la formule utilisée pour la première fois par le juge Wiltraut Rupp : voir G. Longo, *Sull'omissione-legislativa come ipotesi di controllosul politico. Profili teorico-giuridici e comparati*, Lecce-Cavallino, 2006, p. 29.

de 2010[52], il a fallu attendre 2016 pour que le législateur adopte une loi sur les unions civiles entre personnes de même sexe[53].

On peut déplorer le fait que cette technique laisse finalement dans les mains du législateur la garantie des exigences constitutionnelles, donnant ainsi lieu à une *weakform of judicial review* [54]qui se traduit souvent par un échec, en raison de l'absence de délai strict pour l'adoption d'une législation conforme. Conscients de cette faiblesse[55], les juges constitutionnels ont ainsi commencé à développer des techniques plus efficaces pour sanctionner l'omission législative. D'une part, ils ont fait un usage plus désinhibé des réserves d'interprétation additives et, d'autre part, ils se sont servis de leurs pouvoirs de gestion du procès pour parvenir aux mêmes effets qu'une déclaration d'inconstitutionnalité à effets différés pour imposer au législateur un délai pour intervenir.

B. La déclaration d'inconstitutionnalité à double détente : un remède efficace source de conflit

Pour remédier aux omissions du législateur même en l'absence de « bouts-rimés », la Cour a récemment eu recours à une nouvelle technique, celle de l'« inconstitutionnalité annoncée[56] » donnant lieu à une déclaration d'inconstitutionnalité « en deux temps[57] ». Elle consiste à prononcer, dans un premier temps, une ordonnance qui reconnaît l'inconstitutionnalité d'une disposition, sans pour autant l'annuler, renvoyant à une date ultérieure la décision définitive ; elle implique, dans un second temps, une déclaration d'inconstitutionnalité assortie d'une réserve d'interprétation additive si le législateur, dans le délai imparti, n'a pas adopté les mesures nécessaires.

---

[52] Cour constitutionnelle italienne, décision n° 138/2010.

[53] Loi du 20 mai 2016 n° 76.

[54] Voir M. Tushnet, *Weak Courts, Strong Rights*, Princeton, Princeton University Press, 2008, où l'auteur souligne les avantages d'un système de *weak judicial review*, pourvu que le législateur remplisse sa tache…

[55] L'on peut citer, dans ce sens, les propos par lesquels l'alors Président Franco Gallo rappelle que le législateur n'a pas encore donné suite aux « invitations » faites par la Cour dans des décisions « *monitorie* » afin qu'il adopte respectivement une législation en matière d'unions entre personnes de même sexe et d'attribution du nom maternel à l'enfant (Discours annuel du Président, en ligne : http://www.cortecostituzionale.it/documenti/relazioni_annuali/Relazione Gallo_20130412.pdf) et, plus récemment, le discours du Président Giorgio Lattanzi faisant référence à l'invitation à légiférer en matière de fin de vie (http://www.cortecostituzionale.it/documenti/relazioni_annuali/lattanzi2019).

[56] L'expression est utilisée par les juges constitutionnels : voir la relation annuelle sur la jurisprudence de 2021 ainsi que la relation du président Coraggio sur l'activité de la Cour en 2020, p. 13.

[57] Ainsi R. Romboli, « Il nuovo tipo di decisione in due tempi ed il superamento delle "rime obbligate": la Corte costituzionale non terza, ma unica camera dei diritti fondamentali », *Il Foro italiano*, n° 9, 2020, p. 2566.

Cette technique a été utilisée pour la première fois dans la célèbre affaire *Cappato* en matière de fin de vie[58]. Dans une première décision, en octobre 2018, la Cour avait constaté la violation d'exigences constitutionnelles en raison de l'absence d'une législation sur l'assistance médicale au suicide, mais elle avait repoussé de onze mois la décision définitive sur la question de constitutionnalité des normes en matière d'aide au suicide, tout en indiquant au législateur des pistes pour pallier l'inconstitutionnalité. Ce faisant, elle laissait au Parlement un délai afin qu'il adopte une loi en matière de fin de vie. L'ordonnance d'octobre 2018, qui avait fait couler beaucoup d'encre en raison de son caractère processuel inédit[59], ouvrait ainsi la voie à un éventail de possibilités, selon que le Parlement accueille ou non l'invitation de la Cour. Le délai s'étant écoulé sans que le législateur ait adopté une loi en la matière, la Cour avait finalement prononcé une déclaration d'inconstitutionnalité assortie d'une réserve d'interprétation additive, indiquant les normes pour combler la lacune laissée par l'inaction du législateur[60]. La même technique a ensuite été utilisée à deux reprises[61]. Dans les deux premiers cas, aucune loi n'a été adoptée par le Parlement pendant le délai imparti. S'agissant du contrôle des normes en matière de réclusion à perpétuité sans possibilité d'aménagement de la peine, en revanche, à la suite de la première décision d'inconstitutionnalité constatée, un projet de loi avait été adopté par la chambre basse pendant le délai fixé, mais sans que la loi parvienne à être définitivement adoptée avant l'expiration du délai. C'est la raison pour laquelle, une fois le délai écoulé, la Cour a prononcé un deuxième renvoi de six mois[62]. Pendant ce deuxième délai, le

---

[58] Voir Cour constitutionnelle, décisions n° 207/2018 et 242/2019, commentées par E. Bottini, « Chronique de droit constitutionnel comparé », *Titre VII*, vol. 4, 2020 ; J. Jeanneney, « Libres de mourir ? La Cour constitutionnelle italienne, cavalier seul », *RFDA*, vol. 38, n° 6, 2023, p. 1151 ; A. M. Lecis Cocco Ortu, « L'équilibrisme de la Cour constitutionnelle italienne en matière d'euthanasie, entre activisme et respect du rôle du législateur », *La Revue des droits de l'homme [En ligne], Actualités Droits-Libertés*, 2020, n° 1.

[59] Pour une sélection des très nombreux commentaires publiés en Italie, voir http://www.giurcost.org/decisioni/2018/0207o-18.html. Parmi les commentaires en français, voir A.-M. Lecis Cocco Ortu, « "*Questalegge s'ha da fare*" : la Cour constitutionnelle italienne, l'euthanasie et une nouvelle forme de déclaration d'inconstitutionnalité à effet différé », *Constitutions*, n° 2, 2019, p. 51 ; G. Serges, « La décision de la Cour constitutionnelle italienne n° 207 de 2018 (« *Ordinanza Cappato* ») : une nouvelle typologie de décision ou un « *non liquet* » avec date d'expiration ? », *RFDC*, n° 120, 2019, p. 67 de la version électronique ; J. Vachey, Commentaire au sein de la Chronique Italie, *AIJC*, n° 35, 2019, 2020, p. 985.

[60] Cour constitutionnelle, décision n° 242/2019.

[61] Dans les questions de constitutionnalité portant sur les dispositions en matière de délit de diffamation dans la presse (décision n° 132/2020 suivie par décision n° 150/2021) et de réclusion à perpétuité incompressible (décision n° 97/2021 suivie par une nouvelle décision de renvoi, n° 122/2022, ainsi que par la décision n° 227/2022).

[62] Cour constitutionnelle, décision n° 122/2022.Voir C. Severino, « Ombres et lumières de l'ordonnance n° 97 de 2021 : l'inconstitutionnalité constatée mais pas déclarée du régime actuel de la peine de réclusion à perpétuité incompressible (*ergastolo o stativo*) pour les personnes liées aux associations de type mafieux », *AIJC*, n° 37, 2021, 2022, p. 738.

gouvernement a adopté un décret-loi, ensuite ratifié par le Parlement, qui redéfinissait la matière, sans néanmoins enlever définitivement tout doute d'inconstitutionnalité[63]. La Cour, à l'expiration du second délai, a dès lors retransmis les actes à la Cour de cassation afin que celle-ci évalue les conditions de renvoi de la question de constitutionnalité à la lumière de la nouvelle législation[64].

Récemment, une technique similaire de déclaration d'inconstitutionnalité à double détente a été utilisée dans le cadre de l'affaire sur l'attribution du nom maternel. Après plusieurs « appels au législateur » laissés sans réponse, la Cour a fini par pallier l'omission législative par l'ajout d'une nouvelle règle prévoyant l'ajout du nom maternel par défaut. La déclaration d'inconstitutionnalité, dans ce cas, n'a pas été précédée par une « ordonnance d'inconstitutionnalité annoncée » fixant la date de la décision définitive, mais par une ordonnance d'autosaisine dans laquelle la Cour soulevait elle-même un doute sur l'inconstitutionnalité des dispositions concernées et se repassait la balle pour décider sur le fond un an plus tard. Passé ce délai sans que le législateur n'intervienne, la Cour avait alors prononcé une décision d'inconstitutionnalité avec une réserve d'interprétation additive conçue comme temporaire, dans l'attente de l'intervention législative[65].

Par ces techniques de déclaration d'inconstitutionnalité en deux temps, laissant un délai au législateur entre l'inconstitutionnalité annoncée et la décision définitive, la Cour essaie de combiner l'exigence de garantie de droits laissés sans mise en œuvre législative avec le respect du rôle du législateur, dans une logique de « loyale collaboration[66] ». En fait, si le législateur agit dans le délai, ce mécanisme reste dialogique et collaboratif. Mais c'est en cas de non-respect du délai que le dialogue se transforme potentiellement en conflit, car à ce moment la Cour s'estime légitimée à franchir un pas dans son œuvre créatrice qu'elle ne s'était pas permis de franchir dans un premier temps. Les études sur l'omission législative mettent d'ailleurs en lumière l'importance de l'existence d'un délai imparti au législateur (par la Constitution ou par le juge constitutionnel) dans l'évaluation du périmètre de son pouvoir discrétionnaire face à la sanction de l'omission[67].

---

[63] Voir M. Merlino, « Esiste ancora l'ergastolo ostativo? », *Questione Giustizia*, 26 janvier 2023.

[64] Cour constitutionnelle, décision n° 227, 2022. Dans ce cas, on est ainsi face à une décision en trois temps…

[65] Cour constitutionnelle, décision n° 131/2022. Voir A. M. Lecis Cocco Ortu, « "Qu'y a-t-il en un nom ?" La longue histoire de la transmission du nom maternel dans la jurisprudence de la Cour constitutionnelle italienne », *Revue des droits et libertés fondamentaux*, 2023, chron. n° 18.

[66] La Cour emploie cette formule pour justifier cette technique à partir de l'affaire *Cappato*, voir, décision n° 207/2018.

[67] Voir F. Fernandez Segado, « El control de constitucionalidad de las omisiones legislativas », *op. cit.*, p. 1653.

Théoriquement, cette technique peut garantir une bonne conciliation entre l'exigence de garantir les droits et libertés constitutionnels contre l'inaction du législateur et celle du respect du pouvoir discrétionnaire du législateur. Dans la pratique, il faut néanmoins reconnaître que ce mécanisme s'adapte mal à un système comme le parlementarisme italien, tant il est paralysé par la fragmentation politique et les défaillances institutionnelles. En effet, la Cour, dans sa première décision sur l'affaire *Cappato*, s'était inspirée d'exemples étrangers dans lesquels la constatation de l'inconstitutionnalité des dispositions pénalisant tout aide au suicide avait effectivement donné lieu à une intervention de la part du législateur pour introduire une législation conforme aux exigences constitutionnelles[68]. Dans l'expérience italienne, en revanche, aucune des décisions d'inconstitutionnalité annoncée n'a été suivie par l'action du législateur pour remédier à l'omission dans le délai imparti[69]. Ainsi, ce qui aurait pu être un cercle vertueux de collaboration entre institutions dans la garantie de la Constitution, s'est transformé en une dynamique de violation-sanction, avec une institution arrivant à empiéter sur les compétences de l'autre pour pallier sa défaillance[70].

Il est encore trop tôt pour savoir si cette technique s'inscrira dans la durée, au sein de la justice constitutionnelle italienne, mais il est possible d'en tirer un premier bilan. Et, peu importe que l'on soit partisan d'un activisme judiciaire en défense des droits et libertés ou d'un *political constitutionalism*, il faut reconnaître que ce bilan est en demi-teinte. Si on peut se réjouir du fait que le système de justice constitutionnelle permette de garantir les droits et libertés et d'assurer donc l'effectivité de la primauté de la Constitution même en cas d'inaction du législateur, la sanction de l'omission par l'action créatrice du juge constitutionnel constitue une anomalie, dans laquelle une institution constitutionnelle va élargir son champ d'action pour remédier à l'inaction d'une autre lorsque la logique de collaboration vertueuse entre Cour et Parlement laisse la place à celle de la sanction. Face aux temps durs que traverse le constitutionnalisme, avec les institutions de garantie de nos démocraties menacées sans cesse par des attaques menées à l'encontre des piliers de l'État de droit, il y aurait plus besoin de collaborations vertueuses que de conflits institutionnels… Néanmoins, il faut aussi que « justice

[68] La Cour avait cité les décisions respectivement de la Cour Supreme canadienne *Carter c. Canada* du 6 février 2015, et de la Cour suprême du Royaume Uni, *Nicklinson et autres* du 25 juin 2014.

[69] S'agissant du contentieux en matière de condamnation à perpétuité sans possibilité d'aménagement de la peine, nous rappelons que le législateur est intervenu, mais à l'issue d'une décision prorogeant le délai, réagissant à l'appel du juge constitutionnel plus comme à un problème à résoudre que comme à une invitation à la collaboration loyale dans la mise en œuvre des préceptes constitutionnels : ainsi A. Pugiotto, « Ergastolo, il nuovo rinvio è un infarto della Costituzione », *Il Riformista*, 10 juin 2022.

[70] Ces jurisprudences ont soulevé des vives critiques : voir au moins celle du professeur et juge de la Cour constitutionnelle N. Zanon, « I rapporti tra la Corte costituzionale e il legislatore alla luce di alcune recenti tendenze giurisprudenziali », *Federalismi.it*, n° 3, 2021.

constitutionnelle soit rendue » et que l'effectivité des normes constitutionnelles ne soit pas laissée au bon vouloir du pouvoir politique[71]. C'est là le nœud inextricable que la question de l'omission législative représente pour la justice constitutionnelle.

[71] G. Silvestri, « Del rendere giustizia costituzionale », *Questione Giustizia*, n° 4, 2020.

LES ECHECS NORMATIFS EN MATIERE DE PROTECTION DES DROITS FONDAMENTAUX SUR LES RESEAUX SOCIAUX : MYTHE OU REALITE

Ndraman Wilfried ADOU

Internet devient un cadre/espace où les droits et libertés sont omniprésents et souvent mis à l'épreuve, notamment par le biais des réseaux sociaux. Pourtant, lors des débats ayant précédé l'adoption du pacte international relatif aux droits civils et politiques[1] (ci-après PIDCP), l'idée d'une régulation des droits de l'homme sur les réseaux numériques a été un temps envisagée dans le cadre de la liberté d'expression[2]. Toutefois, cette idée a finalement été abandonnée dans le texte final adopté en 1966[3], car Internet était dans une phase embryonnaire[4]. Depuis lors, les règles relatives aux droits et libertés individuelles ne sont régies que par les lois internes des États[5].

Toutefois, cette question est devenue l'objet d'une préoccupation au sein des organes de protection des droits de l'homme des Nations unies[6]. En ce sens, les travaux entrepris par le Conseil des droits de l'homme en matière de protection des droits de l'homme par les entreprises sans distinction aucune selon leurs activités ont été étendus aux réseaux[7]. Il sera donc question de savoir si les mesures adoptées dans ce cadre répondent aux défis du moment, ou si elles doivent être considérées comme un échec normatif.

---

[1] A/4625, § 38 ; A/5000, § 24.

[2] *Ibid.*

[3] *Ibid.*

[4] P. E. Ceruzzi, « Aux origines américaines de l'Internet : projets militaires, intérêts commerciaux, désirs de communauté », *Le Temps des médias*, n° 18, 2012, p. 15-28, DOI : 10.3917/tdm.018.0015, https://www.cairn.info/revue-le-temps-des-medias-2012-1-page-15.htm [consulté le 15 juillet 2024].

[5] A/HRC/38/35, Conseil des droits de l'homme, Trente-huitième session, 18 juin-6 juillet 2018 ; Rapport du Rapporteur spécial sur la promotion et la protection du droit à la liberté d'opinion et d'expression.

[6] S. Grosbon, « Respect des pactes internationaux par les entreprises », *in* S. Grosbon (dir.), *Résistance et résilience des pactes internationaux de droits de l'Homme à l'épreuve d'une société internationale post-moderne*, Paris, Pedone, 2018, pp. 115-131.

[7] Voy. en ce sens pour une liste exhaustive des travaux onusiens concernant les entreprises numériques, https://www.ohchr.org/fr/business/b-tech-project.

Dans le cadre des réflexions qui nous rassemblent, un échec normatif s'apprécie au regard de critères tels que l'adéquation entre un objectif visé, l'action entreprise à cet effet, l'achèvement ou non d'une telle action — d'un comportement ou d'une activité par le droit et l'aptitude de celle-ci à permettre d'atteindre cet objectif[8]. Un échec normatif peut également s'apprécier uniquement du point de vue de l'efficacité des mesures adoptées par rapport aux finalités envisagées[9]. Dans ce dernier cas, la question à se poser est celle de savoir si le cadre normatif est suffisant pour atteindre le but assigné. Le résultat d'un projet mené jusqu'à sa fin est-il lui-même opérant ? Dans le cadre notre analyse, ces deux facettes de l'échec normatif seront mobilisées. Les différents projets ou solutions actuellement adoptées en droit international des droits de l'homme concernant la protection des droits de l'homme sur les réseaux sociaux proviennent majoritairement du système onusien, par le biais du Conseil des droits de l'homme[10]. Il s'agit en effet du seul cadre en matière de droits de l'homme dans lequel on a assisté à l'élaboration de mesures concernant cette question, et qui sont mobilisées dans les systèmes régionaux[11]. En tout état de cause, par droits de l'homme, nous entendons l'ensemble des systèmes onusiens et régionaux de protection des droits de l'homme, normatifs et procéduraux.

Dans le cadre onusien, un guide de principes relatifs au respect des droits de l'homme par les entreprises a été adopté en 2011[12]. En complément, un groupe spécial a été mis en place pour poursuivre les travaux en vue d'aboutir à l'adoption d'un instrument contraignant en la matière depuis 2014[13]. Notons également que ces projets ou solutions font écho à plusieurs appels à l'élaboration d'un instrument contraignant dans le domaine des réseaux sociaux[14]. Sur le plan régional européen, le Parlement européen a adopté, le 4 octobre 2018, une résolution relative à la contribution de l'Union européenne à l'élaboration d'un instrument contraignant des Nations unies pour réglementer les activités des sociétés transnationales et autres entreprises à caractéristiques transnationales au regard des droits de l'homme. Cette

---

[8] Voy. S. Schmitt, « Introduction », *supra*, p. 11.

[9] *Ibid.*

[10] Voy en ce sens, https://www.ohchr.org/fr/business [consulté le 14-02-2023].

[11] Recommandation CM/Rec(2016)3 du Comité des Ministres aux États membres (2016), relative aux Droits de l'homme et entreprises ; COM (2022) 71 final, 2022/0051 (COD), directive of the european parliament and of the council on corporate sustainbility due diligence and amending directive (EU) 2019/1937, Bruxelles, 23.02.2022.

[12] Résolution du Conseil des droits de l'homme 17/4 du 16 juin 2011, adopté à l'unanimité par les États.

[13] Groupe de travail sur les entreprises et les droits de l'homme) a été créé par le Conseil des droits de l'homme des Nations Unies en juin 2011 par la résolution 17/4.

[14] Résolution du Parlement européen du 4 octobre 2018 sur la contribution de l'Union européenne à l'élaboration d'un instrument contraignant des Nations unies pour réglementer les activités des sociétés transnationales et autres entreprises à caractéristiques transnationales au regard des droits de l'homme (2018/2763(RSP).

résolution confirme l'idée de la nécessité de l'adoption d'un instrument contraignant. Cela pousse à croire qu'un tel instrument constitue l'ultime solution et que les principes élaborés sont insuffisants. Cette idée persiste, alors même que des mécanismes de modération ont été mis en place par les réseaux sociaux eux-mêmes en application de ces principes[15]. Ces mécanismes de modération semblent créer un cadre à part entière et juxtaposé au droit international des droits de l'homme[16]. Cette résolution confirme l'idée de la nécessité de l'adoption d'un instrument contraignant. Cela pousse à croire qu'un tel instrument constitue l'ultime solution en matière de protection des droits de l'homme sur les réseaux sociaux, et que les principes élaborés sont insuffisants. Ils paraissent relever de la discrétion totale des réseaux sociaux qui les mettent en place[17]. Cette idée persiste, alors même que des mécanismes de modération ont été mis en place par les réseaux sociaux eux-mêmes en application de ces principes[18]. Cette précision ayant été faite notre analyse se limitera aux principaux réseaux sociaux d'ampleur mondiale : Facebook, X (anciennement Twitter), Instagram, WhatsApp, Snapchat (les réseaux américains) et Tik Tok (de nationalité chinoise) par souci de concision et de clarté, d'autant plus que ces réseaux sont jusqu'à présent quasiment intouchables.

Les mécanismes de modération semblent créer un cadre à part entière et/ou juxtaposé au droit international des droits de l'homme. Ils paraissent relever de la discrétion totale des réseaux sociaux qui les mettent en place[19]. Aussi, tout ceci soulève la question des questions relatives à l'extraterritorialité[20]. En effet, les utilisateurs des réseaux sociaux se trouvent hors du territoire de nationalité des réseaux sociaux. Bien que Meta se soit installé sur le territoire européen, il reste que les actions de Meta touchent d'autres continents. Par ailleurs, la question de la responsabilité des utilisateurs se pose également. Bien qu'un acte d'une personne privée ne constitue pas une violation directe des droits de l'homme, celui-ci peut être qualifié de violation indirecte aux titres des obligations horizontales qui pèsent sur l'État : celles qui lui imposent de s'assurer du respect des droits de l'homme dans les rapports entre

[15] L. Brunet « Diffamations et injures sur Internet : les réseaux sociaux, zones de non-droit ? », *AJCT* 2019, 78 ; V. Ndior, Réguler les plateformes numériques : l'Europe passe aux « acts », https://www.youtube.com/watch?v=cJLZrihVWjc.

[16] Résolution du Parlement européen (2018/2763(RSP) du 4 octobre 2018 sur la contribution de l'Union européenne à l'élaboration d'un instrument contraignant des Nations unies pour réglementer les activités des sociétés transnationales et autres entreprises à caractéristiques transnationales au regard des droits de l'homme.

[17] L. Brunet, « Diffamations et injures sur Internet : les réseaux sociaux, zones de non-droit ? », *op. cit.* ; B. Taxil et S. Grosbon, « Droits et libertés à l'ère du numérique », *in* S. Grobon, *op. cit.*, p. 175-186.

[18] L. Brunet, *op. cit.* ; V. Ndior, *op. cit.*

[19] L. Brunet, *op. cit.* ; B. Taxil et S. Grosbon, « Droits et libertés à l'ère du numérique », *in* S. Grosbon, *op. cit.*, p. 175-186.

[20] B. Taxil et S. Grosbon, *op. cit.*

personnes privées[21]. De plus, une telle violation peut découler également de l'action d'un réseau social (personne privée/acteur du droit international) consistant soit en une sanction (suppression de compte ou de commentaire), soit en son inaction face à un signalement. Tout ceci pose la question de savoir quel État entre celui de la nationalité du réseau et de celui de localisation des personnes impliquées doit garantir les droits de l'homme sur Internet. Face à toutes les difficultés évoquées, notre contribution vise donc à se demander si les principes adoptés constituent des solutions concrètes et opérantes concernant la protection des droits de l'homme sur les réseaux sociaux. Ou bien leur adoption participe-t-elle à entretenir le mythe de l'irresponsabilité des entreprises transnationales pour violation du droit international des droits de l'homme ?

De prime abord, l'analyse de ces solutions laisse entrevoir un échec normatif (I). Cependant, cela constituerait un échec, s'il existait un vide juridique qu'il aurait fallu combler. Dans la mesure où tel n'est pas le cas, il convient de considérer que les solutions constituent des outils viables pour appréhender la question de la protection des droits de l'homme sur les réseaux sociaux. (II).

I. Un échec en théorie : des solutions constitutives d'un *statu quo* concernant la protection des droits de l'homme sur Internet

Depuis l'adoption du pacte international relatif aux droits civils et politiques, la question de la protection des droits de l'homme sur Internet n'a visé que les États concernant la seule question de la protection de l'anonymat[22]. Or, les utilisateurs, voire parfois des non-utilisateurs, peuvent subir des violations de leurs droits de l'homme sur les réseaux sociaux. Il était dès lors attendu des solutions proposées qu'elles règlent de telles situations opposant les utilisateurs entre eux et nécessitant l'intervention des réseaux sociaux pour y mettre fin. C'est l'absence d'une telle finalité qui constitue un échec. Cet échec découle des limites des solutions adoptées (A). Celles-ci ont d'ailleurs conduit à une sorte de privatisation de la protection des droits de l'homme sur les réseaux sociaux ce qui est de nature à renforcer cet échec (B).

A. Des solutions substantielles très limitées

Ces limites découlent principalement du fait que les solutions adoptées constituent des pétitions de principe (1). En tant que telles, elles participent au maintien d'un *statu quo* concernant la responsabilité des réseaux en matière de protection des droits de l'homme (2).

---

[21] L. Hennebel, H. Tigroudja, *Traité de droit international des droits de l'homme*, Paris, Pedone, 2e éd., 2018, pp. 662-664.

[22] A/4625, § 38 ; A/5000, § 24.

1. L'adoption de mesures incitatives constitutives de pétitions de principe à l'égard des réseaux sociaux

Le seul cadre juridique applicable par principe aux réseaux sociaux est celui qui découle de la résolution du Conseil des droits de l'homme. Cette résolution consacre plusieurs mesures qui visent toutes les entreprises, quelles que soient leurs activités[23]. Cependant, cette résolution prévoit des mesures incitatives et volontaires[24]. En tant telles, les mesures considérées constituent une sorte de « vœu » ou « demande » à l'intention des entreprises qui détiennent la liberté d'en prendre compte ou non[25]. En effet, les termes employés dans la résolution du conseil des droits de l'homme y participent pleinement. Elles n'imposent pas d'obligations réelles à la charge des entreprises numériques et, par extension, aux réseaux sociaux. Ces mesures invitent les entreprises à signifier les pratiques ou différentes mesures qu'elles décident de mettre en place pour garantir les droits de l'homme.

Ni le vocabulaire employé, ni les mesures indiquées n'emportent de véritables contraintes à l'égard de l'entreprise[26]. Bien au contraire, c'est l'entreprise qui décide des méthodes qu'elle met en place et des droits qu'elle souhaite protéger[27]. Ceci peut conduire à une hiérarchisation entre les droits de l'homme. Certains réseaux sociaux, comme X, s'affirment comme étant très protecteurs de la liberté d'expression, sans pour autant prévoir les limites nécessaires pour garantir les autres droits et libertés pouvant entrer en contradiction avec cette liberté, comme le droit à l'image ou même la liberté de religion[28].

Alors qu'il paraît évident pour les États que les individus doivent jouir de leur liberté avec responsabilité[29], sans en abuser en portant atteinte aux droits d'autrui[30], sous peine de restrictions ou sanctions, les mesures visant les entreprises ne sont pas conçues en ce sens[31]. Les entreprises sont simplement encouragées à prévenir dans la mesure du possible ou agir en cas de violation

---

[23] *Ibid.*, principes fondateurs : les obligations de protéger les droits de l'homme incombant à l'État, point 1 et 2.

[24] V. Ndior, « Le Conseil de surveillance de Facebook et la protection des libertés », *in Le droit des libertés en question(s)*, Colloque n° 3 de la RDLF, Montpellier 2021, http://www.revuedlf.com/droit-fondamentaux/dossier/le-conseil-de-surveillance-de-facebook-et-la-protection-des-libertes [consulté le 14 février 2023].

[25] Définition de la notion de pétitions de principes issue du dictionnaire du Centre National de Ressources Textuelles et Lexicales, https://www.cnrtl.fr/definition/petition [consulté le 14 février 2023].

[26] B. Taxil et S. Grosbon, *op. cit.*

[27] V. Ndior, *op. cit.*

[28] L. Hennebel, H. Tigroudja, *op. cit.*, pp. 674- 711.

[29] *Ibid.*

[30] *Ibid.*

[31] L. Brunet, *op. cit.*

des droits de l'homme dans le cadre de leurs activités[32]. Cette simple incitation semble s'inscrire dans le mythe faisant dépendre le respect du droit international par les entreprises de la reconnaissance du statut de sujet de droit international à leur égard[33]. Pourtant, en l'absence d'un tel statut, ou malgré la contestation de celui-ci concernant l'individu, il lui est imposé le respect des droits de l'homme de manière indirecte, par exemple, l'interdiction d'user de sa liberté d'expression pour porter atteinte à la vie privée d'autrui[34], ou l'interdiction du prosélytisme[35]. En ce sens, on peut par exemple citer l'interdiction d'user de sa liberté d'expression pour porter atteinte à la vie privée d'autrui[36], ou l'interdiction du prosélytisme[37]. Par suite, il peut sembler que les différentes solutions adoptées en vue de garantir la protection des droits de l'homme sur Internet ne sont que des pétitions de principe, car elles reposent sur l'initiative volontaire des réseaux sociaux[38].

En revanche, cette critique ne repose en aucun cas sur le caractère non contraignant de l'instrument. En effet, le Conseil des droits de l'homme a lui-même impulsé l'adoption de normes relatives aux droits de l'homme prenant la forme d'obligations concrètes. C'est le cas par exemple des déclarations relatives aux peuples autochtones[39] et aux minorités[40]. Ces déclarations consacrent des droits et prévoient très clairement des obligations et limites relativement à leur garantie à telle enseigne qu'elles sont mobilisées pour garantir les droits des destinataires ou servent de sources de clarification en la matière[41]. Or, dans le cadre des principes relatifs aux entreprises, les termes sont bien trop vagues et purement incitatifs.

Par ailleurs, les différentes mesures nationales concernant Internet ne visent que la protection des intérêts de l'État[42]. Elles imposent des obligations

---

[32] J. Aparac, *Business et droits de l'homme dans les conflits armés*, Bruxelles, Bruylant, 2021, pp. 61-86.

[33] Cour EDH [GC], 16 juin 2015, *Delfi As c. Estonie*, req. n° 64569/09.

[34] L. Hennebel, H. Tigroudja, *op. cit.*, pp. 1114-1126. L. Burgorgue-Larsen, *La convention européenne des droits de l'homme*, Paris, LGDJ-Lextenso, 3e éd., 2019, pp. 127-141.

[35] *Ibid.*

[36] L. Hennebel, H. Tigroudja, *op. cit.*, pp. 1114-1126 ; L. Burgorgue-Larsen, *op. cit.*, pp. 127-141.

[37] *Ibid.*

[38] B. Taxil et S. Grosbon, *op. cit.*

[39] ONU, Assemblée Générale, Déclaration des nations unies sur les droits des peuples autochtones, Res. 61/295, du 13 sept. 2007, A/61/L.67 et Add.1.

[40] ONU, Assemblée Générale, Déclaration des droits des personnes appartenant à des minorités nationales ou ethniques, religieuse et linguistique, Res. 47/135 du 18 décembre 1992.

[41] L. Sermet, « Minorités et peuples autochtones : des droits individuels aux droits collectifs », *op. cit.*, pp. 45-54, S. Allen et A. Xanthaki (éd.), *Reflections on the UN Declaration on the rights of indigenous peoples*, Oxford and Portland, Oregon, Hart publishing, 2011, 607 p. ; B. Saul, *Indigenous Peoples and Human Rights. International and Regional Jurisprudence*, Bloomsbury collection, Hart, 2016, 216 p.

[42] A/HRC/38/35, Conseil des droits de l'homme, Trente-huitième session, 18 juin-6 juillet 2018 ; Rapport du Rapporteur spécial sur la promotion et la protection du droit à la liberté d'opinion et d'expression, *op. cit.* ; J. Seaman, « La Chine et les normes techniques : enjeux

à la charge des réseaux sociaux visent principalement les questions se rapportant à la désinformation relative au gouvernement[43], à la protection de la sécurité nationale, à la sérénité des élections, à la santé publique[44], ou à la protection d'un groupe social déterminé[45]. Bien que ces éléments visent l'individu, cela n'est qu'indirectement. Certes, ces législations peuvent permettre de protéger des aspects individuels de la croyance ou de l'appartenance à une communauté, cependant, cela reste limité et indirect. L'individu doit être également protégé en tant que tel[46], par rapport à des actions qui peuvent lui porter directement et personnellement un préjudice.

In fine, le fait que les mesures envisagées concernant l'entreprise numérique soient laissées à sa seule discrétion sans faire l'objet contrôle de la part de l'État conforte la qualification de pétition de principe concernant les solutions adoptées. Cela laisse à penser qu'il ne s'agit pas de faire respecter les obligations souscrites par l'État, mais de créer une voie de droit parallèle[47]. En effet, l'incitation de l'entreprise numérique au respect des droits de l'homme est envisagée comme étant l'apanage de l'entreprise en tant que voie parallèle[48]. Ainsi, si le non-respect de ces mesures n'a pas été assorti de sanction, l'action n'est pas non plus contrôlée par l'État.

Dès lors, la responsabilité des réseaux ne peut toujours pas être engagée, dans la mesure où ces réseaux n'ont pas de réelles obligations et les contenus susceptibles d'engager leur responsabilité sont limités et ne se rapportent pas aux droits touchant directement la personne. Cela constitue par conséquent un échec normatif et participe d'un *statu quo*.

2. Des solutions participant d'un statu quo sur le plan substantiel

Les différents instruments relatifs à la protection des droits de l'homme sur Internet ne visent pas les réseaux sociaux, mais plus tôt les hébergeurs ou les sites commerciaux ou, tout simplement, les entreprises dont les contenus disponibles sur les sites sont considérés comme les leurs[49]. Cette exclusion découle autant du droit interne et du droit international. Elle repose sur le fait

---

géopolitiques », *Notes de l'Ifri*, Ifri, janvier 2020, https://www.ifri.org/sites/default/files/atoms/files/seaman_chine_normes_techniques_2020.pdf [consulté le 14 février 2023].

[43] F. G'sell, « Les réseaux sociaux entre encadrement et auto-régulation, SciencesPo, chair digital, governance and sovereignty », avril 2021 (provisoire), https://www.sciencespo.fr/public/chaire-numerique/wp-content/uploads/2022/02/F-GSELL-Research-Paper-Les-réseaux-sociaux-entre-encadrement-et-auto-régulation-version-transitoire-avril-2021-1.pdf [consulté le 14 février 2023].

[44] *Ibid.*

[45] *Ibid.*

[46] L. Hennebel, H. Tigroudja, *op. cit*, pp. 75-76.

[47] V. Ndior, « Le Conseil de surveillance de Facebook, "service après-vente" de la liberté d'expression ? », *Recueil Dalloz*, n° 26, 2020, p. 1474.

[48] *Ibid.*

[49] F. G'sell, « Les réseaux sociaux entre encadrement et auto-régulation », Sciences Po, chair digital, governance and sovereignty, avril 2021 (provisoire), *op. cit.*

que les réseaux sociaux ne sont que des interfaces de communication à la disposition des utilisateurs et non pas des éditeurs [50].

En droit interne, cette exclusion est limitée. Ici, nous choisissons de nous concentrer sur le cas des États-Unis, en tant qu'État de nationalité des réseaux étudiés (Twitter, Instagram, Facebook, à titre principal). En effet, en tant qu'espace mis à la disposition des individus (les utilisateurs), les contenus disponibles sur les réseaux sociaux ne peuvent que conduire, dans des cas très limités, à l'engagement de la responsabilité des réseaux[51]. Leur responsabilité ne peut être engagée que dans les cas limités suivants : la violation des législations pénales fédérales des États-Unis et de celles relatives à la propriété intellectuelle, à la communication privée et au trafic sexuel[52]. D'ailleurs, ces cas d'engagement de responsabilité des réseaux sociaux sont le fruit d'une évolution lente et récente, la dernière remonte seulement à 2018[53]. Bien évidemment, cette restriction ne vaut pas pour les cas où les propos ou contenus proviennent directement du réseau social.

Ainsi, il convient de retenir que l'exclusion de la responsabilité repose sur le fait que le contenu (post ou commentaire) ne soit pas attribuable à un réseau social. Dans deux affaires plus récentes, la Cour suprême des États-Unis a jugé que la responsabilité d'un réseau social ne saurait être engagée pour incitation ou assistance dans la commission d'actes constituant une violation des droits de l'homme[54]. De l'avis de la Cour suprême, le simple fait que des auteurs d'actes de terrorisme possèdent un compte sur un réseau social, ou encore que des utilisateurs y diffusent des idées débouchant sur de tels actes, ne suffit pas pour engager la responsabilité de ces réseaux sociaux[55]. Cela est de nature à maintenir « l'immunité juridictionnelle » des réseaux sociaux et à minimiser l'obligation de prévention contre la violation des droits de l'homme, y compris pour des actes aussi graves[56].

Par ailleurs, les règles de l'Union européenne s'inscrivent dans la même logique[57]. En effet, la législation européenne relative à Internet vise les sites de stockages de données, de communications et de commerces[58]. Aussi, quand

---

[50] CJUE, arrêt du 13 mai 2014, *Google Spain SL et Google Inc c. Agencia Española de Protección de Datos (AEPD) et Mario Costeja Gonzalez*, C-131/12 ; Cour EDH, *Delfi As c. Estonie*, *op. cit.*

[51] F. G'sell, *op. cit.*

[52] *Ibid.*

[53] *Ibid.*

[54] *Gonzalez et al. petioners v. Goodle LLC*, appeal, (9th Cir. 2023), *Twitter, Inc. v. Taamneh et al*, appeals (9th Cir. 2023).

[55] *Ibid.* V. Ndior, « États-Unis : la Cour suprême se prononce dans les affaires Taamneh et Gonzalez », https://www.leclubdesjuristes.com/international/etats-unis-la-cour-supreme-se- prononce-dans-les-affaires-taamneh-et-gonzalez-549.

[56] *Ibid.*

[57] *Ibid.*

[58] CJUE arrêt du 13 mai 2014, *Google Spain SL et Google Inc c. Agencia Española de Protección de Datos (AEPD) et Mario Costeja Gonzalez*, C-131/12 ; M. Polidori, « L'arrêt Google

la législation européenne vise des cas relatifs à la protection d'un droit individuel, celle-ci ne vise qu'à protéger le secret de la correspondance[59]. Ce choix conforte l'idée selon laquelle la responsabilité ne peut être engagée que si le site est considéré comme étant l'auteur de l'action contestée. Par exemple, Google est responsable des contenus diffusés sur son site en tant que site de stockage d'informations communiquées et accessibles au public[60].

Les cas sus-évoqués permettent de corroborer l'hypothèse du *statu quo*, malgré quelques exemples isolés de cas dans lesquels la responsabilité des réseaux sociaux pour violation des droits de l'homme a été engagée[61].

Dès lors, il apparaît clairement que les solutions actuelles constituent un échec en théorie en tant qu'elles pérennisent cette solution d'une protection laissée au libre choix des réseaux sociaux. D'ailleurs, cela se conforte par la privatisation de la protection des droits de l'homme par les entreprises (B).

B. Le choix d'une justice privée : l'absence de mécanisme de contrôle des actions des réseaux sociaux

Certes, les mécanismes de modération n'ont pas vocation à se substituer aux mécanismes étatiques. Cependant, l'absence de lien concret de contrôle des décisions et du fonctionnement des premiers par les derniers participe d'une privatisation de la protection des droits de l'homme par les réseaux sociaux. Cela se manifeste par la liberté de mise en place des mécanismes de modération (1) et du fonctionnement de ces mécanismes (2).

1. La liberté des réseaux sociaux concernant l'établissement du cadre de la modération

Selon les principes directeurs des Nations unies concernant le respect des droits de l'homme par les entreprises[62], l'une des solutions en la matière consisterait à prévoir des mécanismes de réclamation émanant des personnes liées à celles-ci. Outre les exigences de transparence et d'équité de la procédure se limitant à la publicité de celle-ci, pour la diffusion d'informations relatives à son existence et l'établissement de mesures de réparation, les entreprises sont libres de choisir la forme et la nature du mécanisme de réclamation[63].

Spain de la CJUE du 13 mai 2014 et le droit à l'oubli », *Civitas Europa*, n° 34, 2015, 243-266, https://doi.org/10.3917/civit.034.0243.

[59] CJUE, renvoi préjudiciel, 10 janvier 2018, *Eva Glawischnig-Piesczekc. Facebook Ireland Limited*, affaire C-18/18.

[60] *Ibid.*

[61] Cette affaire sera abordée plus amplement dans la seconde partie de l'analyse.

[62] J. Gradoz, « Modérer l'activité des modérateurs : À propos de l'ouvrage Derrière les écrans », *in* S. T. Roberts (dir), *Les nettoyeurs du Web à l'ombre des réseaux sociaux*, Paris, La Découverte ; *Revue Française de Socio-Économie*, 2020, n° 27, pp. 231-239, https://doi.org/10.3917/rfse.027.0231.

[63] V. Ndior, « Le Conseil de surveillance de Facebook et la protection des libertés », *op. cit.*

Dans certains cas, les mécanismes de modération sont automatiques. C'est le choix fait par les nombreux réseaux sociaux. Ici, il manque des exemples illustratifs. Cela conduit à la mise en place d'une forme de justice prédictive[64] avec des critères librement déterminés par les réseaux sociaux. En effet, les procédures mises en place par les réseaux sociaux seront traitées par des algorithmes sur la base de critères librement déterminés[65], bien que ceux-ci soient relatifs aux droits garantis par la Charte internationale des droits de l'homme et dans certains cas aux conventions américaine et européenne relatives aux droits de l'homme[66].

Cette liberté des entreprises en la matière les a conduits à mettre en place des mécanismes qu'ils qualifient de « cours suprêmes », prenant des décisions les liant et devant conduire à la modification de leur politique[67]. Tout ceci se fait en l'absence de l'intervention de l'État. Bien que cela s'inscrive dans une action en faveur de la protection des droits de l'homme, les entreprises ne sont pas inquiétées dans la mesure où ces mécanismes émanent d'elles et sont librement mis en place par elles, bien que leur fonctionnement demeure sans conséquences concrètes (2).

2. La liberté relative des réseaux sociaux dans le fonctionnement de la modération

Selon le principe opérationnel n° 3 de la résolution relative à la protection des droits de l'homme par les entreprises, les États doivent « inciter les entreprises à faire connaître leurs pratiques en matière de protection des droits de l'homme et de les y contraindre le cas échéant[68] ». Certes, le constat de l'insuffisance des pratiques relatives à la protection des droits de l'homme peut donner lieu à des sanctions, mais cela ne suffit pas pour engager la responsabilité de l'entreprise. Par principe, l'entreprise n'est pas débitrice des obligations découlant des instruments de protection des droits de l'homme. Cela incombe à l'État. Cependant, le contrôle des pratiques et les sanctions qui peuvent en découler sont bien limités et ne permettent pas de remettre en cause la privatisation de la protection des droits de l'homme par les entreprises. Non seulement ce contrôle est rare, mais encore il n'y a pas d'incidences réelles sur les décisions des mécanismes mis en place librement

---

[64] J. Sénéchal, « Responsabilisation *ab initio*, régulation *ex ante* et responsabilités *a posteriori* : le cœur des débats européens sur les systèmes d'intelligence artificielle, hors et dans le secteur du commerce électronique », *Dalloz IP/IT*, 2020, 667.

[65] J. Gradoz, *op. cit.*

[66] Conditions générales et règlement de Facebook, https://www.facebook.com/policies_center/ [consulté le 14 février 2023] ; mise place d'un mécanisme commun de la part plus réseaux sociaux ; https://oversightboard.com/governance/#procedures-for-review.

[67] V. Ndior, « Le Conseil de surveillance de Facebook et la protection des libertés », *op. cit.*

[68] Résolution du Conseil des droits de l'homme 17/4 du 16 juin 2011, adopté à l'unanimité par les États, point concernant principalement les mesures relatives à l'entreprise : principes opérationnels.

par les réseaux sociaux[69]. Cela découle du fait qu'il n'y a pas de lien entre les procédures étatiques et celles des réseaux sociaux. Cette absence de lien est renforcée par le fait qu'il n'est pas prévu de possibilité de remettre en cause la décision des mécanismes mis en place par les réseaux sociaux devant les juridictions d'un État[70] avant de recourir aux mécanismes mis en place par le réseau en cause. En outre, il n'est, par principe, pas non plus possible de se plaindre de l'inertie du réseau social devant les juridictions nationales[71]. Une telle hypothèse n'est pas prévue. Ainsi, s'il faut s'accorder avec l'idée selon laquelle la mise en place des mécanismes par les réseaux sociaux ne constitue pas une substitution des mécanismes nationaux par ceux-ci, cela peut conduire tout de même à une privatisation de la protection des droits de l'homme sur Internet[72]. Plutôt que de mettre en place des mécanismes permettant d'engager la responsabilité des réseaux sociaux, il leur est conféré un pouvoir qui conduit à implicitement rendre une telle action impossible.

Au fond, les solutions adoptées pour assurer le respect des droits de l'homme sur Internet participent à conforter l'« immunité juridictionnelle des réseaux sociaux[73] ». Cela a pour conséquence d'établir un *statu quo*. Toutefois, il en va différemment en pratique. En effet, ces solutions sont viables, dans la mesure où elles permettent de remettre en cause le mythe de l'irresponsabilité de la responsabilité de sur son statut ou celui de la nécessité de l'élaboration de dispositions nouvelles et précises relativement à l'encadrement de son activité transnationale (II).

II. Un échec relatif : de la viabilité des solutions adoptées en pratique

Bien que le langage employé dans les différents textes relatifs à la protection des droits de l'homme sur Internet puisse conduire à considérer ces solutions comme étant un échec normatif, il en va différemment en pratique. En effet, les mesures consacrées peuvent avoir des conséquences positives induisant un basculement de la responsabilisation des réseaux sociaux vers l'engagement de leur responsabilité[74]. En effet, elles sont viables sur les plans substantiel (A) et procédural (B).

---

[69] V. Ndior, « Le Conseil de surveillance de Facebook et la protection des libertés », *op. cit.*

[70] Voir B-Tech foundational paper, « Access to remedy and the technology sector: understanding the perspectives and needs of affected people and groups » (« EIGHT »), https://www.ohchr.org/sites/default/files/Documents/Issues/Business/B-Tech/access-to-remedy-company-based-grievance-mechanisms.pdf [consulté le 14 février 2023].

[71] V. Ndior, *op. cit.*

[72] V. Ndior, « Le Conseil de surveillance de Facebook et la protection des libertés », *op. cit.* ; C. Saillant, Assistante de recherche à l'Université de Vienne, département d'innovation et de digitalisation en droit « Modération en ligne à la demande de la police londonienne : le Conseil de surveillance de Meta s'improvise régulateur et juge », *Dalloz* actualité, 15 décembre 2022.

[73] F. G'sell, *op. cit.*

[74] L. Hennebel et H. Tigroudja, *op. cit.*, pp. 657-674.

A. La viabilité des solutions substantielles : l'adaptation de la protection des droits de l'homme dans le cadre d'Internet

La viabilité des solutions substantielles contenues dans les différents travaux onusiens concernant la protection des droits de l'homme sur Internet découle du fait qu'elles peuvent s'inscrire dans les obligations horizontales en la matière (1). De plus, il est possible d'établir un rapprochement avec la pratique du droit international concernant l'obligation pesant sur toute personne disposant de l'autorité nécessaire pour faire cesser une violation (2).

1. Des solutions s'inscrivant dans les obligations horizontales de l'État en matière de protection des droits de l'homme

L'obligation de respecter les droits de l'homme est double. Elle est verticale et horizontale[75]. Les obligations verticales imposent à l'État, via ses organes de droit ou de fait, agents de droit ou de fait, de s'abstenir de tout acte contraire aux droits de l'homme ou de prendre toutes mesures positives en ce sens[76]. L'obligation horizontale impose, quant à elle, à l'État de s'assurer que les personnes relevant de sa juridiction agissent conformément aux obligations découlant des instruments de protection des droits de l'homme qui le lient, le cas échéant de sanctionner toute violation qui sera portée à sa connaissance[77], ou dont il peut être envisagé qu'elle ait pu avoir connaissance par elle-même sous condition de respect d'autres critères[78]. La question de la protection des droits de l'homme sur les réseaux sociaux telle qu'elle se pose ici se rapporte au deuxième type d'obligation[79].

Que l'entreprise soit titulaire ou non des droits de l'homme, elle est tenue de respecter les droits de l'homme. En effet, si elle est titulaire de ces droits, la question ne se pose pas. Nul ne doit user de son droit pour porter atteinte à celui d'autrui[80]. Dans l'hypothèse où elle n'en est pas titulaire, l'État doit assurer le respect des droits de l'homme à toute personne étant sous sa juridiction. Cela découle de son obligation positive de prendre toute mesure en ce sens. En cas de violation, il doit prendre des sanctions et des mesures visant à effacer le préjudice. Cependant, il doit prendre d'autres mesures visant à prévenir une telle situation. Dès lors l'obligation de modération mise à la charge de réseaux sociaux par les États s'analyse comme étant un moyen de prévenir la violation[81]. De plus, les différentes mesures incitant ou invitant

---

[75] *Ibid.*
[76] *Ibid.*
[77] *Ibid.*
[78] *Ibid.*, pp. 1398-1402.
[79] D. Galbois, G. Lehalle, « La liberté d'expression à l'épreuve de la lutte contre les contenus illicites en ligne », *Dalloz IP/IT*, 2021, 319.
[80] Cela renvoie à l'idée de l'interdiction de l'abus de droit.
[81] Cour EDH, *Delfi As c. Estonie*, *op. cit.* ; CJUE arrêt du 13 mai 2014, *Google Spain SL et Google Inc c. Agencia Española de Protección de Dato*, *op. cit.*

l'entreprise à respecter les droits de l'homme s'inscrivent dans la même logique. Pour prévenir une violation, il faut encadrer, non seulement l'exercice d'un droit, son étendue, mais également les sanctions qui découlent des abus ou des atteintes découlant de l'exercice de ce droit. Ainsi, en invitant l'entreprise à assurer le respect des droits de l'homme dans le cadre de ses activités ou de toute action liée à son activité, l'État s'acquitte de son obligation positive de prévention[82].

De manière concrète, il ressort des principes onusiens que les entreprises doivent respecter les droits de l'homme dans le cadre des activités liées à leur objet. Or, les réseaux sociaux ont pour objet la mise en relation des personnes sur Internet. Ainsi, les propos tenus ou les photos diffusées sont en lien avec leurs activités, elles ne sont pas détachées de celles-ci. C'est d'ailleurs leur objet principal. Dès lors, il est tout à fait compatible avec les obligations horizontales de l'État qu'il soit attendu des réseaux sociaux qu'ils veillent au respect des droits de l'homme dans le cadre des postes faits sur leurs sites Internet et des flux de commentaires qui y sont liés. Cela vaut encore plus dans le cadre des systèmes dans lesquels l'entreprise est un titulaire des droits de l'homme[83]. Si l'activité du réseau consiste à mettre en place un cadre d'établissement de relations entre personnes, il est parfaitement compatible avec l'interdiction d'abus de droit que celui-ci soit tenu responsable pour des propos ou postes qu'il laisse sur sa plateforme après en avoir été averti[84]. Le réseau social peut être considéré dans un tel cas comme ayant endossé un tel propos qui s'inscrit dans son activité[85]. D'ailleurs, l'hypothèse d'une telle responsabilité est renforcée par la pratique concernant les dépositaires de l'autorité qui ne sanctionnent pas ou ne mettent pas fin à une situation de violation (2).

2. Des solutions s'inscrivant dans la pratique du droit international

En droit international pénal, une personne peut être tenue responsable d'un fait commis par autrui en raison de l'autorité que celle-ci détient à son égard[86]. Par exemple, la responsabilité du supérieur hiérarchique peut être engagée pour les actes des personnes qu'il a sous responsabilité[87]. Une telle situation ne se produit que s'il est établi que le supérieur savait ou aurait dû savoir, et qu'il n'a pas pris de mesure visant à empêcher ou sanctionner l'acte contraire

---

[82] L. Hennebel et H. Tigroudja, *op. cit.*, pp. 662-664.
[83] Cour EDH, 30 janvier 2018, *Sekmadienis Ltd. c. Lituanie*, *op. cit.*
[84] Cour EDH, *Delfi As c. Estonie*, *op. cit.* ; CJUE arrêt du 13 mai 2014, *Google Spain SL et Google Inc c. Agencia Española de Protección de Dato*, *op. cit.*
[85] CJUE, renvoi préjudiciel, *Eva Glawischnig-Piesczek c. Facebook Ireland Limited*, affaire C-18/18, *op. cit.*
[86] A. Khalifa, « Les conditions préalables à la responsabilité du supérieur hiérarchique devant les juridictions pénales internationales », *Revue de science criminelle et de droit pénal comparé*, n° 4, 2010, pp. 786-803, https://doi.org/10.3917/rsc.1004.0786.
[87] *Ibid.*

au droit international humanitaire ou au Statut de Rome[88]. De même, en droit international des droits de l'homme, le responsable d'une manifestation, soit son organisateur[89], soit son initiateur[90], peut faire l'objet de sanction dans le cas où cette manifestation est contraire aux droits de l'homme ou tombe sous le coup d'une des conditions de restriction des droits et libertés consacrées[91]. Par exemple, dans l'affaire M'Bala M'Bala, le requérant a été sanctionné pour les propos antisémites tenus par un intervenant invité à son spectacle[92]. Bien que la responsabilité de l'auteur du propos antisémite puisse être engagée, celle du responsable de l'organisation, l'humoriste en l'occurrence, a également été engagée. En effet, celui-ci connaissait la nature des propos que tiendrait son invité, mais encore, il l'a invité et ne l'a pas interrompu[93]. Une solution identique peut être retenue concernant la responsabilité des réseaux sociaux dans les différents États où ils exercent leurs activités.

Les réseaux sociaux disposent d'un pouvoir leur permettant d'accepter un nouvel utilisateur. Par exemple, ils ont établi des paramètres automatiques liés à l'âge de la personne qui souhaite ouvrir un compte, douze ans minimum en moyenne[94]. Ils disposent également d'un moyen de retirer un commentaire ou de désactiver le compte d'un utilisateur[95]. Elles disposent d'un pouvoir, comme tout propriétaire d'un espace, de contrôler l'activité qui s'y déroule. Ainsi, s'il est exigé de l'État ou d'une personne de cesser un acte ou de retirer un objet dont il a pu ignorer l'interdiction[96] ou le caractère offensant[97], de le faire une fois qu'il en a eu connaissance, il en est de même à l'égard du réseau social. En effet, une fois alerté par une personne concernant un propos, et parce qu'il dispose du pouvoir de supprimer le post ou le commentaire, toute inertie de sa part peut conduire à engager sa responsabilité au sein de l'État où se trouve la victime potentielle. D'ailleurs, la jurisprudence prend en compte le délai dans lequel le retrait est exercé pour apprécier la violation[98]. Dès lors, l'obligation de diligence raisonnable, imposant de prendre les mesures pour mettre fin à une violation liée à l'activité d'une entreprise, s'inscrit dans l'effet horizontal des obligations de respecter des droits de l'homme par les

[88] Article 25 relatif à la responsabilité pénale individuelle, Statut de Rome de la Cour pénale internationale conclu à Rome le 17 juillet 1998.
[89] Cour EDH, arrêt du 20 octobre 2015, *M'bala M'bala c. France*, req. n° 25239/13.
[90] Cour EDH, 6 octobre 2020, *Laguna Guzman c. Espagne*, req n° 41462/17, § 50.
[91] *Ibid.*
[92] Cour EDH, arrêt du 20 octobre 2015, *M'bala M'bala c. France*, req. n°25239/13.
[93] *Ibid.*
[94] Conditions générales et règlement de Facebook, https://www.facebook.com/policies_center/ [consulté le 14 février 2023] ; mise place d'un mécanisme commun de la part plus réseaux sociaux ; https://oversightboard.com/governance/#procedures-for-review.
[95] Cour EDH [GC], 16 juin 2015, Delfi As c. Estonie, *op. cit.*
[96] L. Hennebel et H. Tigroudja, *op. cit.*, pp. 662-664, pp. 502-516.
[97] *Ibid.*
[98] Cour EDH, 02/09/ 2021, Sanchez c/ France, req. n° 45581/15.

réseaux[99]. Cette obligation est complétée par celle qui impose de prendre des mesures de prévention à travers les codes de bonne conduite. Quoique ces éléments émanent de l'entreprise, ils ne sont pas dépourvus de force juridique. En effet, la Cour européenne des droits de l'homme a parfois considéré de tels actes comme étant des lois au sens de la Convention[100]. Par conséquent, ces deux actions participent pleinement d'une obligation pesant sur le dépositaire de l'autorité ou l'organisateur d'une activité, duquel il est attendu d'agir conformément au droit international sous peine d'engager sa responsabilité.

Ainsi, bien que les termes de la résolution du Conseil des droits de l'homme adoptée à l'unanimité par les États soient rédigés en des termes incitatifs, ils constituent de véritables solutions face à la situation actuelle. Si les termes sont indifférents sur leur viabilité, c'est parce qu'ils s'inscrivent dans les obligations reconnues en droits de l'homme. Dès lors, ces solutions doivent être considérées comme étant une adaptation des normes existantes en matière de droits de l'homme concernant les réseaux sociaux. Cependant, cela ne suffit pas non plus pour résoudre toutes les difficultés relatives à cette question et surtout concernant la responsabilité des réseaux sociaux. Toutefois, les solutions procédurales proposées achèvent de se convaincre au sujet de leur viabilité et de la résolution de cette question (B).

B. La viabilité des solutions procédurales : La portée double des effets de l'obligation de modération

L'un des problèmes majeurs en matière de protection des droits de l'homme sur les réseaux demeure la localisation de leur siège et le droit national de leur État de nationalité. À cette difficulté s'ajoute le fait que les réseaux sociaux continuent de plaider leur conformité aux droits de l'homme par la mise en place des mécanismes de modération, mais encore le fait de ne pas être les auteurs des propos sanctionnés[101], ce qui relance le débat de leur responsabilité. Or, la modération constitue l'élément essentiel de l'engagement de leur responsabilité, ou à tout le moins, elle constitue la solution pour sortir définitivement de la zone de non-droit qu'a pu constituer Internet, précisément les réseaux sociaux (1). Quoi qu'il en soit cette solution reste tout de même relativement limitée (2).

1. La modération, une source d'engagement de la responsabilité des réseaux sociaux

La modération constitue une double voie d'engagement de la responsabilité des réseaux sociaux. Elle permet d'engager la responsabilité directe du réseau social vis-à-vis de l'État de nationalité (a). Elle peut

---

[99] L. Hennebel et H. Tigroudja, *op. cit.*, pp. 662-664.

[100] Cour EDH [GC], 10 novembre 2005, *Şahin c/ Turquie*, req n° 44774/98 § 84-98.

[101] CJUE, renvoi préjudiciel, 10 janvier 2018, *Eva Glawischnig-Piesczek c. Facebook Ireland Limited*, *op. cit.*

également permettre d'engager la responsabilité indirecte du réseau à travers le contentieux contre l'État de situation de la victime de l'action du réseau social (b).

a. La responsabilité directe

La mise en œuvre de cette responsabilité directe se fait devant les juridictions nationales, à la fois celles de nationalité du réseau social, mais également celles de l'État sur le territoire duquel se trouve la victime de l'action du réseau social.

Concernant celles de l'État de nationalité du réseau, l'on prendra uniquement le cas des réseaux américains[102]. En effet, selon la législation de cet État, les réseaux sociaux ne sont responsables des contenus disponibles sur leurs sites que dans des cas très limités[103], parmi lesquels figure l'engagement de celui-ci à adopter une mesure concernant un utilisateur. Or, depuis la mise en place des mécanismes de modération (signalement, procédure devant des organes mis en place par les réseaux), les réseaux se sont engagés à prendre les mesures nécessaires pour garantir les droits et libertés des utilisateurs[104]. Cela vaut à la fois pour un utilisateur qui s'estime victime de la violation de son droit, tout comme pour celui qui a fait l'objet de violation découlant de la décision du réseau. En effet, sur Facebook et Instagram par exemple, les mécanismes mis en place sont fondés sur la promesse de ces réseaux de faire respecter les « standards de la communauté[105] ». Ces standards sont eux-mêmes fondés sur les différents instruments internationaux, entre autres les pactes onusiens et les conventions européenne et interaméricaine[106]. Les mécanismes existent pour dénoncer des violations, mais également pour contester une décision prise par le réseau social à travers eux, c'est le cas de Meta pour la Cour suprême par exemple[107]. D'ailleurs, les mesures prises lient le réseau social[108]. Dès lors, il y a une promesse du réseau à faire quelque chose concernant une violation ou une situation qui lui a été soumise. Ainsi,

[102] Pour le cas européen, voy. S. Abiteboul, J. Cattan, « Chapitre XVII. Le Digital Services Act : superviser la modération des contenus », *in* S. Abiteboul, J. Cattan (dir.), *Nous sommes les réseaux sociaux*, Paris, Odile Jacob, « Hors collection », 2022, p. 195-206, https://www.cairn.info/nous-sommes-les-reseaux-sociaux--9782415001704-page-195 [consultée le 15 juillet 2024].

[103] P. Auriel, « La liberté d'expression et la modération des réseaux sociaux dans la proposition de Digital Services Act », *Revue de l'Union européenne*, 2021, p. 413.

[104] V. N'dior, « Le Conseil de surveillance de Facebook et la protection des libertés », *op. cit.* ; V. Ndior, « Le Conseil de surveillance de Facebook, "service après-vente" de la liberté d'expression ? », *op. cit.*

[105] *Ibid.* C. Saillant, « Modération en ligne à la demande de la police londonienne : le Conseil de surveillance de Meta s'improvise régulateur et juge », *op. cit.*

[106] *Ibid.*

[107] V. N'dior, « Le Conseil de surveillance de Facebook et la protection des libertés », *op. cit.*

[108] *Ibid.*

conformément à la jurisprudence américaine[109], la responsabilité du réseau peut être engagée pour manquement au respect de son engagement découlant de sa promesse de faire respecter les droits de l'homme. En effet, autant la victime présumée peut s'estimer satisfaite du retrait d'une vidéo ou d'un post, autant son auteur entretient l'espoir de la protection la liberté d'expression par les réseaux sociaux. Ils ont donc pris un engagement envers leurs utilisateurs qui peut conduire à engager leur responsabilité, quelle que soit leur action, y compris dans le cas de suppression de compte, même en l'absence de toute plainte, puisque le blocage d'Internet peut constituer la violation de la liberté d'expression par exemple[110]. Ainsi, la mise en place de la modération en tant que solution proposée, constitue un élément déterminant dans la responsabilité des réseaux sociaux en matière de protection des droits de l'homme. En effet, ce mécanisme permet de dépasser les oppositions entre utilisateurs pour en constituer une entre les réseaux sociaux[111]. En effet, c'est la décision du réseau social concernant la demande qui lui est soumise qui est contestée. D'ailleurs, une modification du droit américain devant entrer en vigueur dans quelques années abonde dans ce sens[112].

Cette solution vaut également pour l'État sur le territoire duquel se trouve la victime de la violation présumée. Cela conduirait à l'engagement de la responsabilité indirecte des réseaux sociaux (b).

b. La responsabilité indirecte des réseaux sociaux

De manière générale, la modération constitue le mode de protection des droits de l'homme répandu et imposé par les États[113]. Cependant, il n'y a pas de lien véritable entre les mécanismes de modération et les institutions étatiques. Le seul cas connu en jurisprudence relativement au lien entre les mécanismes nationaux et des réseaux sociaux concerne le Royaume-Uni[114]. En effet, selon la législation britannique, la saisine des juridictions américaines pour dénoncer des violations sur les réseaux sociaux américains

---

[109] *Barnes v. Yahoo!, Inc.*, 570 F.3d 1096 (9th Cir. 2009).

[110] E. Ollivier, « Les réseaux sociaux sont-ils en passe de devenir des États », *Les Cahiers Portalis*, n° 9, 2022, pp. 207-216, https://doi.org/10.3917/capo.009.0207 [consulté le 14 février 2023] ; Cour EDH, 18 décembre 2012, *Ahmet Yildirim c. Turquie*, req n° 3111/10, § 68.

[111] F. Tréguer, « Internet dans la jurisprudence de la Cour européenne des droits de l'homme », *RDLF*, 2013, chron. n° 13, http://www.revuedlf.com/cedh/Internet-dans-la-jurisprudence-de-la-cour-europeenne-des-droits-de-lhomme-article [consulté le 14 février 2023].

[112] M. A. Franks, « Reforming Section 230 and Platform Liability », *Stanford Cyber Policy Series*, 2021 ; D. K. Citron & M. A. Franks, « The Internet as a Speech Machine and Other Myths Confounding Section 230 Reform », *University of Chicago Legal Forum*, n° 3, 2020, p. 70.

[113] F. Tréguer, « Internet dans la jurisprudence de la Cour européenne des droits de l'homme », *op. cit.* ; A/HRC/38/35, Conseil des droits de l'homme, Trente-huitième session, 18 juin-6 juillet 2018 ; Rapport du Rapporteur spécial sur la promotion et la protection du droit à la liberté d'opinion et d'expression, *op. cit.*

[114] Cour EDH, 19 septembre 2017, *Tamiz c. Royaume-Uni*, req. n° 3877/14.

est conditionnée par l'établissement au préalable d'une violation d'un droit conventionnel ou reconnu comme figurant parmi les standards de réseau social éventuellement par l'autorisation des autorités britanniques. Ayant fait l'objet de l'application de cette loi, M. Tamiz, le requérant, saisit la Cour européenne des droits de l'homme pour contester le refus des juridictions britanniques de l'autoriser à saisir les juridictions américaines au motif que les commentaires qui le visaient ne constituaient pas une atteinte à sa réputation[115]. Selon le requérant, un tel motif constituait une violation de son droit d'accès à un juge. Dans sa requête, il soutenait que la responsabilité de Facebook devait être engagée pour avoir manqué de protéger sa réputation face au refus (inertie) du réseau social à la suite d'un signalement qu'il avait fait. Ainsi, dans cette affaire le requérant souhaitait voir engager la responsabilité de l'État sur le territoire duquel il se trouvait. La reconnaissance de cette une violation aboutirait à l'engagement de la responsabilité indirecte du réseau social. Dans le cadre de cette requête concernant la non-violation du droit d'accès au juge par les autorités britanniques, la Cour a vérifié que les faits dénoncés par le requérant ne constituaient pas une violation d'un droit protégé par la Convention. En effet, selon la Cour, le statut du requérant, et surtout le caractère banal des commentaires, ne permettait pas de conclure à l'existence d'une atteinte à la réputation[116]. En d'autres termes, la responsabilité indirecte du réseau social ne saurait être engagée dans ce cas. Cependant, une décision positive ne présumerait rien concernant l'engagement de la responsabilité du réseau social en raison la conception particulière de la liberté d'expression aux États-Unis[117].

Au-delà de ce cas inédit, il est également possible de considérer que la responsabilité de l'État de nationalité de la victime peut être engagée et partant, celle du réseau social sur la base de l'action passive ou active de ce dernier. En effet, la modération étant désormais le modèle qui fait consensus en matière de protection des droits de l'homme sur les réseaux sociaux[118], ce mécanisme peut être considéré comme étant une voie de recours concertée choisie par les États concernant cet espace d'exercice de la liberté. Ce raisonnement repose sur la conception du droit au recours effectif et du droit d'accès au juge. En effet, les organes de protection des droits de l'homme sont unanimes pour dire qu'un recours ou un tribunal n'est pas nécessairement un

---

[115] *Ibid.*

[116] *Ibid.* Cela s'inscrit dans la jurisprudence constante de la Cour concernant laquelle, les personnalités publiques font l'objet d'une attention particulière de la part du public et du fait de leur exposition peuvent l'objet de certaines qui ne constitueront une violation que si un certain seuil de gravité est atteint.

[117] T. Hochmann, « L'exceptionnelle protection de la liberté d'expression aux États-Unis », pp. 150-192, et L. Hennebel, La « destinée manifeste des droits de l'homme aux États-Unis, *in* L. Hennebel (dir), *Exceptionnalisme américain et droits de l'homme*, Paris, Dalloz, 2009, pp. 25-42.

[118] M. Alejandra, « La régulation de la modération des contenus en ligne, une affaire de droits humains ? », *op. cit.*

organe judiciaire[119]. Cependant, celui-ci doit être prévu par la loi de l'État et être compétent pour trancher en droit et en fait concernant les droits conventionnels[120]. À cette condition s'ajoutent les critères d'indépendance et d'impartialité[121]. Cependant comme le rappelle la jurisprudence de ces organes, ces critères ne sont à vérifier que s'il y est établi qu'il existe un accès à un juge[122]. Or, l'obligation de modération est établie par la loi, ou du moins semble être devenue une solution internationale et concertée des États dans la mesure où presque eux tous l'exigent[123]. Les mécanismes de modération ont pour mission de trancher des contestations relatives à la violation des droits de l'homme[124] ou de se prononcer sur un tel cas[125]. Dès lors, ils peuvent être considérés comme étant des recours effectifs ou des organes établis s'inscrivant dans le droit d'accès au juge. Ainsi, il est possible de saisir les organes de protection des droits de l'homme pour établir l'existence d'une violation de la part de l'État sur le territoire duquel se trouve une victime si tant est que celui-ci ne prévoie aucun autre moyen pour soumettre une question relative à la violation des droits de l'homme sur les réseaux sociaux. Dans un tel cas, la décision de l'organe international ou régional de protection des droits de l'homme concluant à la violation du droit de la victime constituerait un engagement de la responsabilité indirecte du réseau social. Dans le cas où de tels recours existent, la modération constituerait un premier pas qui conduirait ensuite à créer un contentieux opposant les réseaux sociaux et les utilisateurs devant les juridictions internes. D'ailleurs cette seconde hypothèse semble être celle qui découle du *Digital act service*, qui impose la mise en place d'organe de recours concernant la protection des droits de l'homme sur Internet et encadre davantage le fonctionnement de ce mécanisme[126]. Ces organes existent en plus des modérations opérées par les réseaux sociaux eux-mêmes. À la suite de ce recours devant les organes internes, les voies de recours pourront être considérées comme étant épuisées, ouvrant ainsi la voie au système supranational de protection des droits de l'homme[127]. Toutefois, il convient de préciser que dans ces deux hypothèses,

---

[119] Notion de tribunal ou de recours effectif, voy : L. Burgorgue-Larsen, pp. 93 et 191-193.
[120] L. Hennebel, H. Tigroudja, *op. cit.*, pp. 1298-1301.
[121] *Ibid.*, pp. 1335-1340.
[122] *Ibid.*, pp. 1330-1334.
[123] Ce serait sur la base de la technique du consensus, outil d'interprétation du juge européen des droits de l'homme ; L. Hennebel, H. Tigroudja, *op. Cit.*,645-647.
[124] V. Ndior, « Le Conseil de surveillance de Facebook et la protection des libertés », *op. cit.*
[125] *Op. cit.* https://www.facebook.com/help/711867306096893 [consulté le 14 février 2023], à propos du conseil de surveillance.
[126] S. Abiteboul, J. Cattan, « Chapitre XVII. Le Digital Services Act : superviser la modération des contenus », op. cit. Voy. V. Dhaisne, « La diversité des formes d'encadrement national et régional des plateformes des réseaux sociaux », *in* S. Jamal, J. Tous (dir.), *Réseaux et droits de l'homme : quel(s) droit(s) pour quelle protection ?*, à paraître.
[127] Dans le cadre du DSA par exemple, chap. II, section I, en particulier article 20 concernant le recours devant les autorités nationales.

le recours devant les organes supranationaux n'opposera que l'État et les utilisateurs. Cependant, les suites à donner à une telle décision peuvent soulever quelques difficultés conduisant à relativiser la mise en œuvre de cette responsabilité (2).

2. Les limites concernant la mise en œuvre de la responsabilité des réseaux sociaux

La mise en œuvre de la responsabilité débouche sur des mesures visant à réparer ou effacer un préjudice[128]. Si la modération constitue désormais un outil très important en la matière, elle ne résout pas tous les problèmes. En effet, dans les cas où la responsabilité est mise en œuvre par un État autre que celui de la nationalité du réseau ou de manière indirecte, c'est-à-dire à la suite de la condamnation d'un tel État, la mise en œuvre de la décision qui en découle se heurte à la compétence de l'État de nationalité[129]. Ce dernier est le seul compétent pour prendre des mesures concrètes concernant les biens et les activités du réseau social. Cela découle du principe de territorialité de la compétence de l'État qui, bien qu'il n'interdise pas de manière absolue l'adoption de mesures à effets extraterritoriaux, s'oppose à leur exécution[130]. Ces difficultés peuvent se poser par exemple dans le cas d'une demande à un réseau social de prendre une mesure en vue de faire cesser une violation. Le refus de celui-ci, comme cela a été le cas dans bon nombre de situations, ne peut donner lieu à une exécution forcée[131]. Cependant, il existe la voie de la coopération judiciaire qui permettrait aux États d'assurer le respect de certaines décisions ou actions contre des personnes se trouvant sur leur territoire[132]. À côté de cette solution, il existe également celle des amendes pour non-respect des décisions d'un État. Cette dernière solution a été récemment mise en œuvre en France par la Commission nationale de l'informatique et des libertés, concernant Facebook, YouTube et Google USA et Europe[133]. Cette solution peut être limitée dans la mesure où le réseau peut ne pas non plus s'exécuter[134]. Comme ultime mesure de sanction, les États détiennent le pouvoir de bloquer l'exercice des activités d'un réseau social sur leur territoire, au nom de ce qui est qualifié par la doctrine comme étant leur

---

128 L. Hennebel, H. Tigroudja, *op. cit.*, pp. 1381 et s.
129 *Ibid.*
130 R. le Boeuf, « L'Union européenne confrontée à l'extraterritorialité des sanctions américaines », *in* J. Bourrinet (dir), *Les frontières extérieures de l'Union européenne*, éd. UIEM, 2018.
131 N'dior, « Le Conseil de surveillance de Facebook et la protection des libertés » ; F. G'sell, *op. cit.*
132 L. Hennebel, H. Tigroudja, *op. cit.*, pp. 226-233.
133 Délibération de la formation restreinte n° SAN-2021-023 du 31 décembre 2021 concernant les sociétés Google LLC et Google Ireland Limited. ; délibération de la formation restreinte n° SAN-2021-024 du 31 décembre 2021 concernant la société Facebook Ireland Limited.
134 C. Saillant, *op. cit.* ; F. G'sell, *op. cit.*

« souveraineté numérique[135] ». De même, eu égard aux intérêts économiques importants que les réseaux tirent de la large accessibilité des réseaux sociaux, ceux-ci ne prendraient pas le risque de se retrouver en situation conflictuelle avec les États[136]. Bien que cette mesure soit radicale et encadrée, elle constitue une menace qui plane sur l'entreprise (le réseau social) dont les intérêts économiques importants qu'elle tire de la large accessibilité des réseaux sociaux la conduiront à tout faire pour éviter une telle en situation[137].

En définitive, les différentes solutions découlant des travaux onusiens inaugurent une évolution en pratique en matière de responsabilité des réseaux sociaux concernant la protection des droits de l'homme sur Internet. En veut pour preuves la pratique jurisprudentielle, les modifications à venir dans la législation américaine et l'adoption d'autres instruments régionaux (DSA par exemple). En effet, le droit américain évolue vers une consécration de la modération comme un outil contraignant. De plus, ce mécanisme constitue l'un des fondements de l'engagement de la responsabilité des réseaux. Par exemple, le délai de retrait d'un contenu contraire aux droits de l'homme peut donner lieu à une condamnation des réseaux sociaux et à une réparation de la violation de la victime de la violation. Cependant, ces solutions constituent un échec malgré tout. En ce sens, la protection qu'elles garantissent reste encore faible. Elle oscille entre une instrumentalisation de la protection des droits de l'homme par l'État, et la liberté des réseaux sociaux en la matière. Au demeurant, tout ceci conduit à affirmer que ce processus participe à maintenir un mythe : celui de l'irresponsabilité des entreprises transnationales ou ayant des activités transnationales en l'état du droit positif. *In fine*, l'échec de celui-ci relève plus du mythe que de la réalité, d'autant plus qu'il est relatif.

---

[135] B. Benhamou, Les dimensions internationales de la souveraineté numérique. *Les Nouveaux Cahiers du Conseil constitutionnel*, 2017, n° 57, pp. 87-92, https://doi.org/10.3917/nccc1.057.0087

[136] E. Ollivier, « Les réseaux sociaux sont-ils en passe de devenir des États », *Les Cahiers Portalis*, *op. cit.*

[137] *Ibid.*

TABLE DES MATIERES

Structures éditoriales du groupe L'Harmattan

L'Harmattan Italie
Via degli Artisti, 15
10124 Torino
harmattan.italia@gmail.com

L'Harmattan Hongrie
Kossuth l. u. 14-16.
1053 Budapest
harmattan@harmattan.hu

L'Harmattan Sénégal
10 VDN SICAP AMITIE 3
BP 45034 Dakar-Fann
direction@senharmattan.com

L'Harmattan Cameroun
Tsinga/Derrière polyclinique FECAFOOT
BP 11486 Yaoundé
Jacques.koukam@harmattan.fr

L'Harmattan Burkina Faso
Villa 281, secteur 23 623, rue 14.32
Ouagadougou
zagbie@outlook.fr

L'Harmattan Guinée
Almamya, rue KA 028 OKB Agency
BP 3470 Conakry
harmattanguinee@yahoo.fr

L'Harmattan RDC
185, avenue Nyangwe
Commune de Lingwala – Kinshasa
matangilamusadila@yahoo.fr

L'Harmattan Congo
219, avenue Nelson Mandela
BP 2874 Brazzaville
deunovmikhael@gmail.com

L'Harmattan Mali
Immeuble Mgr Jean Marie Cissé
Aci Hamadallaye
BP 145 Bamako
syllaka@yahoo.fr

L'Harmattan Togo
Djidjole – Maison Amela
face EPP BATOME
02 BP 20680 Lomé
didieramela11@gmail.com

L'Harmattan Côte d'Ivoire
Résidence Karl – Cité des Arts
Abidjan-Cocody
03 BP 1588 Abidjan
harmattan.ivoire@gmail.com

L'Harmattan Bénin
Rue 604, (Immeuble à l'entrée
de la rue UCAO- Cite de Saint-Jean)
Cotonou
stepcorpus@gmail.com

Nos librairies en France

Librairie internationale
16, rue des Écoles
75005 Paris
librairie.internationale@harmattan.fr
01 40 46 79 11
www.librairieharmattan.com

Librairie des savoirs
21, rue des Écoles
75005 Paris
librairie.sh@harmattan.fr
01 46 34 13 71
www.librairieharmattansh.com

www.ingramcontent.com/pod-product-compliance
Lightning Source LLC
LaVergne TN
LVHW010951061C26
849535LV00006B/1661